日韓共同の
歴史教育

21世紀をきりひらく
授業実践交流の軌跡

日韓教育実践研究会（日本）
慶南歴史教師の会（韓国）
〈編集〉

三橋広夫
〈編集代表〉

明石書店

目　　次

Ⅰ．日韓歴史教育交流の現在地
　　　──「はじめに」に代えて〔三橋広夫〕　/5

　1．日韓歴史教育交流のスタート　　/7
　2．ぶつかり合う教育実践　　/7
　3．小学校の授業実践交流　　/9
　4．本書の位置　/10

Ⅱ．授業実践　/11

　1．地域から日韓の授業をつくる〔木村　誠〕　/13
　　❶生徒と学ぶ「四面石塔」の謎〔愛沢伸雄〕　/18
　　❷大地主家の新白丁　姜相鎬の生き方〔李珍熙・崔嘉恩〕　/31
　　❸戦没者名簿調べからはじまった小学校6年生の戦争学習〔石田裕子〕　/43
　　❹初等学校3年生が学ぶ
　　　　　　「道の名前に込められた昔の人の生活」〔金銀児〕　/55

　2．日韓の橋渡しをめざす授業の追求〔平野　昇〕　/61
　　❶日韓関係史を学ぶ意欲を育てる〔目良誠二郎〕　/66
　　❷人物（柳宗悦）を通して見た韓日友好の歴史〔李宰泉〕　/76
　　❸通信使についての高校生の歴史認識〔朴外淑〕　/85
　　❹在日同胞の友だちといっしょにつくる平和〔裵星浩〕　/93
　　❺世界の人たちとつながろう
　　　　　　──小学校2年生の「生活べんきょう」〔藤田康郎〕　/99
　　❻韓国高校生との交流を通して学ぶ生徒たち〔関根千春〕　/109

　3．植民地支配と日韓の歴史授業〔申振均〕　/117
　　❶1枚の写真から追求する韓国併合の授業
　　　　　　──中学校2年生の歴史認識と授業〔三橋広夫〕　/121

2 従軍慰安婦と望ましい韓日関係〔姜元順〕 /130

3 ドキュメンタリー映画を使った「日本軍慰安婦」の授業〔南宮真〕 /141

4 安重根義士殉国100周年記念授業と高校生の歴史認識〔申振均〕 /151

5 生徒が考える「明治初期の日本と朝鮮」の授業

── 江華島事件をめぐって〔山田耕太〕 /165

4．子どもの現代認識と日韓関係の授業〔遠藤 茂〕 /174

1 日韓の歴史と未来への道

── 総合学習"内側からの国際化"を考える

〔西村美智子〕 /179

2 朝鮮戦争を金聖七の日記から考える〔三上真葵〕 /190

3 中学生に日韓条約を授業する〔大谷猛夫〕 /201

4 平和教育をめざす韓国戦争の授業〔朴順天〕 /209

5 朝鮮人特攻隊員と韓国の子どもたち〔羅勇虎〕 /218

5．東アジア前近代史のなかで日韓の歴史を学ぶ〔大谷猛夫〕 /228

1 日本の中学生は中世東アジアをどうとらえたか〔関 誠〕 /233

2 三浦と対馬を通してみた韓日関係史〔安炳甲〕 /243

3 対馬から考える「秀吉の朝鮮侵略」の授業づくり〔石井建夫〕 /254

4 円仁から見た新羅人〔鄭勣任〕 /266

Ⅲ．日韓歴史教育の課題と展望 /279

1．日韓教育実践研究会結成の意味〔石渡延男〕 /281

2．韓国の歴史教育と韓日歴史教育交流〔申振均〕 /289

3．小学校授業実践交流の意味〔平野 昇・崔鍾順〕 /297

Ⅳ．「日韓歴史教育交流会」報告一覧（1993～2019） /305

あとがき〔三橋広夫〕 /311

Ⅰ．日韓歴史教育交流の現在地

── 「はじめに」に代えて

1．日韓歴史教育交流のスタート

1993 年に結成された日韓教育実践研究会と、韓国の晋州歴史教師の会（後、慶南歴史教師の会）が授業実践交流を始めたのは 1994 年 8 月だった。以来、2019 年までに 25 回の日韓歴史教育交流会を続けてきた（2016 年は諸事情から行なうことができなかった）。

巻末の「報告一覧」からもわかるように、前年 1993 年のソウルの教師たちとの交流会を含めて日本側 63 本、韓国側 54 本が報告されている。そのうち、小学校の授業実践報告が 27 本（日本）、17 本（韓国）、中学校のそれが 15 本、14 本、高校が 17 本、20 本、その他が 4 本、3 本と授業実践報告が大半を占め、実践交流が中心だったと言える（韓国の初等学校は日本の小学校にあたるが、読者の便宜のために本書では小学校と表記する）。

これは、特定の政治的目的のために交流するのではなく、現場で教えている教師として、また子どもたちとともに悩みながら実践を進める教師として互いに実践を通して交流することを方針としてきたからである。

本会創設者の一人である石渡延男は「教育の本源は平和教育にあり、どこの国の人びととも仲良くすることをめざさなければならない。日韓の相互理解とは、必ずしも意見の一致をめざすことではない。違いがあっても相互の立場を理解し合うことだと思う。そのためには継続がなによりも大切である。日韓の友好と信頼は、希望を捨てない者のみに道が開けると確信したい」（「日韓教育実践研究会結成の意味」、本書 281 ページ）と述べている。

1965 年の日韓国交正常化以来最悪とも言われる、昨今の日韓関係の悪化にもかかわらず、韓国の教師たちは私たちとの授業研究を進めるべく今年（2019 年 8 月）も日本にやって来た。

つまり、私たちの授業実践交流は日韓の子どもたちの歴史認識や韓国観・日本観を深めるためのものであることを互いに確認してきたからこそ今に至るといえよう。

2．ぶつかり合う教育実践

この 26 年間の交流は多くの成果を生みだしてきた。歴史教育という、日韓

双方にとって国民教育の根幹をなす部門での交流が、現場の教師たちによって築かれてきたことに大きな意味がある。両国の教育の現実を見つめながら、それぞれが個性あふれる教育実践を追求し、その実践のなかで子どもたちがどう成長していくかをぶつけ合うことで、互いに学び合ってきた。そして、この実践交流のなかで、子どもたちの歴史認識の変化に注目をしながら、そして子どもたちの交流も視野に入れながら、実践を追求することができるようになった。

日本軍「慰安婦」をとりあげた韓国の女性教師は「日韓友好の視点」を基軸にして取り組んだ。その意欲は日本側を魅了した。光化門保存につくした柳宗悦を韓国で初めて授業で取りあげた人物学習も報告された。「良い日本人」の存在が否定できない事実として子どもたちの日本観の変換を迫る内容であった。この実践はまた前年の日本側の報告で柳宗悦らを取り上げて日本の高校生の韓国認識を揺さぶった実践に触発されて行なわれたものでもあった。

さらに、日本による植民地支配を世界史の中で客観化しようという韓国側高校教師も現れた。

こうした韓国側教師の取り組みは、日本側の批判を積極的に受けとめて自分のものにした結果である。

日本側の報告は、子どもたちが何を、どう考えているかから出発していた。緻密に授業を再現し、教師の発言、子どもの発言を丁寧に授業記録としてまとめた報告は、韓国の教師たちにとっても刺激に満ちたものであった。

こうした積み重ねがあったためか、韓国側の報告にも子どもの声が多く乗るようになった。安重根を取り上げた授業では、教師は安重根の生き方に共感するように授業を行なったが、一人の女子高生は「安重根は家族より祖国を選んだ。家族より（抽象的な―引用者）祖国がそんなに重要なのか」と批判的だった。自分の考えとは異なっていても、子どもたちの真摯な意見をもとに実践をまとめようとする、その姿勢に学ぶべきは多い。

日本の教師も韓国の授業実践に学んで報告を準備している。韓国戦争（朝鮮戦争―引用者）の授業を通して平和の問題に迫った韓国小学校の実践を受けた形で、日本の高校生に韓国の歴史家の日記を資料にして朝鮮戦争の内実に迫った授業も行なわれた。

3．小学校の授業実践交流

　また、1999年からは日韓の小学校の実践交流も実現した。そして、2002年には、小学校・中学校・高校・大学の教師たち、市民らがともに集い、それぞれの実践を検討した画期的な交流会となった。このときには、日本と韓国の高校生がともに参加し、日本人小学校教師が「日の丸抹消事件」の授業を行った。

　2004年には、韓国側から在日コリアンをテーマとした授業が提起された。小学校と高校の実践だった。それを受けて、2007年の名古屋での歴史教育交流会は、在日コリアン教師の小学校実践が報告された。

　さらに、本書では紹介されていないが、今年（2019年）の歴史教育交流会で、韓国の小学校と日本の朝鮮初中級学校の子どもたちの交流によって互いの認識が深まる実践が報告された。

　小学校の実践は、「地域」にこだわるという点でも優れているように思う。子どもたちが「地域」で暮らしているからでもあろう。韓国側小学校の毎年の実践がこの点を明確にしている。日本の戦争学習においても、地域の視点からの実践が幾度となく報告された。

　私たちは、事実を確かめ合い、歴史認識を交流しながら、相互の現状理解を共有することをめざして韓国の教師たちとの実践交流を始めた。当初は日本と韓国という枠組みを強く意識していたが、しだいに子どもとどうかかわっていくのか、授業を通して実現されるべき認識と授業の方法との関係など、一人ひとりの実践者として日韓実践交流を考えるようになった。そのなかで、互いの実践に触発されながら自分の実践を見つめ直し、深めるという、交流しなければできないことも実感した。子どもたちの見方が変わっていったのである。小学校の実践交流が実現すると、このことのもつ意味がさらに明確になった。

　子どもたちの認識を見ると日韓の共通点が浮かび上がり、また子どもたちをめぐる現実の違いも見出される。そして、新自由主義的な競争第一の教育が日韓ともに推し進められ、子どもたちが呻吟していることも、それぞれの報告を通して具体的に知ることができた。

　教科書の問題も、日本と韓国の両者の視点から吟味するという発想も得ることができた。自分たちの実践とかかわらせて日本と韓国の教科書の問題点を確

Ⅰ．日韓歴史教育交流の現在地――「はじめに」に代えて　　9

認し、そのこと自体を授業することもできるようになった。これは、学習指導要領（日本）や教育課程（韓国）のもつ呪縛とどう格闘するかということにつながる。

４．本書の位置

特に最近は、普段着の授業を意識するようになってきた。報告のための授業、特別な授業ではなく、子どもたちと日常の中でどのように授業をしていくかを課題として意識してきたためである。これは、教師に内在する、教師の獲得した正しい認識を子どもたちにしっかりと伝えるのが授業であるとする授業論との闘いであり、これは今後の課題の一つである。

もう一つの課題は、日韓高校生の交流を継続的に追求することである。

本書は、日韓の歴史教師が相互に学びあいながら歴史教育に取り組んできた成果を示したものであり、歴史教育における日韓相互理解の可能性を読者に提示するものである。

本書を通して、21世紀をきりひらく日韓歴史教育への提言としたい。かつて韓国をテーマにした授業実践記録（単行本）は朝鮮史研究会編『朝鮮の歴史をどう教えるか』（龍渓書舎、1976年）しかなかった。当時の朝鮮史教育の水準を示すものではあるが、いまは絶版である。しかも日本の教師による実践記録のみであった。

本書はそれ以来の単行本であり、また、韓国の歴史教育を韓国の教師の手により直接紹介するものでもある。日韓の子どもたちの歴史認識を正面に据えた実践が紹介される本書は、画期をなすものとなるだろう。

読者の忌憚のない意見を寄せて欲しい。

2019年8月16日

　　　　　　　　　　　　　筆者を代表して、

　　　　　　　　　　　　　　日韓歴史教育交流会の出発の日に

　　　　　　　　　　　　　　　　　三橋　広夫

Ⅱ．授業実践

1．地域から日韓の授業をつくる

　日韓歴史教育交流会で、いつでも日本と韓国の報告者に共通していた問題意識の一つは、「どのようにしたら子どもたちの歴史認識（社会認識）を豊かにできるか」であった。日本でも韓国でも、子どもたちの多くが社会科学習、特に歴史学習を負担に感じている。それは、歴史（社会科）の授業の多くが知識伝達を中心にしており、子どもたちは、それらの知識が自分とどう関わっているかの実感が持てないからである。このような知識伝達型の授業を変え、子どもたちの歴史認識（社会認識）を豊かにする視点の一つが、「地域から授業をつくる」ことである。

　子どもたちは、地域で生きている。学校に通い、近所で遊び、買い物をし、いろいろな人々と出会う。道の上り下り（土地の高低）、山の形、川の流れの方向、商店や工場、寺院、田畑……。どんな場所にどんなものがあるか具体的なイメージを持っている。ただ、それらのことと社会科（歴史）の授業内容とがつながらず、身近な地域のできごとや歴史は、とるに足らないことだと思っているだけなのだ。

「地域からつくる」授業とは、身近な地域でのできごと、子どもたちが日頃見たり聞いたりしても気に留めていないこと、とるに足らないと思っていたことに意味を与える授業である。それは、子どもたちに社会（歴史）への実感を与え、既有の見方や考えを揺さぶる。だからこそ、そこに学びが生まれるのである。

　愛沢伸雄「〈地域教材で日韓交流を学ぶ〉生徒と学ぶ『四面石塔』の謎」（高、2001 年）は、身近な地域の寺院にある「四面石塔」を取り上げ、それが建立されたことの意味を子どもたちに探究させた授業実践の報告である。

　千葉県館山市の大巌院には、江戸時代初期の 1624 年に建立されたと推定される名号石塔「四面石塔」がある。「南無阿弥陀仏」の名号が、この石塔の北面には梵字（インド）で、西面には篆字（中国）で、東面には古い字形のハング

13

ル（朝鮮）で、南面には和風漢字（日本）で刻まれている。また、梵字で刻まれた名号の両脇には、建立の年代や目的、人物名が刻んである。子どもたちは、アジア各地の文字が四面に刻まれたこの石塔について、誰が、いつ建立したのか読み取り、時代背景や住職、雄誉霊厳上人（おうよれいがん）の年譜を調べ、何のために建てたのか推論する。そして自分の考えを小論文にまとめ、それをもとに話し合った。

現在ある史料から決定的な答えを導き出すことはできない。しかし、雄誉霊厳上人は徳川家康から重用された高僧であること、豊臣秀吉の朝鮮侵略の時期に奈良で布教をしていることから、拉致された朝鮮人捕虜との接触があった可能性も考えられる。また、その後、回答兼刷還使が派遣された時期には西国を巡っていることから、彼らとの接触の可能性が考えられるという。

子どもたちは学習を通して、自分たちの地域の一寺院の石塔に古い形のハングルが刻字されているのは、秀吉の朝鮮侵略やその後の国際交流（平和）の歴史につながるのではないかと考えた。ある生徒は、その時代に生きた雄誉霊厳上人が朝鮮との友好や平和への思いを持ったと考えた。また、これまで自分たちは、身近な地域を「ただの田舎の町」と思っていたが、「地域のことを何も知らないということを思い知らされた」と地域を再認識するのである。子どもたちは、歴史を教科書に書かれた中央支配権力のできごととしてではなく、身近な地域に生き、石塔を建てた人の思いと関わらせて学んだのである。

李珍熙（イジニ）・崔嘉恩（チェガウン）「大地主家の新白丁（シンベクチョン） 姜相鎬（カンサンホ）の生き方」（高、2014 年）は、地域の独立運動家、社会運動家の姜相鎬を取り上げた授業実践報告である。

姜相鎬は、韓国慶尚南道晋州（チンジュ）地域で三・一運動や新幹会運動に参加し、学校や報道機関を設立するなどした独立運動家であり、被差別身分白丁の解放をめざす衡平運動を行なった社会運動家でもある。授業者は歴史学習で地域の人物を取り上げたことについて、「歴史を大げさなものではなく、普通の人の一生として受け入れられるよう」、「歴史的偉人は遠くにいる偉大な人物ではなく、近くにいる誰かの父として、子として、夫として存在し、欠点も多い人にすぎない」ことを伝えたかったとしている。それは、「数多くの人名や団体名、関連しない史実の羅列にうちひしがれている」高校生たちに、歴史は、身近な所にいる普通の人々の営みであることを実感させる授業なのである。

授業では、まず、学校の中で子どもたちが弱者にどれくらい配慮しているか

を問う映画『学校差別』や身分差別解放運動を描いた映画『衡平の道』を上映し、身近な差別の問題や解放運動について具体的なイメージが持てるようにしている。歴史は、自分たちの日々の営みなのだと感じさせるためである。そして、姜相鎬の一代記を読ませ、その業績を概観させた後、姜相鎬の息子、姜寅洙さんを学校に招請し、「父親姜相鎬」についての話を聞かせる。諸事情で教師が期待したような個人的な経験は話してもらえなかったが、子どもたちは、晋州地域で生きてきた息子さんと直接対面できたことで、歴史への実感を持てたのではないだろうか。

　ここで注目したいのは、教師と姜寅洙さんとの交流である。授業では、教師が期待した個人的な思い出などは話してもらえなかったが、姜寅洙さんは講演後に3度も電話を掛けてきて「人生の無念が晴れるようです」と礼を言った。今回、期待通りにいかなかったとしても信頼関係ができると次回はより深い内容の話をしてもらえるはずである。「地域からつくる授業」は、子どもたちを変えるだけでなく、その授業に関わった地域の人をも変えていく力を持っているのである。

　授業の後半には、「大地主の両班から貧しい新白丁に生まれ変わった姜相鎬の人生は成功か失敗か」と問いかけ、歴史作文にまとめさせている。この問いかけは、子どもたちに事実に基づく判断を迫るものである。「歴史学習は、過去の事柄を暗記することではなく、今生きている自分たちが判断し記憶することである」との教師の意図がそこに現れている。

　石田裕子「〈地域から世界へ〉戦没者名簿調べからはじまった小学校6年生の戦争学習」（小、2004年）は、子どもたちの住む地域、宮城県村田町の『村田町戦没者名簿』を取り上げて行なった戦争学習の授業実践報告である。

　社会科学習の難しさの問題は小学校でも同様である。石田が3年生で担任した子どもたちは、社会科で生き生きと地域調べをしたのだが、6年生で担任してみるとすっかり社会科嫌いになっていたという。この報告は、それを何とかしたいという思いで取り組んだ実践の一つである。

　石田は、町が保存する手書きの『村田町戦没者名簿』を教室に持ち込み、子どもたちと名簿に載っている膨大な数の戦没者を①どこの地区の人が、②何年に、③どこで亡くなっているか、④何歳で亡くなったのかを調べ、データをグ

1. 地域から日韓の授業をつくる　　15

ラフ化した。そして、年表と照らし合わせて、日本が近代に行った対外戦争の中で、日中戦争、第二次世界大戦、大平洋戦争は時期が重なっていること、村田町の477人もの人がこの戦争で亡くなっていることを読み取った。また、亡くなった場所を地図で調べ、予想もしていなかったような遠い場所でも戦争をしていたことがわかってきた。ここで重要なのは、地域の戦没者数を教師が数字で提示したのではなく、子どもとともに手書きの名簿から取り出す作業をしたことだろう。子どもたちは冬休みにも登校して黙々と調べたという。477人は単なる数字ではないのである。

　この後、石田は、村田町の人が亡くなった20カ国の大使館に戦争中のことを問い合わせる手紙を出すことを子どもたちに提案した。手分けして手紙を出すと13カ国から手紙、電話、FAXでの返答があった。丁寧な回答もあれば、「以前回答して、その国の見解と受け取られて大きな問題になったことがあるので一切答えることができない」という電話もあった。どちらにしろ、子どもたちは電話や手紙の向こうで誠実に対応してくれる人を感じ、「戦争は過去のこと」では済まされないのだと知ったのである。

　金銀児「初等学校3年生が学ぶ『道の名前に込められた昔の人の生活』」（小、2002年）は、初等学校3年生の授業実践報告である。初等学校は日本の小学校にあたる。社会科の入門期なので、身近な地域を観察し、絵や文で表現し、話し合う学習が行なわれる。

　教科書はあるが、その地域のことが書いてあるわけではないので教師が地域で何を教材化するかが問われる。3年生の子どもにとって、昔のようすを学ぶことは、難しいことである。9年しか生きていないので、時の流れで町や暮らしのようすが変わった経験をほとんど持っていない。また、目の前に見えるものから、見えないもの（過ぎ去って今はなくなった町や暮らしのようす）を思い浮かべるのは難しい。

　授業は、身近な地域を踏査して作成した地図に道の名前を書き込むことから始められた。放鶴（パンハク）キル、都堂（トダン）ギル……これは、道のそばの建物に付いている住居表示と同じである。道の名前は子どもたちの今のくらしとともにある。

　町で最も大きい道の放鶴キルの「放鶴」は、町の名前（放鶴洞（パンハクトン））にもなり、自分たちの学校の名（放鶴初等学校）にもなっている。この地域の土地の名前、「放

鶴」の由来（土地の形・鶴がたくさんいた）を調べるために言い伝えに出てくる道峰山の書院を訪ねて地形のようすを見る。書院は朝鮮時代の私立教育施設であり、建物を保存・公開しているので、同時に昔の建物のようすをイメージできるのである。

つづいて、学校の前の道（都堂ギル）から都堂（村の守護神）について調べ、話し合っている。さらに、道峰書院からの帰りに見た案内板にあった町の名前「楼院」の説明板から、かつての町のようすを想像させる活動もしている。楼院は北方の水産物を都に運ぶ道の要所で、商人宿や市場で賑わった所である。そのようすをイメージするために今もある在来市場に行って買い物をして、市場にはどんな人がいるのか話し合ったり、風俗画を参考にして当時の町のようすを描いたりしている。

道の名前は、目に見えるものではなく文字や言葉で表わされたものなので、3年生の子どもたちには少し難しかったかもしれない。しかし、子どもの日常にある道の名前から別の世界が思い浮かぶようになった価値ある学習である。

〔木村　誠〕

1．地域から日韓の授業をつくる　　17

■1 〈地域教材で日韓交流を学ぶ〉

生徒と学ぶ「四面石塔」の謎

1．生徒が主役の社会科授業をめざして

　房総半島の最南端、鴨川市（人口3万）にある千名近くの生徒が学ぶ全日制普通高校での実践である。生徒の9割が上級学校をめざす。私は定期異動で赴任し、1年生の「現代社会」（週4時間）4クラス（162名）を担当した。

　年度当初、生徒が中学校での社会科についてどんな意識を持っているかを調査した。半数は社会科が嫌いと答え、なかでも歴史科目を嫌っているものが多かった。社会科が好きで得意な生徒とは、暗記そのものが好きで、なおかつテストの点数が良かったものである。前任校でも毎年アンケートを試みてきたが、年々社会科嫌いが多くなっているように感じる。これは、生徒の問題というよりは高校受験に合わせた暗記中心の授業の問題である。社会科嫌いの生徒が高校スタート時の「現代社会」で、学習の楽しさを知り、学ぶことの意義をしっかりと身につけていってほしいと願う。

　この報告は、生徒が身近な地域教材から課題を持ち、調べ、まとめでは小論文作成に取り組んだ授業の一部である。実践のねらいは、第1に図書室での「調べ学習」を中心にして、生徒自らが学習課題を設定し、課題を追究する中で認識を変えていくこと、第2には、身近なことから国際交流を考えるために、地域の歴史資料に触れ、国際交流にふさわしい地域認識を育てることとした。

2．テーマを追究する調べ学習から小論文の作成を
——19時間の授業構成と小論文指導

「現代社会における人間と文化——文化交流と国際理解」を取り上げることにした。2002年は「日韓ワールド・サッカー」という国際的なイベントが日韓共同開催となるので、日韓（朝）の国際交流を視点にして地域からの国際化のあり方を探ることにした。ところで、中学校歴史教科書問題はアジアや世界の

18　　Ⅱ．授業実践

一員としての日本のあり様を考えさせるとともに、とくに日韓（朝）の交流の歴史を考える機会となった。現代社会という今を学ぶものとして、過去の歴史的事実を直視しながら、日韓が「近くて〈近い国〉になる」ためにはどうしたらよいか、日本に住む人間として、どんな文化交流と国際理解が必要かを歴史的な事実からふり返ってみたい。

　生徒が自ら課題を設定し追究するためには、まず、興味・関心を持てる歴史教材が必要である。また、たとえ課題設定に時間がかかっても、小論文作成で生徒の調べ学習の姿勢が反映し、学習の達成感が感じられていくような教材が望ましい。そこで、私が調査研究している身近な地域の文化財を取り上げることにした。千葉県館山市の浄土宗の寺院、大巌院にある「四面名号石塔」である。この石塔の四面には4種類の字形で「南無阿弥陀仏」の名号が刻まれている。この石塔は不明なことが多く史料もないが、生徒がさまざまに考察し、主体的な調べ学習と日韓の国際交流のあり方を考えるにふさわしい地域教材である。

〈授業構成〉

1 時間目	「真の国際化とは（文化交流と国際理解）」を考える……2002 年ワールドカップと日韓（朝）交流
2 時間目	地域にある交流を伝える歴史的遺産を紹介する。プリント「四面石塔」をみて石塔のことを推定する「私は四面石塔をこう推定する」提出 クラスみんなの意見　「謎の四面石塔をこう見た」報告と発表、意見交流
3 時間目	図書室調べ学習(a)
4 時間目 〜 6 時間目	テーマ設定準備「四面石塔の謎―テーマを決める」 参考資料プリント配布共通の調査 (1)年表作成　「四面石塔建立の時代の年表を作る」提出 (2)仏教関係　「仏教や時代の歴史事項を調べる」提出
7 時間目	HR 教室―「テーマ設定」の予備調査―提出プリントと学習のチェック
8 時間目 〜 10 時間目	図書室調査学習(b)「テーマ設定」と調査項目の検討・書籍資料確認 愛沢自作 VTR 視聴「ハングル四面石塔の謎」
11 時間目 〜 13 時間目	図書室調べ学習(c) 調査研究 愛沢作成雄誉上人年表
14 時間目	「調査研究ファイル」の配布
15 時間目〜	HR 教室―「調査研究ファイル」のチェック・参考資料愛沢論文配布
16 時間目	小論文作成
18 時間目	作成上の注意―専用原稿 2 枚（2400 字）配布
19 時間目	小論文と「調査研究ファイル」一式の提出（期末考査時間）

１〈地域教材で日韓交流を学ぶ〉生徒と学ぶ「四面石塔」の謎　　19

3．大巌院の「四面石塔」を教材にして東アジア世界と日韓交流を学ぶ

　近年、地域の歴史を中央の支配権力からの視点ではなく、その地域ごとの独特で個別な世界が中央を揺り動かすという形で中央の歴史が動いていたと捉える視点が歴史学分野の主流になりつつある。先に日本列島の全体像があるのではなく、地域像から逆に全体像を見ていく観点が求められている。地域像を明らかにしていくうえで、身近な地域の歴史・文化・文化財などが、改めて地域史の研究対象として位置づけられてきた。そのような観点は、すでに先進的な歴史教育実践で取り組まれている。本実践も地域史の観点から調査検討し、教材研究とした。

　大巌院にある千葉県指定有形文化財の四面名号石塔を地域に生きる人々の文化交流や平和の思いを示すものとして、生徒に認識させることが大切である。授業では、この石塔建立の意味を推理させ、時代背景や仏教、地域の歴史を調べるようにした。石塔を通じて自分の住む地域から東アジア世界との関わりや国際交流が見えてくるようにしようとしたのである。

大巌院石塔碑文

　江戸時代初期の1624（元和10）年に建立されたと思われるこの石塔は、四面に梵字（サンスクリット）、篆字、和風漢字、ハングルで「南無阿弥陀仏」と刻字された日本でも珍しい名号石塔である。千葉県指定有形文化財（建造物）「四面石塔附石製水向」（以下「四面石塔」と略す）で、『千葉県の文化財』（千葉県教育委員会、1990年）に、「大巌院山門を入って左手に所在する。総高二・一九メートルの玄武岩製である。……四面に「南無阿弥陀仏」の六字を、日本漢字、印度梵字、中国篆字、韓国ハングルの四か国語で刻んでいるのが特色である。これは四海同隣(てんじ)を示したものと考えられている。……梵語で刻まれた『南無阿弥陀仏』の右側には施主の山村茂兵が建誉超西信士及び栄寿信女の逆修のため寄進したことが、左側には元和十年（1624）三月十四日に房州山下大綱村の大巌院檀蓮社雄誉が書き誌したことが刻まれている。」と記載されているだけである。

20　Ⅱ．授業実践

まず、石塔の四面に刻まれた文字を示す。「四面石塔」の東面には、1624年に刻まれたと思われる、現在のハングル字形と違う古い字形のハングル（以下、初期ハングルと略する）の刻字がある。このことを通じて、16世紀末から17世紀初頭の東アジア世界の日本と朝鮮との関係が、安房という地域から浮かびあがってくる。私は「四面石塔」に初期ハングル字形で「南無阿弥陀仏」と刻字させたなかに、秀吉の朝鮮侵略の関わりが暗示されていると推定した。授業では、秀吉の朝鮮侵略後の東アジア世界の「善隣友好と平和」を願った石塔と大胆な推理を提示した。

　ところで初期ハングルが刻字されているといっても、四面に刻まれた文字以外は何もわからず、結局は推定の域をでない。ただ、北面の梵字「南無阿弥陀仏」の右側に刻字されている「寄進水向施主山村茂兵建曾超西信士栄寿信女為之逆修」とか、左側の「干時元和十年三月十四日房州山下大網村大巖院檀蓮社雄誉（花押刻字）」の刻字に注目することで、刻まれている名号や讃偈（経文）から平和の願いや思いを推定したり、石塔建立に関わったと思われる雄誉上人やその関係者の平和の思いを調べることはできる。

　史料もなく謎だらけであっても、生徒が歴史の謎を解く楽しさを感じることのできる教材なので、個々に課題テーマを決めることができれば、調べ学習が十分に成り立つだろう。また、テーマを決めるにあたって大胆に推理したものであっても、「四面石塔」が製作された時代背景や、そこに関わっている人物の歴史、あるいは初期ハングルの歴史を検討することで、「善隣友好と平和」を願う石塔を浮き彫りにできると思う。さらに、雄誉上人という一人の僧侶を通して、時代の動きのなかで地域から日本、朝鮮、東アジアとの交流と「善隣友好と平和」の行動を学び取ることができる。

4．雄誉霊巖上人とはどんな人物か

　この教材研究から、豊臣秀吉の朝鮮侵略は16、17世紀の東アジア世界に大混乱を与えるとともに、日本では民衆にキリシタンや日蓮宗不授不施派の信仰を激増させた要因になったことがわかった。徳川家康は地域や民衆の動きをコントロールするために、とくに貿易政策や宗教政策に力を入れた。浄土宗に帰依した家康は、民衆に人気のあった雄誉上人の存在を大いに利用したかもし

れない。同時に、安定した外交や貿易のため、拉致された朝鮮人を慎重に扱い、その対応を雄誉などの僧侶たちに命じたかもしれない。そして、何よりも平和を求めていた日本の民衆の動きをどう押さえるか、宗教的な民衆対策に腐心していた。

　日本の民衆や拉致された朝鮮人は平和を強く望んでいた。仏教の力で平和を望んだ人物は「四面石塔」を寄進することで、苦しんでいる霊魂たちを成仏させたいと願っただろう。その思いは、朝鮮通信使外交にも反映したのではないか。浄土宗指導者の雄誉上人は、民衆の立場から幕府と朝鮮通信使の間に入って、重要な役割を果たしたからこそ、1624 年の「四面石塔」建立があったと推察できる。

5．授業の流れ

⑴「四面石塔」から、テーマを設定し、調べる

　授業の 2 時間目に、プリントに示した「四面石塔」を見て、各自が思ったことを自由に書かせた。

　プリントの質問内容は「右の四面石塔に刻んであることは次のことだけです。この刻んであるものからどんなことがわかるか、あなたなりにその事実、あるいは推定などを書いてみてください。」

　全クラス 160 余名のおもだったものを六つに分けて要約してみた。

a．いつごろつくったのか

　・「元和十年」だと思う

　・「元和十年」とは人が亡くなったときか、この塔を建てたときか

b．どこにあるのか

　・「房州山下大網村大巌院」

c．誰がつくったのか

　・「寄進」とあるので「山村茂兵」という人が建てた

　・「大巌院檀蓮社雄誉」がつくったかも

　・ハングルがあるので韓国の人がつくった

　・「南無阿弥陀仏」とあるので仏教徒がつくった

　・「大巌院檀蓮社雄誉」の名前がある

〈年表・雄誉上人〉

1544 年	今川氏一族である沼津氏勝の三男として駿河国沼津（静岡県沼津市）で出生。
1559 年	下総国生実（千葉県千葉市）の浄土宗大巌寺（住職道誉貞把上人）に入門する。
1575 年	道誉上人より浄土宗の教義を伝授される。
1588 年	大巌寺3世の住職となる（大巌寺は徳川家康の関東入国時より祈願寺であり、檀林とよばれる僧侶養成のための重要な学問所である）。
1590 年	大巌寺の住職やめ、修行のため奈良に旅立つ。奈良に霊巌寺を創建する（ここを拠点に3年間浄土宗の布教に努めているが、「朝鮮侵略」で拉致されてきた朝鮮人たちと接触した可能性が高い）。
1593 年	徳川家康から再び大巌院住職にと説得され、関東に戻る。
1598 年	京都伏見城にて豊臣秀吉が死去する（家康や前田利家らは朝鮮からの撤退の指示する）。
1600 年	家康は小西行長らに朝鮮との講和を命じ、その際に捕虜160名を送還する（このころ『増上寺史料集』によると、雄誉上人は増上寺における徳川家の法事の席で論争となり、結局浄土宗の教義を傷つけたという大罪で大巌寺から追放とされ、その後に安房国大網に隠れ住み小さな寺をつくったという）。
1603 年	館山の大網村に大巌院を創建する（安房国主里見義康の寄進による。正式名は仏法山大網寺大巌院といい、京都知恩院の末寺として僧侶養成所も併設された）。
1607 年	雄誉は守永寺をはじめ、房総の各地に多数の寺院を創建する（この年5月に第1回の慶長度朝鮮回答兼刷還使467名が来日し、1418名の朝鮮人被虜人を連れて帰国する）。
1609 年	安房国主里見忠義が帰依し、大巌院に42石の朱印が与えられる。上総国佐貫城主の内藤政長から善昌寺住職にと懇願され、大巌院は弟子の霊誉にまかせ安房を離れる。
1614 年	里見忠義が伯耆国倉吉（鳥取県倉吉市）に改易される。雄誉上人は法然の足跡を参拝する西国行脚にむけて旅立つ（各地で寺院を創建し、再建している頃、第2回の元和三年度朝鮮回答兼刷還使が来日し、雄誉が接触している可能性が高い。西国行脚の途中では伯耆国に改易された里見忠義を訪ねている）。
1619 年	雄誉、西国行脚を終え上総国佐貫に到着する（西国行脚では多くの弟子を養成し、西日本各地に30余寺の創建や再興に関わり、庶民のなかに浄土宗布教を強力にすすめた）。
1621 年	江戸茅場町に草庵をつくっていたが、徳川水軍の長である向井忠勝から沼地をもらい、埋め立て地を造成し、浄土宗の檀林として江戸の霊巌寺建設をはじめる。
1624 年	大巌院において、山村茂兵夫妻が逆修のための石塔、つまり「元和十年三月十四日」と刻字した「四面石塔」を建立する（この年12月に第3回寛永元年度朝鮮回答兼刷還使の来日となり、江戸霊巌寺が朝鮮通信使に関わった可能性がある）。
1629 年	霊巌寺の諸堂が完成し、佐貫の勝隆寺から本尊を移す。雄誉上人は幕府より浄土宗総本山である知恩院の第32世の住職に任命される。
1633 年	知恩院が大火となり、徳川家光より再建の命を受ける（大梵鐘鋳造発願をはじめ、門末寺院への勧進帳と募財をすすめる）。
1636 年	知恩院の大梵鐘が完成する（この年、第4回寛永十三年度朝鮮通信使が来日する。のちの天和三（1683）年に雄誉の弟子である源誉霊碩が著した『霊巌和尚伝記』（館山市立博物館蔵）によると、朝鮮通信使の上官が日光参拝の帰りに大巌寺を訪れたとの記載がある）。
1641 年	知恩院の諸堂が完成し、その落慶法要が営まれた後に、説法のために江戸に戻った88歳の雄誉上人は江戸の霊巌寺で死去する。

・「建誉超西信士」「栄寿信女」とある

・里見家の信仰や外交に関係している人のかも

d．なぜそこにあるのか

・戦争で亡くなった人たちを慰霊した碑

・「南無阿弥陀仏」と仏を祀った墓で、日韓交流を深めるため

・皆が幸せになるように願ってつくられた

・それぞれ違う国の文字があるので何かの象徴

・何かの記念に建立

e．さまざまな推定

・それぞれの言葉にはどんな意味があるのか

・どうして四面に刻んだのか

・文字の内容はそれぞれ同じではないか

・4面に「南無阿弥陀仏」と書いてある

・「罪を皆除く」と書いてあるので皆の罪を除いてくれる

・「寄進水向」とあるので水に関係ある

・いろいろな国の人々が亡くなって合同で墓にした

・「逆修」に関係あるのか

・「罪を皆除く」と書いてあるので罪をもった人の石塔

・韓国や中国から「南無阿弥陀仏」が房総に伝わりそこから全国に広まった

・「八万四」は戦死した人の数

・方向によって文字を違えている

f．石の四面の文字

東面の文字：ハングルに似ている

　　　　　　　・文字はハングルである

　　　　　　　・甲骨文字では

南面の文字：漢字では

西面の文字：漢字に近い

　　　　　　　・漢字になる前の文字に似ている

　　　　　　　・「金印」の文字に似ている

　　　　　　　・西面と南面の字が似ているので同じ内容か

北面の文字：お墓の後ろに立てる木に書いてある字に似ている
　　　　　・梵字では
石塔の上部の文字：北面の文字と同じ文字か・四面すべて同じである

　以上、生徒はさまざまに推定しているが、四面の一つが漢字で「南無阿弥陀仏」という刻字なので、やはり仏教に関する墓だとか、慰霊の石塔と答えている。中学校での歴史学習では、仏教の歴史や文化などを取り上げないのか、仏教に関する一般知識があまりないと感じた。

　各生徒の推定は、クラスごとにプリントにまとめ、次時に「クラスみんなの意見『謎の四面石塔をこう見た』」として報告した。授業では、特徴的な推定内容を生徒自身に発表させ、その理由も述べさせた。またそのことについて他の生徒の意見や感想も出させ、自分と違う推定については、今後の調べ学習で参考にするようにと指示した。

　4時間目からは図書室での調べ学習に入った。プリント「四面石塔の謎──テーマを決める」を配布し、各人がテーマを設定するために、3時間をかけて共通の調査研究をした。一つは「四面石塔建立の時代の年表を作る」である。もう一つは仏教関係の基本事項を確認するために、「仏教や時代の歴史事項を調べる」とした。この2枚のプリントは提出させた。調べ学習を指導しながら気がついたことは、授業に集中できない生徒も少なくなく、やはり図書室の資料だけでは無理だったので、わかりやすく書かれた教科書や資料集からプリントを作成し参考資料とした。プリントは随時提出させ、不十分なところをチェックした。

　7時間目は教室でこれまでのプリントの提出状況を確認し、課題のプリントを配布して各自で考えさせた。次時から3時間、図書室での課題を考えるとともに、参考文献を探すよう示唆した。

　8時間目から調べ学習のためのテーマの設定と調査項目の検討や参考文献の確認に入った。ここからが大切な作業である。5年前に作成したVTR「ハングル四面石塔の謎」を見せた。生徒は映像によって「四面石塔」の大きさや刻字の内容などを確認したことで、推定してきた一部のことの解答となった。視聴後、「四面石塔」の謎に対して、私自身はどう推定したかを簡単に紹介した。

生徒には、自分の推定やクラス皆の推定意見を参考にしてテーマを設定し、資料を集めながら課題を追究し、小論文にまとめていくことを指示した。

(2)小論文の分析（160名分）

小論文のなかで、小テーマとしても韓国・朝鮮関係にふれている割合を調べた。

		14HR	15HR	16HR	17HR
HR 人数		40 名	40 名	38 名	42 名
韓国・朝鮮関係にふれている割合		78%	80%	76%	76%
a）「四面石塔」関係 (59名)	仏教・雄誉・大巌院	17 名	13 名	12 名	11 名
	日韓交流・ハングル	7	9	7	6
b）「雄誉・大巌院」関係 (46名)	雄誉の生涯・仏教	7	11	9	18
	日韓交流・ハングル	1	2	3	3
c）「石塔の刻字」関係 (18名)	仏教・梵字ハングル	0	0	2	7
		1	11	7	8
d）「朝鮮・韓国」関係 (22名)	秀吉の朝鮮侵略	16	9	7	6
	歴史・文化・交流	7	1	5	9
e）「安房地域」関係 (15名)	安房歴史・里見氏・交流	3	7	9	0

６．小論文から生徒の学習をみる

(1)事例―鈴木亜美の場合

①初めに推定したおもなこと

・元和十年三月十四日に建てられた

・「南無阿弥陀仏」はお経でよく聞く

・お墓に刻まれている文字のようである

・面ごとに書いてあるのは、その面に対して何か意味があるのだろうか

②調査テーマ―「なぜ四面に違う文字なのか」

・日本とそれぞれの国で何か交流があったのか

・石塔ができたときのそれぞれの国のできごとは

・４つの文字について詳しく調べる

③小論文題名 「なぜ四面に違う文字なのか」

はじめに

　私は千葉県館山市の浄土宗大巌院にある千葉県指定有形文化財「四面石塔」を知り、いろいろな疑問が浮かんできた。そのなかで、私はそれぞれの面の文字の国と日本との関係や交流を知りたいと思い調べた。まず、それぞれの文字について知り、日本と関係の深い国について知ろうと思った。次に石塔に刻まれている「南無阿弥陀仏」についてどういう意味で、なぜその文字なのかということを調べることにした。

１．文字について

　まず、それぞれの文字について知ることで、日本との間に何かあるのかということを調べた。北面の文字については「悉曇（しったん）」という。悉曇とはサンスクリット語のSiddhamの音訳であり、サンスクリットの文字を悉曇と称している。一般的にはサンスクリット文字、専門的には悉曇として使い分けられている。悉曇学というのは、中国と日本においてサンスクリット文字においてなされた文字や音声の学問という。日本語とサンスクリットとの間には、古来中国を通じて、非常に深い関係がある「南無阿弥陀仏」といった題目も本来はサンスクリットに由来している。

　次に西面の文字については、漢字になる前の文字で「篆字」という。日本で使われる漢字は中国から由来してきたものである。南面の文字も日本で使われている漢字である。

　そして東面の文字は朝鮮の文字で「ハングル」という。このハングルは朝鮮の第4代国王世宗（セジョン）が1446年に公布した「訓民正音」という文字で書かれている。それは現在使用されているハングルの基となった古い文字で短期間で消滅したため朝鮮でも近年までよくわからなかったものという。このようにそれぞれの文字から中国や朝鮮と日本が何か関係があったということがわかった。

２．「南無阿弥陀仏」について

　四面に刻まれている文字を解読したところ、どれも「南無阿弥陀仏」という文字だということがわかった。それはお寺などで多く耳にする言葉であったので、もっとよく知ろうと思った。

「南無阿弥陀仏」という文字は「阿弥陀仏」に帰依するという意味で、中国唐代の高僧善導の解釈によれば、「南無」とは帰依を意味するサンスクリット語であり、仏に帰依して救いを求めようとする民衆の願いを実現するために働く阿弥陀仏の行動を示しているという。「南無阿弥陀仏」によって、民衆の願いと仏の行動が一つになって、平和な極楽浄土で仏になることができると説いた。つまり、生命の危機や死の際に「南無阿弥陀仏」と唱えると皆が仏になり、極楽浄土で幸せになるという。

　こういうことから日本や朝鮮などが阿弥陀仏の力で皆が友好で幸せになることを願い、「南無阿弥陀仏」と刻んだのではないかと、私は推定した。

３．日本と朝鮮との交流……「朝鮮通信使」をみる

　調べたなかで日本と朝鮮とはいろいろな交流があったことがわかった。さらに調べていくと、豊臣秀吉の「朝鮮侵略」が大きな意味をもっていた。1592年から96年の秀吉の「朝鮮侵略」は朝鮮の人々の心に日本人に対する憎しみを残した。しかし、江戸時代に入ると対馬藩や幕府の対応のなかで友好関係は回復する。これは朝鮮通信使の来日というかたちで実現したのであった。

　朝鮮通信使というのは、朝鮮国王が日本国王（将軍）に国書を渡すために派遣した使節である。はじまりは1404年に足利義満が朝鮮と対等な外交関係を結び、双方で国書を交換したときである。しかし、両国使節の友好的な往来は、1592年からの朝鮮侵略（文禄の役）と1597年の朝鮮再侵略（慶長の役）という一方的な侵略戦争で崩れてしまった。

　江戸幕府は、こうした侵略戦争の後に友好関係を修復していくために、江戸時代を通じて朝鮮通信使を招くようになった。通信使は1607年から1624年までの国交回復・戦後処理のための使節が3回と、1636年から1811年までの将軍代替わりのときの使節が9回の合計12回である。最初の3回は日本からの使節に対する答礼の使節で、回答兼刷還使という。これは答礼を兼ねて、秀吉の「朝鮮侵略」のときに日本へ連行された多くの朝鮮人捕虜の返送を目的にしていた。捕虜には陶工や学者などが含まれていたが、彼らが江戸時代初期の技術・学問の発展に果たした役割はたいへん大きなものであった。この答礼のための使節が派遣される背景には、長年朝鮮と日本の間で交易を通じて文化交流を続けていた対馬藩の役割が重要であった。

また、記録によると通信使が途中で立ち寄る所では、日本の知識人の訪問があとをたたなかったという。当時の日本において儒学の先進国である朝鮮から学びたいという意識が高かったのだろう。このことから通信使を通じて江戸時代には朝鮮の文化が伝えられ、友好的な関係があったことを忘れてはならない。

まとめ

　この石塔について調べていくうちに、たくさんの疑問が浮かんできて、何かワクワクしたような気持ちになった。今までこういうまったくわからない、資料も少ないものについて、こんなに詳しく調べたことがなかったのでかなり手こずった。

　私のテーマであるこの石塔に刻まれている4つ文字は、それぞれサンスクリット（悉曇）・篆字・漢字・ハングルであることがわかったが、このなかでもハングルが日本との関係が一番強いと感じ、とくにハングルや朝鮮との交流について調べてみた。その結果、16世紀末の秀吉の「朝鮮侵略」が関係しているように思えた。しかし、そのことが関係あるかどうかについては、資料もなくよくわからなかったが、調べたなかでは重要な関わりがあるできごとと思った。そして、「南無阿弥陀仏」という文字は、仏に帰依して救いを求めようとする民衆の願いと仏の行動が一つになって、平和な極楽浄土で仏になることである。それが「南無阿弥陀仏」を唱えることの意味だとわかった。この言葉がもし秀吉の「朝鮮侵略」と関係があるならば、石塔は日本と朝鮮との友好と平和の思いを表したものだったとまとめたい。四面石塔を通じて日本と朝鮮のできごとを学んできたが、テーマを決めて調べるなかで、とくに両国には友好と交流の深いつながりがあったことを知った。

④ 鈴木の授業後の感想

　この石塔について、たくさんの疑問があったが、資料があまりないということで、テーマをしぼるのも大変だった。さらにテーマがみつかっても資料探しに時間がつぶれてしまった。でもだんだんと資料をみつけていくうちに、私の心はワクワクするような感じになった。何もわからないことに対して疑問をいだき、それを調べていくうちにいろいろなことを得るという方法は、とてもすばらしい「学び方」だと思った。

　それで私のテーマ「なぜ四面に違う文字なのか」ということを調べるなかで、朝鮮との深い結びつきを知り、そこに日韓（朝）の友好や交流の関係が四面石塔にも関わるということがわかった。テーマについて調べ、だんだんと内容が朝鮮との関係にしぼり込まれ、最後には友好関係など今までくわしく知らなかったことを四面石塔を通じて学ぶことができたのがよかった。

⑵生徒の感想と学習の分析

　鈴木はまとめで「この石塔について調べていくうちに、たくさんの疑問が浮かんできて、何かワクワクしたような気持ちになった」と学ぶことの楽しさを印象的に語っている。多くの生徒が「調べることが大変でしたが、少しずつわかっていく喜びもあるので楽しかった。こんな授業もいい」、あるいは「自分で見つけて疑問となったことを調べていくことで、自分なりの結果が出るので達成感があった」と述べている。「調べていくうちにいろいろなことがわかってきて……次から次に調べたいことや疑問が浮かんでくるので、すごくおもしろくなってき」たとか、「疑問を調べていくと、もっと疑問がわいてくるとこ

ろが調べ学習のおもしろいところ」という言葉に、生徒たちに主体的な学習スタイルを確立させていくことの重要性を強く感じた。なかでも調べ学習に入る前とその後の学習では、学ぶ姿勢が変わったという感想が目立った。

　日頃、生徒に学ぶ課題を設定させ、その課題追究と解決のため学習方法を教えることはない。鈴木がこの授業で「何もわからないことに対して疑問をいだき、それを調べていくうちにいろいろなことを得るという方法は、とてもすばらしい学び方」であると学んだのは大きな収穫であったろう。また「いろいろな疑問にぶつかり夢中になって調べた。さまざまなことを知る方法を学ぶことができてとてもよかった」と、授業で学ぶことの意味や方法などを認識したことを大切にしたい。

　さて、鈴木はスタート時に四面石塔を見て「面ごとに書いてあるのは、その面に対して何か意味があるのだろうか」と推定したが、資料が少ないなかでテーマの設定では「日本とそれぞれの国で何か交流があったのか」と課題をしぼった。そして、調べ学習では石塔ができた時代のできごととして、日本と朝鮮の交流の姿を「朝鮮通信使」の歴史から探っている。

「探れば探るほどいろんな謎がでてきた。そして、もっといろんなことが知り、謎を解い」ていきたいと述べた生徒もいるが、調べていくうちに「私のテーマの答えにたどり着けるのだろうか」と不安になったり、「判断する資料が乏しいという以前に、自分の歴史に対する知識の甘さを痛感」させられたと述べた生徒もいた。歴史の謎などを探っていくような課題は、テーマ追究の姿勢を呼び起こし、認識を深化させる契機になっていくように思われた。

　鈴木は「『南無阿弥陀仏』についてどういう意味で、なぜその文字なのか」という課題を追究しているが、「日本や朝鮮などが阿弥陀仏の力で皆が友好で幸せになることを願い、『南無阿弥陀仏』と刻んだのではないか」と推論し、「石塔は日本と朝鮮との友好と平和の思いを表したものかもしれない」と仮説をたてた。

　日韓の歴史や交流関係を課題にした生徒のなかには、「……謎がでてくる石塔である。これをきっかけに、もっとたくさんの人々にその存在を知ってもらい日韓の交流を広げていけないか」、「今回やったような学習が必ず必要になる」、「四面石塔がこれからの日本と韓国・朝鮮との関係をもっと良くするきっ

かけの一つとなる」と生徒なりの提言をするものがいたことに注目したい。

　最後に、地域について生徒はどんな認識を持ったのだろうか。「ただの田舎の町としか思わず何も知らないまま、何も感じないまま暮らしてきた」だけでなく、「地域について知らないし、知ろうという気持ちももっていなかった」ことを正直に述べた生徒がいた。「地域のことを何も知らないということを思い知らされ、安房もとても立派な歴史があることを知」ったと、この授業がいま住んでいる地域を再認識する機会となったようだ。

　今後、社会科学習を進めていくうえで、身近な地域を見直す謙虚な姿勢が国際化にふさわしい歴史的な認識のベースとなることや、地域認識を深めていくことが日本の歴史を具体的に学ぶ契機になることを、次年度の歴史学習への課題としたい。

〔愛沢伸雄〕

❷
大地主家の新白丁 姜相鎬の生き方

1．はじめに

　わが国の高校生は20世紀初めの日本の侵略や植民地時代の独立運動史を勉強するが、人名や団体名、関連しない史実の羅列にうちひしがれている。現在と密接な関連があるにもかかわらず、無関心で冷たい視線を投げかける。これはやがて、自分が生きていく時代に対する冷たい視線につながるのではないだろうか。

　晉州高と宜寧高の子どもたちを対象に、晉州地域の独立運動家「新白丁姜相鎬」を授業テーマとして歴史作文の授業を行なった。歴史上の人物や事件、時代を理解させ、作文の助けとなるよう姜相鎬先生の息子姜寅洙さんを招請して講演を聞かせた。独立運動史を具体的に認識できるよう、歴史を大げさなものではなく普通の人の一生として受け入れられるよう、そして歴史的偉人は遠方にいる偉大な人物ではなく、近くにいる誰かの父として、子として、夫として存在し、欠点も多い人にすぎないということを話したかった。そうして歴史の主人公はすなわち私たちであり、私たちの決定がすなわち歴史的決定であり、そのような意味で歴史というものははたして何なのか、もう一度質問したかった。

　十分な授業準備はできなかったが、歴史は「記憶すること」であり、「記憶を正しくすること」が非常に重要だと子どもたちは考えた。新しい世紀が開かれ、記憶の戦争が激しく展開されている東アジアで子どもたちが記憶を「批判」し、また「記憶」するよう願う。

2．授業構想

　子どもたちの考えを聞き、子どもたちの観点で歴史を再構成する機会を準備しようと「作文」形式の授業を展開することにした。テーマは「大地主の両班

から貧しい新白丁に生まれ変わった姜相鎬の人生は成功か、失敗か」と定めた。最近わが国の社会は成功と失敗の区分、競争と生存、順位づけを通じた恩恵付与、さまざまな形式のサバイバルゲームに非常に慣れている。これを批判的に見る時間を子どもたちに与えたかった。

　成功を教える大韓民国の社会で青少年に世俗的成功と歴史的成功の違いを尋ね、さらに「成功や失敗は人の一生にはたしてどんな意味を持つのか」省察させることが本授業のもっとも深い意図だった。しかし、教師の意図は絶対に表に出さなかった。生徒たちが持っている成功と失敗の基準を表出させて、それを歴史上の人物の評価に投影させる過程で、生徒が自ら自分の価値観を点検・修正し成長できるようにすることが授業目標である。

３．授業の展開

時間	授業活動	説明
1	第1回衡平実践UCC公募展入賞作『学校差別』および『衡平の道』上映 ↓ 読み物資料1「愛国の志士　栢村姜相鎬の略歴」 －読んで重要な略歴を再構成して書く ↓ 読み物資料2「隣人とともにする人生」：近隣住民の税金代納、救護活動、子ども運動 －姜相鎬一家の善行とそれについての作文課題を提示 ↓ 読み物資料3「民衆啓蒙に献身した人生」：教育機関および報道機関支援活動 －愛国啓蒙運動家としての姜相鎬についての作文	『学校差別』は学校生活の中で生徒たちが弱者にどのくらい配慮しているかを問う動画である。弱者への配慮を実践した姜相鎬の人生と結びつけようという意図で上映した。元々この映像だけを見せようと思っていたが、衡平運動を気にする子どもが多く、『衡平の道』を上映した。衡平運動の意味や姜相鎬ら重要人物をしっかりと教えた。 　聞き慣れない用語などは教師が説明した。作文活動は個人差が大きく、時間が足りない子どもたちは授業後に続きをした。 　グループ別に時間の差があり、あるグループは「資料」1または2まで進めた後、残りは3時間目に行なった。
2	姜寅洙さん招請講演「栢村姜相鎬の人生」	独立運動家の子孫と直接会うことについて生徒たち自らの意味づけが大きかった。講演中に居眠りする生徒もいたが、最後まで傾聴したので講演を終えた先生が「まじめな生徒たちですね」と評した。

32　Ⅱ. 授業実践

| 3 | 第1回衡平実践 UCC 公募展入賞作
『安義で衡平を語る』上映
↓
読み物資料4「国への愛を実践した崇高な人生」
―質問に対する作文 | 動画上映を通じて生徒の注意集中を図り、衡平運動家姜相鎬への追悼の辞を書く課題の助けとなるようにした。作文課題はやはり個人差が大きかった。放課後に前もって作成・完成させた生徒もいれば、白紙を出す生徒もいた。 |
| 4 | 作文プリント作成および追加質問
授業の感想を発表する | 姜相鎬個人の財産問題などについての質問と回答、子孫の人生への興味、親日行為に対する生徒の考えなどを聞くことができた。 |

　1時間目は姜相鎬の一代記を中心とする全体の概観および社会運動家としての姜相鎬に注目させた。2時間目は姜相鎬の息子姜寅洙さんを招請して対話時間を持とうと思っていたが、講演に近かった。個人の話を聞くことによって歴史像をリアルで豊かにさせたかったのだが、残念だったのは、姜寅洙さんが独立運動家としての父親を文献や放送の中で説明されたことだ。自分の経験として語ることができないのにはいくつかの理由があった。まず、77歳にもなる高齢で17歳の高1の生徒たちとの疎通が容易ではなかった。しかし、もっと重要な問題として財産や名誉と関連する隠密な家族史の問題があり、また、左右理念の是非によって自らが自分を検閲していた。大韓民国の報勲庁に所属する光復会の会員でもある姜寅洙さんは、講演中左翼に有利となるような話は一切しなかった。講演を終えて3回ほど電話をいただき、「ありがとうございます、先生のおかげで自分の人生の無念さが晴れるようです」とおっしゃった。姜寅洙さんは父親の人生を神の摂理と理解し、自分の一生を「神に向かう旅程」と描写したが、「大韓民国現代史の束縛が個人を宗教的昇華に導いたのではないか」と推し量るだけだ。

　読み物資料の構成は、主に当時の新聞記事や姜相鎬先生独立運動家公的審査申請書、そして晋州地域在野史学者キム・ギョンヒョンのブログを活用した。

　作文プリントは九つの質問で構成した。作文課題と生徒の回答を紹介することで授業の進行過程に代えようと思う。まず宜寧高の生徒の反応を調べ、その後晋州高の生徒の反応を紹介する。実際には二校の差はあまり大きくはなかった。

◆歴史作文課題と宜寧高の生徒たちの回答

質問1）姜相鎬先生の略歴のうちもっとも重要だと思われるものを三〜五つ選び、自分が選択した理由を書いてみよう。

質問の目的が生徒たちにある人物の略歴を調べさせることだったため、明確な回答を求める質問ではなかった。ほとんどの生徒が三・一運動や新幹会運動などの独立運動経歴に注目し、学校設立や報道機関設立にも比重を割いた。愛国の志士追叙やドキュメンタリー製作へも注目したが、生徒たちは「知られること」を非常に重要だと考えている。一例としてある生徒が韓国戦争期間に避難していたことを重要経歴に選んだが、「わが国のために運動して死ねば無念だ。知られないから」と記した。一方、ほとんどが衡平運動を主要経歴に選び、独立運動というよりも社会的配慮や献身として運動を理解したが、これは授業導入段階で衡平運動 UCC［動画共有サイトなどにおけるユーザー制作コンテンツ—訳者］を活用した影響だったようだ。

質問2）姜相鎬先生の隣人を大切にする心はどこから始まったのだろう。

ほとんどの生徒が母親または両親の心を手本とした、または一族の来歴から始まったと書いた。憐憫や同情心が豊かな性格のためだという回答も多かった。

質問3）施徳不忘碑は現在毀損が激しく裏面がひび割れている。しかし、晋州の人々はこの碑石があることさえあまり知らない。毀損を防ぐために私たちは何ができるだろう。

「観光名所にして管理所を建てよう」「碑閣を建てて市民ボランティアで管理しよう」「室内に移して説明できる空間をつくろう」「インターネットや新聞を通じて広報し関心を引き出そう」などの回答が重なった。

質問4）「子どもの日」といえば小波方定 煥は覚えているが、姜英鎬は知らない。なぜだろう。

ほとんどの生徒が姜英鎬についての記録がないことを理由にあげ、同じような脈絡で児童文学者としての作品が残っていない点に注目した子もいた。

質問5）学校設立の先頭に立った姜相鎬先生に自由な気持ちで簡単な手紙を書いてみよう。

ほとんどの子どもたちは、先生が学校を建て、民衆啓蒙に尽力したので独立もでき、教育も十分に受けられるようになったと感謝していた。しかし、以下

の回答は異彩を放っている。

「今、わが国は日本と同等の位置にあります。姜相鎬先生が学校をたくさん設立してくださったからです。」

「先生がいたので独立も可能になり、わが国の経済基盤の根本をつくることができたのだと思います。尊敬しています。」

「何といっても、わが国は人的資源のおかげで大きく発展しました。……高い教育熱があって大変だけど、感謝しています。」

「私たちは高い意識水準を持ち、IT大国で暮らしています。あなた方が命を賭けて守ろうとした『朝鮮』は他の国と競争しても負けない大韓民国になりました。私たちに『大韓民国』を与えてくれてありがとうと言いたい。」

「一部の生徒は、先生が学校設立の先頭に立ったことを恨んでいますが、どのみち学校は設立されたでしょう。そうでなければ大韓民国の経済は今のようには発展できなかったでしょう。むしろ、その部分に感謝していると言わなければなりません。」

「後世のために学校を建ててくださり、本当にありがとうございます。個人の利益のために青少年を相手にタバコを販売したり、スマートフォンなど娯楽商品を過度に開発して青少年の学業意志、能力低下を起こすなどのことが頻繁に生じるこの後世のために。」

「特に言うことはないが、いろいろな感情が入り乱れている。独立運動でわが国を取り戻したことに対する感謝と、今の生徒のほとんどは通いたくない学校を設立したことに対する恨みなどが入り乱れて曖昧模糊としている。」

「先生の教育設立でわが国は世界で指折りの教育水準が高い国になりました。しかし、学歴中心すぎる社会的態度や、私教育費に戦々恐々とする両親の考え方や行動がわが国を『ガリ勉』にしようとしています。先生の努力が悪い形に変質し、悪循環に陥らないようがんばります。」

「わが国は競争率が非常に高く、死ぬほど勉強しなければ生きていけない世の中に変わり続け、先生が願った衡平性ある学校はありません。でも、先生を恨んだりはしません。勉強はやればできるものですから。」

　質問6と7では国債報償運動を激励して綿花不正事件を犯した日本政府と商人に抵抗する標語やスローガンを書かせようとしたが、意味ある活動になら

なかった。悪口や日本への敵対感をあらわにする場合もあり、課題を始める前に注意する必要があったと考えられる。

質問8では白丁身分解放運動の先頭に立った姜相鎬先生のための追悼の辞を書こうという課題を提示したが、生徒のほとんどは先生の平等精神と独立運動の精神を賛えて名前をきっと忘れないという趣旨のことを書いた。

質問9）ここまで探ってきた姜相鎬先生の人生をどのように見るべきだろうか。私たちそれぞれが持つ「成功と失敗」の基準で姜相鎬先生の人生を評価してみよう。彼の人生は成功した人生か、それとも失敗した人生か。

宜寧高1年生の多くは独立運動家としての業績に注目し、成功した人生という評価を下した。ごく少数が失敗した人だと言い、相当数の生徒が「成功と失敗の二分法」を越える結論を下した。現在私たちが認識し、記憶していることが姜相鎬先生の人生の成功や失敗に影響を及ぼすという結論は、誘導したものではないのに元々達成しようとしていた授業目的に符合したものだった。

1年生の提出生徒77人中34人が、自分の見解が不十分な形式的回答を作成した。期末テストが終わって勉強への興味がなくなるときなのに加え、作文形式に慣れていない点、普段の歴史授業進行過程で主体的意見の発表を引き出すことができない点などが原因だと思われる。誠実に回答した43人のうち成功だと答えた生徒が26人で60％、失敗だと答えた生徒がわずか3人で7％、成功でも失敗でもないと答えたのが14人で33％近くなった。成功だと答えた生徒は独立運動、社会運動への歴史的貢献を高く評価する立場で、その選択には負担が少なかった、失敗だと叙述した子はごく少数だったが、やはり偉人の生涯を失敗だと言うのは負担になっただろう。生徒個人の苦痛や成長過程の否定的経験に基づいて失敗だと書いた子もいた。子どもたちの回答を目につくまま羅列してみた。

①先生の人生は「成功」した人生だ（宜寧高）

「彼の人生は成功だったが無謀だった。十分に自分が暮らせるだけの財産を残して活動をすることができたはずだ。自分の全てをかけて独立運動や衡平運動の活動をするのは無謀だった。」

「先生の決断は高慢や強情ではなく、純粋な自分の価値観を実現するための行動だったのだから絶対に無念の人生ではないと思う。他人の強要や弾圧ではな

く自分の意志だったのだから、衡平運動は決して無駄な運動ではなかった。」

「彼は生涯独立のために努力した。第二次大戦の日本の敗北により独立を成し遂げたが、それは独立運動家の血と汗の努力の結果だ。私たちに国への自負心や自主の意志を起こさせる、そんな人のように思え、成功した人生だと信じている。」

「先生は若いころから教育に力を注ぎ、学校を建てて国債報償運動、衡平運動、三・一運動など独立運動と身分解放のために尽力し、辛い人々のために両班の身分を放棄して財産を売り払った。私はこのような業績の中で二つでもまともに成し遂げる自信がなく、怖さを押し切る勇気もない。私たちとはまったく違うと思う。姜相鎬先生のおかげで私たちは今学校で勉強し、他国の干渉もなくこのように暮らしている。したがって先生の人生は絶対に失敗ではない。先生は今後も永遠に尊敬されるからだ。」

「一部の人々は姜相鎬先生を批判して悪口を言ったが、身分制度という不義について報告書を握りつぶさず正義を実現するために努力したという点で人生は成功だと思う。私が生きたい人生の一つが平等で正義感あふれる生活を送ることだが、先生はそれを現実に成し遂げたので、素晴らしく尊敬すべきで偉い人だと思う。」

「成功と失敗とは個人によって大きな差がある。私は姜相鎬先生の人生が成功した人生だと思う。よく私たちは、歴史の本に載ったり、有名になってこそ成功した人生だと考える。しかし、私は少し違うと思う。その時代の多くの活動家とは違って私たちによく知られた人物ではないが、先生は多くの活動を通じてわが国のために努められた。私たちが知らなかったからだが、調べてみれば他の独立運動家より多くの業績があったのではないか。姜相鎬先生は私たちが知らなかった英雄だ。」

「姜相鎬先生は金持ちの両班だったのに白丁になって失敗した人生だと感じる人もいるだろうが、その反対の、成功した人生だと思う。なぜなら人を助けるときに喜びや誇りを感じるように、先生も独立運動資金を準備されるときっとこのような喜びと誇りを感じたと信じているので、成功した人生だと思う。」

「他人の人生を成功や失敗と決めつけるわけにはいかないが、客観的に見ると姜相鎬先生の人生は自分が望んでしたことで、功労に比べて受けた賞は低かっ

たが、対価を望んでしたことではないので、私は成功した人生だと思う。」

②先生の人生は「失敗」した人生だ（宜寧高）

「成功した人生とは自分ともっとも近くにいる人と幸せに暮らすことだと思う。今までの授業で姜相鎬先生の息子さんの話を聞いてみると、他人のために犠牲になって自分は満足感を得たかもしれないが、家庭ではそれほど良い父親ではなかったようだ。私にはあえて評価できないが、苦しい他人を助け、元々本人のそばにいる家族はおろそかにした。家族を幸せにできなかったようだから、私は姜相鎬先生の人生を失敗した人生だと考える。」（個人の人生と歴史的人生の違いについて話をしたかったが時間がなかった。最初に授業計画を構想したとき、成功と失敗についてのディベートも考えてみたが、このような意見はそれなりの価値があるように思える。）

「自分の土地、さらには家まで売ってしまい残ったのは兄弟の死と身分の下落だけだった。国の独立のために全財産を捧げた偉人として表からは成功したように見える。だが、その中を詳細に覗いてみれば考えが変わるだろう。私の基準では失敗した人生だ。」

「始まりと終わりが相反した人生、必ずしもこれが悪いとはいえないが、光復後分断され、親日指向の政府高位関係者によって、一生を捧げた先生の業績は光を見ることができなかった。また、生前に認められなかったので先生の人生は失敗した人生だと思う。」

③先生の人生は成功でも失敗でもない（宜寧高）

「彼の人生を成功と失敗という二分法的思考では評価できない。彼の業績、彼が追求した価値はとても重要だった。あえて分けるなら、成功した人生を送られたと思う。これは他人に認められたからではなく、歴史の評価が立派なことともまた違う。本人がしたいことをしたということだ。自分の人生を主体的に生きたのだから、私は姜相鎬先生の人生を成功と思いたい。しかし、彼は家長として財産をすべて売り飛ばした。それは失敗でなく家長として家族に対する責任を全うすることができなかっただけだと思う。」

「彼は隣人と大韓民国を愛したただ一人の独立運動家だという気がする。親日派によってきちんと評価されなかったが、彼はひたすら自分の道を歩いた。認められることなく親日派に埋められ失敗した人生だと考えることもできる

が、光復に大きく寄与し目標を成し遂げて成功した人生と考えることもできる。……先生の人生を評価するのは不可能だ。いや私たちが評価してはいけない人生だ。」

「先生は自分の情熱を出し切り、一人二人と多くの人の人生を変え、私たちが今このように多くのことを学び笑って暮らしていけるよう努力された。しかし、先生の墓まで自分の土地だと言って追い出す人々を見ると、『はたして後悔していないだろうか』と疑問を感じる。成功した人生は他人に認められる生活を送ることかもしれないが、認められるばかりで実際に自分が得るもののない人生が本当によいのかわからない。私たちの認識が変わらなければ、彼の成功は完璧には成り立たないだろう。私たちが調べて感謝するとき、彼の人生はよくも悪くも変わりうる。」

「曖昧だ。彼の人生は経済的に成功したとは思えない。しかし、彼の業績は意味ある行動であるから心情的には成功した人生だと思える。」

「私が姜相鎬先生だったらその資本で衡平運動はもちろん、井村面の人々のためではなく『親日』をしただろうに、先生はそうでなかった。みじめな生活を送ったが、その地位は成功と同じだから、成功でも失敗でもない。」

「国と子孫のために努力したことは成功だが、金をすべてなくしてしまい、未来に名前が知られないのは失敗だと思う。」

「衡平運動や独立運動の結果を見れば成功したように見えるが、人々に正しく記憶されず業績が忘れられたことを見ると、失敗したと見ることもできるので、私が持つ基準ではとうてい判断できない。」

「彼の意志を賛えて平等に生きていくことが彼への礼儀を守ることであり、それが彼の人生は成功した人生だという証拠になるだろう。」

◆晋州高校の生徒たちの回答

　晋州高校の生徒の回答も大きくは違わない。晋州高の生徒は宜寧高より成績が優秀で学習態度も誠実だ。晋州高で作文プリントを作成した生徒は58人だ。宜寧高と少し違ったのは「晋州MBC創社40周年ドキュメンタリー『なつかしき姜相鎬』ラジオ放送上映」に言及する生徒が多かったことだが、これは姜寅洙さんが講演中にこの放送を聞かせたためだ。宜寧高ではほんの少しだ

けだったが、晋州高では4クラスの生徒を対象に小講堂で2時間行なったため、40分ほどのラジオ番組のうちかなりの時間を放送した。昼休み直後の5、6時間目に授業が行なわれたので眠気に勝てない生徒が多かった。それにもかかわらず、独立運動家の子孫に直接会うとことにときめきを感じ、授業に参加できない子どもたちが非常に羨ましがった。

　もう一つ、晋州高設立の歴史に姜相鎬先生が直接かかわったため、具体的に感謝を表現する生徒が多かった。しかし、多くの子は民族資本が晋州女子高の設立につながり、日本政府によって晋州高が設立されたことに苦々しさを感じていた。昼間は女子高として、夜は男子高として運営したらよかったという奇抜な意見を提示する生徒もいた。

　他の質問への回答は似通っているので省略し、「成功と失敗」を尋ねた質問についてだけ別に整理する。プリントを作成した58人のうち13人は回答の内容がない、または形式的だった。残りの45人のうち姜相鎬先生の人生を「成功」と表現した生徒は32人、「失敗」5人、その他8人だった。

　①先生の人生は「成功」した人生だ（晋州高）
「広く知られはしなかったが多くの業績を残し、彼の子孫が誇らしく思って生きているから。でも、先生のような人生は送りたくない。自分の身分、名誉、財産のすべてを投げ出して白丁のための運動を推進するのはちょっと違うような気がするからだ。」
「最後まで富を享受して生きて一人で死んだ人と、家まで奪われ他人を助けて多くの人々に追慕され死んだ人のうち、どちらのほうが成功した人だろう。」
「多くの白丁と人々に親しみを与え信頼されたから。私もまた他人に認められて信頼される人になりたい。」（この文章は障害のある生徒が書いた。）
「成功した人生と失敗した人生の基準は、理想を成し遂げたのかどうかで判断される。彼は独立と平等を夢見て土台をつくり、今はそれが行われている。大変な道を最後まで耐え抜いた彼を尊敬する。」
　②先生の人生は「失敗」した人生だ（晋州高）
「亡くなるときには家も奪われ身分や名誉も全部失っただけでなく、その後も親日活動をしたとして追われ多くの誤解を受け、業績に比べて物足りなかったがやっと愛国の志士として追叙・表彰された。」

「姜相鎬先生の人生は失敗だったと思う。今私たちの生活はその過程よりも結果に注目する。しかし見習いたい点は多い。両親が苦しい人々を助ける姿を見て自分も同じように両親の意志に従って助けていたことは見習いたい。」

「先生は自分が楽しいと感じることをしないようだ。国家のために一生懸命努力したことはよいことだが、その過程で財産を奪われて独立運動にだけ専念し、自分の人生を顧みなかったから、先生の人生は失敗だったと思う。」

「立派なことをたくさんされたが、今覚えている人もあまりおらず、存在感がほとんどないので失敗だと思う。でも、これから再評価されれば成功した人生だと評価したい。」

「失敗だ。完全に失敗だ。実質的な成果もない。私はむしろこの人が親日派だったのではないか疑った。元々既存の独立運動家は日本の警察に捕えられ収監されればほとんど全員が死刑に処され、最低でも無期懲役だった。それなのに姜相鎬は1年で仮釈放された。本当に疑問だ。いくら模範囚で仮釈放されたとしても、その後もう一度捕えられたのにまた抜け出したのが変だ。私の主観的な考えでは、日本に金を与えて力を借りたのだと思う。それでも晋州高を建てたことには感謝している。」

（この回答は興味深い。日本植民地政府の統治政策を客観的に教えているだろうか。独立運動家の生涯を普遍的人間の観点で教えているだろうか。そう反省した。また、独立運動や社会運動が死や犠牲に必ずつながるという見解は、韓国社会が運動を見つめる視点が決して正常でないことを悟らせる。運動とは自分の信念や価値を表現し、それを実践する生活の行為に他ならないのに、私たちは運動を生活と見ず、犠牲と考える。大韓民国の政治史が運動をそう見させたのではないか、と苦々しい反省を繰り返した。）

　③先生の人生は成功でも失敗でもない（晋州高）

「私がどうして先生の人生を評価できるだろうか。金がそんなにたくさんあれば、私は自分のことだけ考えると思うが、先生はすごい。私には先生の人生を評価する資格すらない。」

「先生の人生が成功か失敗かを決定する要因はまさに私たち自らにある。私たちは、姜相鎬の人生における彼の努力が無駄にならないよう、各種行事を主催したり友だちに教えたり、講師を通じて他の学校にも知らせたりして彼の業績を賛えるために努力しなければならないと思う。」

❷大地主家の新白丁姜相鎬の生き方　41

「私は正直、心理的なことより物質的であることを重要視するので、姜相鎬先生を見るととても恥ずかしく、物質を失おうがどうだろうが心に立てた目標に執着して生きるべきだと思った。」

「民族の人生としては成功したが、個人の人生としては失敗だった。」

4．授業を終えて

歴史は暗記するのではなく記憶することであり、記憶することは「正義」への悩みを含んでいることを認知する子が少しでも生まれた点をこの授業の成果としたい。

しかし最近、「先進国、大韓民国」、「まぶしい経済成長」、「成功した国」のイメージを強調する国家主義的で反倫理的な歴史観に影響される子どもたちを見て憂慮している。「成功した大韓民国」と「失敗した北韓」の対比を通じて生徒たちの価値観を歪曲し、共同体の現在と未来を正しく見させない無知蒙昧な政治大衆の育成を進める政治や報道、教育官僚を見て生徒たちに質問したかった。成功と失敗とは何かと。

結果として成功した人は過程に責任を負う必要がないという厚かましさが韓国社会を魅惑している。さらに、成功と失敗の二分法で青少年を含む市民大衆を惑わし、黒色宣伝［ブラック・プロパガンダ―訳者］を通じて市民を分裂させて互いを排除させ、既得権の支配構造を正当化する戦略が露骨に進められている。これは人類史上もっとも警戒すべき正念場だと見なされているにもかかわらず、現在のために未来を躊躇なく搾りとる、教育の本質に正面から違反する行為が続いている。一人の人間の一生をめぐって成功と失敗という無礼で無理な質問を乱暴に投げかける理由がここにある。

（李珍熙・崔嘉恩）

3 〈地域から世界へ〉

戦没者名簿調べからはじまった小学校6年生の戦争学習

1．はじめに

　3年生の時に受け持った子どもたち10名をまた受け持った。この子たちが3年生の1年間は、「村田町まるかじり」ということで、地域のことを調べまくった。探偵団として地域探検、地域地図づくり、商店街調べ、工場調べ、農家調べ、地域の昔調べ等々、多くの人と関わりながら自分たちの足と目と耳をフル回転させて学習した。1年間の最後のまとめでは、自分たちの村田町に対する思いを直接町長さんにお話しするということもした。社会科の学習を通してクラスもぐっとまとまり、子どもたちの力が向上した1年だった。また、青い目の人形の学習を通して「なぜ戦争は行なわれたのか知りたい」、「戦争でどんなことが行なわれたのかを知りたい」、「青い目の人形を大切にしたい」と3年生なりに戦争について真剣に考える子どもたちだった。「その答えは6年生の先生といっしょに勉強するといいよ」とその時は子どもたちの疑問をさらに追究することなく学習を終えた。

　その子たちをまた受け持つと知らせられた時、私は、「まいったなあ、あの時もう受け持たないと思って地域の歴史とかも結構やったんだよなあ。どうすっぺなぁ。でも、また楽しく勉強できるだろうなあ、楽しみだなあ」、「6年生の先生になってしまったか。偶然だなあ」などと思った。しかし、時は人を変える。クラスの雰囲気はまるっきり変わっていた。何をやるにも「めんどくせぇ〜」。朝からぼーっとする子どもたち。人間関係も複雑になっていた。そのうえ、子どもたちは、社会科が嫌いになっていた。でも、「おれ、4、5年生のときの社会の勉強ってこんなもんじゃね〜って思ってたんだよね。6年生の勉強楽しみにしてるから」と私と調べたりするのを楽しみにしてくれている子もいた。

43

2. 子どもたちの地域

村田町 (宮城県) は「蔵のまち」として知られ、紅花商人や村田城布袋祭りなど、歴史と伝統がある町である。学区「菅生」地区は、1955年4月に旧富岡村から村田町に分村合併した地域だ。村田町の北東に位置し、北は仙台市、東は名取市、西は川崎町、南東は岩沼市に接している。標高260m内外の高台で、総面積13.7㎢、水田98ha、畑106ha、山林の占める割合が多い。世帯数は228戸、人口927人。農家が多く、水稲のほかに、イチゴのハウス栽培も盛んで「仙台イチゴ」として出荷している。その他、菊、しいたけ、そらまめ、大豆なども生産している。また、大規模に肉牛を飼育している農家もある。しかし、大半は兼業農家で、日中は会社勤め、朝夕と休日が農作業という家庭が多い。

この地域には、青い目の人形、田村麻呂伝説、隠れキリシタン伝説、平家の落ち武者伝説など魅力的な歴史素材が多くある。また、掘りおこせばさまざまな地域の歴史が出て来るおもしろい地域だ。地域にはお年寄りがたくさんいて話を聞きやすい。子どもたちの通う村田第四小学校 (現在は閉校) は全校児童約50名の小さな学校だ。縦割り班活動が盛んで、給食は全校児童が集まって食堂で食べる。

3. 1年間の授業への想いとプラン

新学習指導要領では、人物中心学習と調べ学習が強調された。私がこの1年大切にしたのは、歴史に名を残した人物とともに、民衆や地域に名を残した人物をしっかり学習すること、さまざまな形態の調べ学習を取り入れることだった。特に人との関わりを大切にした方法を重視した。また、1時間の授業の中で必ず地域の素材を提示するようにした。

私が所属する宮城歴史教育者協議会では、単元のねらいと見通しを教師自身が持つプランづくりを大切にしている。新学習指導要領実施に伴い次のことを留意点として挙げている。

〇社会科全体で75時間減という時間削減の中でしっかりとした社会認識を身につけさせることを重視する。排外主義的な愛国主義を批判し、これに対処する。

○未来の主権者としての主体的な歴史認識形成のために、近現代史の時間
　を最低でも全体の60％、そのうち戦後史を25％としたい。したがって前
　近代の時間は最高で40％、可能ならば35％に抑えたい。学習内容の柱は、
　戦争と平和、民主主義、基本的人権とする。
○地域の掘りおこしや現地見学を重視し、地域住民とともにつくる歴史教育
　が、歴史認識形成の基礎になることをおさえる。
以上のことを配慮しながら実践をした。

4．授業のようす

⑴村田町戦没者名簿調べ

①私と戦没者名簿との出会い

　まず、村田町の戦没者数を知ろうと『村田町史』(村田町、1977)を開いた。すると、
「予算の関係で町史には載せられなかったので、興味のある人は歴史みらい館
に問い合わせてほしい」という記述があった。歴史みらい館に行ってみると、
直筆の『村田町戦没者名簿』のファイルがあった。その資料は、どの地区の誰が、
どういう階級で、いつ、どこで、何歳でどう亡くなったのか（戦死か戦病死かなど）
などが書かれていた。年季の入った紐で綴じられた分厚い資料だ。授業で使い
たいと言うと快く貸してくださった。さて、借りたはいいが、あまりにも膨大
な資料だったので、データの整理を子どもたちに手伝ってもらうことにした。

　②子どもたちと戦没者名簿との出会い―戦争ってなんだ？―（以下、『　』は
教師、「　」は子どもの発言）

『実はすごい資料を見つけたんだけど、見たい？』

「見たい、見たい！」、「どんな資料？」

『実はこれなんだけれど』と、プリントをどさり。

「何書いてあるの？」、「すげ～いっぱいだ」、「早く見せてくれ」

『村田町で戦争で何人が亡くなっているか調べられるすごい資料を見つけたん
だよ。しかもこれは「戦没者名簿」といってね、どの地区の人が、いつ、どこ
で、何歳で亡くなっているのかなんてことが書いてあるんだよ』

「すげ～」、「早く見たい」、「どっから見つけたの？」

『資料で、村田町の人たちが戦争でどれくらい亡くなっているのか、みんなで

■3 〈地域から世界へ〉戦没者名簿調べからはじまった小学校6年生の戦争学習　　45

調べてまとめてみない？』

「うん、やってみる！！」

　グループを四つに分け分担して作業を始めた。戦没者名簿を四つに分けて、「どこ地区の人が」、「何年に」、「どこで亡くなっているか」、「亡くなったとき何歳だったのか」を書き出した。

「すぐ終わるだろう」と思っていたのだが、4時間かけても終わらなかった。2学期中に終わらなかったが、子どもたちは「先生冬休みに来て調べるよ」と言ってくれた。そして、冬休みに学校に来て黙々と調べていた。そのデータをもとに、私がグラフにした。

　③自分たちが調べた資料を使って—四つの時期に行なわれた戦争—

『日本では明治以降、どんな戦争があったのか調べてみよう。みんなが調べた資料に書き込んでいこうね』と年表資料を使って調べてみた。

「1887年、西南戦争！」「でも、それは1853年よりも前だから書き込めないよ」「日清戦争」「1894年から1895年だって」

　調べたら資料に線を引いて戦争の名前を書き、色を塗った。

「日露戦争1904年から1905年」、「第一次世界大戦1914年から1918年」、「ずいぶん長くやっていたな」、「あれ、ここ死んでいる人一人もいないね」、「1937年日中戦争。1937年。あれ？　終わりの時期が書いてないぞ」、「1939年第二次世界大戦だって」、「太平洋戦争1941年」、「戦争が終わるのが1945年だって」、「なに〜3つの戦争を日本はいっしょにやっていたの？」、「何で？」、「三つの戦争が同時に終わったってどういうこと？」、「先生、ここの時期の色はぐちゃぐちゃでいいの？」

『三つやってんだから全部の色ぬっぺ』

「なんだこりゃ？」、「すっげ〜人死んでる」、「なんで同じ戦争なのに死んだ人の数こんなに違うの？」、などつぶやきの連続。だいたいの作業が終わった後、資料を改めて眺めてみた。「戦争が四つの時期に行なわれている！」と子どもたちは見つけた。その後みんなで気づいたことや疑問などを話し合った。授業の感想は次の通りである。

　　○年が若いほど戦いに行っていることや、日中戦争、第二次世界大戦、太平
　　　洋戦争が行なわれていたときが一番村田町の人がそれに加わっていたこと

46　　Ⅱ. 授業実践

がわかった。日本は他の所で戦うときは他の国と協力して戦っていたのだろうか。(J)

○なんで第一次世界大戦とかやったのだろうか。戦争を途中で止めたのだろうか。初めからやらなければよかったのに。太平洋戦争は誰と戦いをしたのだろうか。戦没者名簿調べは数が多くて大変だった。年が不明だと書いてあってわからなかった。昔の国と今の国の名前が違っていて大変だった。(U)

○戦争で死んだ人の数やどこの国、島などで死んだかを調べてみると、すごくたくさんの人が死んでいることがわかった。特に中国で死んだ人が多かった。地区別にしてみると沼辺の人が一番多かった。知りたいのは、戦争で日本では何人死んだか、あとは外国の人が戦争で何人死んだか調べたい。(M)

○一番すごかった太平洋戦争で、日本人が死んだ数と相手の国の死んだ人数が知りたいと思った。家のおばあちゃんは第一次世界大戦の間に生まれて、4つの戦争の中でも死ななくて今でも生きているからすごいなあと思った。(K)

○戦争が大きく分けて4回あったなんて知らなかった。特に驚いたのは、日中戦争、第二次世界大戦、太平洋戦争が混ざって1937年〜1945年まで戦争をやってなくなった人が477人。すごくいっぱいの人が亡くなったんだなあと思った。村田町だけでこんなに亡くなっているのから、日本だとかなりの数なんだろうなあと思った。日本はなぜ戦争をやったのだろうか。戦争をやったらかなりの人が亡くなるのがわからなかったのか？　戦争に行った人は日本を離れるときにどうやって海を渡ったのか？（A）

○今回のことで、日清戦争などで亡くなった人数や亡くなった人がいつ、どこで、どのように亡くなったのかということがわかった。それと、日中戦争、第二次世界大戦、日中戦争を続けていったことがわかった。三つの戦争をして食料は大丈夫だったのかが疑問。(T)

○こんなにたくさんの国と戦ったのだろうか？　死んだ場所が不明の人がたくさんいた。(N)

○若い人をいっぱい戦争に行かせて、死んでしまった人はかわいそうだと

思った。日本は同じ時期に三つの戦争をしていたので、勝ち目はないだろうなあと思った。最初の方の戦争はあんまり死んだ人はいなかったのに、後の方の戦争はたくさんの人が死んだので、戦争をいっぱいするといっぱい死ぬんだなあと思った。戦争のことがわかって、戦争がとても嫌いになった。(S)

○戦争は多くの死者を出していることがわかった。特に広島と長崎に落ちた原爆もひどいと思った。でも、日本は三つの戦争を一度にしたからすごいと思った。これからは戦争が起きないように努力してもらいたい。(Y)

○戦没者名簿を見て、なんで戦争をしていないのに明治や大正のときに人が亡くなっているんだろうと思ったけれど、明治や大正にもいろいろな戦争をしていたことがわかってよかった。第一次世界大戦では、村田町の人が一人も死んでいないのかなあと疑問に思った。戦争が終わったのになんで人が死んでいるのかなあと思ったけれど戦争のときの病気やけがで死んでいることがわかって、戦争のときの傷がそれだけすごいということがわかって、大変だったんだなあと思った。(t)

④村田の人はどこで亡くなっているのか調べ、この後、自分たちが調べたデータをもとに、村田町の人が亡くなっている国や土地がどこにあるのか地図で調べて色を塗る作業をした。

子どもたちは「昭南島なんてないよ」、「なんだ大宮島？？」、「馬来半島ってなんだ？」、「へーこんな島があるなんて知らなかった？」、「この島フィリピンのどこにあるのかわがんね～」、「すごい所でなくなっているんだね」、「どうしてこんな戦争に関係がなさそうな所で死んでるんだ？」など、夢中になって調べた。しかし、子どもたちの疑問に私自身答えられなかったので、たまたま学校に来ていた地域のお年寄りに質問をしたり、戦争経験者である大学時代の恩師にいろいろ教えてもらったり、詳しい世界地図を貸してもらったりすることで、子どもたちは具体的な地名を確認することができた。「こんな小さい島までどこにあるかわかったことがうれぴ～」という感想も出された。

グループごとにまとめた結果、村田町の人が戦死した場所は 64 か所（場所不明者は 62 人、戦病死者は 87 人）でなくなった病院も各国各地域にあり、ここも驚きだった。そして、どこの国で何人が亡くなったのかというデータができた。

⑵大使館への手紙

　そこで亡くなっている人がいるということは、そこで戦いがあったということではないだろうか？　そんな疑問から、その国で戦争中にどんなことがあったのか、村田町の人が亡くなった国の大使館に手紙を書いて戦争中のことを聞くことにした。

「戦争のことを聞いて失礼じゃないかなあ」、「僕の手紙がきっかけで戦争とかになったらどうしよう」、「返事がちゃんと来るかなあ」など心配する子もいた。この年（2001年）はニューヨークでの9・11事件や拉致問題が大きく問題にされていたりしていたが、分担をして20か国に手紙を書いた。質問事項は原則として①第二次世界大戦中に何人の人が亡くなったのか、②日本軍の占領、攻撃によって受けた被害について、③戦争のことについてどのように教えられているのかの三つは必ず聞くことにして、その他に聞きたいことがあったら書いていいことにした。

　13か国から手紙や電話、ファックスなどをいただいた。資料と手紙を送ってくれた大使館、質問に対して丁寧に答えてくれた大使館、質問に対しては答えられないと返事をくれた大使館など、さまざまな国の事情があり、返事の内容や手紙に対する答え方もさまざまだった。例えば、日本人の大使館員から歴史などについて書かれた丁寧な手紙をいただいたが、質問に対して大使館としては回答できないし、回答しない。子どもたちの熱心な質問に対しての個人的な手紙であることを強調していた。また、子どもの質問に関して大使館の日本職員が公使に20分ほどインタビューし、その回答が手紙に書かれてきたものもあった。また、回答を断るという丁寧な電話もいただいた。以前、ある小学校からの質問に丁寧に答えたところ、公表され、それがその国の戦争に対する見解であると大きな問題になったことがあったのだそうだ。また、ある外交官から電話をいただいた。現在日本と友好関係にあるので、過去の友好的でないできごとは一切公の場では言っていないということ、学校でも戦争のことはほとんど教えていないということだった。国によって戦時中のことについての見解や表現の仕方が同じアジアでも違っていることなども知った。

　数々の返事の中で、とても丁寧に返事をくれたのは、南太平洋の小さな国々だった。今まで知らなかった国とのつながりを知った時、子どもたちは驚きを

3〈地域から世界へ〉戦没者名簿調べからはじまった小学校6年生の戦争学習　49

隠しきれないようすだった。

　調べれば事実を知ることができると簡単に思っていた子どもたちにとっても、この大使館からの返事はいい勉強になったようだ。事実を知りたくても知ることができないことがあるということ、正しいデータが残せなかったぐらい大変な時代であったということ、戦争は現在にもつながる大きな問題であることを子どもたちなりの感覚で知ることができた。大使館からの返事は、戦争学習の途中で次々と送られてきたので、戦争学習をしながらその国の資料を読み合ったり、授業の中で提示したりしながら活用した。

⑶自分の考えを伝える

　子どもたちが全く知らなかった小さな国の大使館からの手紙の中で「歴史をふり返り、過去の痛ましい戦争について調べることは大変意義のあることと思いますし、感心しています。二度と起こしてはいけない戦争をもっと深く勉強して、どうしたら戦争を起こさないようにできるのか、世界の国々と平和な関係を保つにはどうしたらよいかを真剣に考えてください。応援します。（略）誰でも戦争は嫌いです。世界中の人たちは戦争のない平和がいつまでも続くことを願っています。どうしたら戦争が起こらないように出来るのか、なかなかむずかしい問題ですが一生懸命考え、勉強してください。戦争について考えることは世界のことをよく知ることです。世界中の国々のことをよく知ると、「戦争」と「平和」についてのことが少しずつわかってきます」と書いてあった。この返事は手紙を書いた子にはすぐに見せたが、他の子たちには戦争学習が終わるまで伏せておいた。卒業間近の慌ただしい時間の中で、社会科の学習がすべて終了した後、子どもたちにこの問いかけに自分だったらどう答えるか、ノートに書いてもらった。

　　○子どものときまちがった教育を受けると、大人になって戦争をやってしまうようになるから、教育をちゃんとするといいのではないか。そうすれば、悪いことや戦争をする人も少なくなると思う。そして、いろんな物を分けっこすれば世界中の国々が平和な関係になれると思う。（U）

　　○なぜ戦争がおこるのだろう。ここから考えるべきだと思う。戦争はいろいろなきっかけから始まる。例えば、今のイラクのこと。秘密で核兵器をつ

くっているということで、非難されている。しかし、アメリカだって核兵器を持っている。これはおかしい。つまり、世界の国々と戦争しないためには、みんな平等にするということだ。これは、世界の国々と平和を保つことにもつながる。食糧不足の国に食料がいっぱいあるところから食料を送ったりすればいいと思う。(Y)

○戦争を起こさないためには、武力を全部の国がなくし、お互いの意見を聞くことから始めたらいいと思う。そして、平和を願う人がこれからもどんどん増えていけば、平和も保つことができると思う。(N)

○世界の国一つひとつで、戦争をするとどんなことになるのか、戦争はやってはいけない、ということなどを、それぞれの国で話し合って、戦争をしてはいけないという憲法をつくればいいと思う。そして、世界中から核兵器や戦争に使うものを処分して、核兵器をつくらないという憲法をつくって、それぞれの国一つひとつが、平等になるようにすればいいと思う。(t)

○相手が怒るようなことをしないで、みんなにとって悪いことをしないで、相手の国のことも考えながら行動していく。けんかをうったり、かったりしないで、話し合いを何回もしたりして、解決するようにする。そして、一つひとつの国が相手の国を大切に思う気持ちで接して、仲良く、平和に暮らせるよう、いろいろな国で考えて、楽しい行事などを国々でしていけば、みんな楽しく明るく毎日を過ごしていける。(A)

○戦争を起こさないようにするためには、全部同じになるといいと思う。土地の大きさも国のお金も。そうすれば、世界が全部同じだから、争いごとがなくなると思う。みんな違っていいはずだけれど、戦争のきっかけは、必ず、土地だったり、お金だったりするから。(K)

○世界中には戦争を嫌っている人たちがいることを、国のえらい人に知らせ、核兵器などをなくすようにしてもらう。そして、いろいろな国と平和条約を結んで、貧しい国に大使みたいな人が5、6人ぐらい行って、食料や水などを寄付したらいいと思う。あと、簡単に考えると、世界が一つの国になったら、戦争は起こんないと思う。(M)

○全世界を一つの国にすれば、戦争が起きないと思う。そうすれば、この国とこの国が仲が悪いとかはなくなり、戦争が起こっても、一つの国の争い

3〈地域から世界へ〉戦没者名簿調べからはじまった小学校6年生の戦争学習　51

になので、何とかしようとその国が動き、解決しやすくなると思うから。それから、今までの復讐や恨みなどをすべて断ち切り、新しい世の中をつくっていこうという考えをすれば平和を保つことができるのではないか。(T)

○戦争の兵器を世界中のどこの国もつくらないことと、兵器を持たないようにすればいいと思う。あと、戦争はしてはいけないと、子どもたちにきちんと教育すればいいと思う。そして、たくさんの人と出会って、いろいろな人がいることをわかって、それぞれの人のよさをわかることが、世界中の国々と平和な関係を保つことにつながると思う。(S)

○どうしたら、戦争を起こさないようにできるのか。それは、兵器をなくして、一人ひとりが戦争の怖さや悪さを知って、戦争のおろかさを考えていれば、戦争をなくすことができると思う。戦争は、何かのきっかけがあって起こるので、戦争のきっかけをつくらなければいいと思う。それから、人間の勇気と愛する心をもって、仲良く協力すれば、何があっても助け合っていけば、大丈夫だと思う。それが世界中の国々と平和な関係を保つために大切なことだと思う。(J)

以上である。「難しいなあ～」、「うまく書けねぇなぁ」と言いながらも、子どもたちなりに短時間の中で必死になって考えて書いていた。書いたものを見て、教師の立場からすると、これからもっと理解させなければならないことや、詳しく学習する中で考えられるようになることなどがたくさんある。また、子どもたちから教えられたことに気づかされた。でも、12歳のときにこのような意見を持っているということは、これからさまざまな学習や経験の中で広い視野を持った考え方や行動力が持てるようになる可能性を大いに持っている子どもたちなのかもしれない。

5. 実践に取り組んで

(1)実践から学んだこと

今回の実践で大事にしたことは、事実を知る、より地域に密接した素材を提示するということだった。

授業を進める中で、子どもたちは自分たちが調べたデータをもとにいろいろ

考えていた。村田でこれだけの人が亡くなった時期は戦況がそういう状況だったのか、村田町ではこの場所でこれくらいの人が亡くなっているのだから、ずいぶんたくさんの人が亡くなっているだろうと、必ず自分たちが調べたデータに立ち戻り、菅生では、村田ではどうだったのかという視点を持っていた。自分たちが調べた地域の資料が学習を深める上で大きなかぎを握っていた。また、大使館に手紙を書いたことは、「自分の地域の人とつながりがある国」という点でより身近にその国を理解することにつながった。また、国によって実情が違うことや考え方や物事の捉え方が違うことを子どもたちなりに理解したようである。

⑵成長した子どもたち

　子どもたちは４月当初、歴史の事実やその時代の人の立場にたって物事を考え、表現することがほとんどできなかった。あれから１年。子どもたちは自分の考えを堂々と書いたり、疑問をぶつけたりすることができるようになった。事実や地域が持つ力が子どもたちを成長させたのだと思う。

　３年生の時に地域に飛び出し、自分たちの目や足を使って事実を知ることで生き生きと学んだ子どもたち。地域をしっかりとらえ、地域の中のさまざまな事象に興味を覚えた子どもたちは、６年生になっても地域を見つめる目を失ってはいなかった。歴史の中で地域を意識し、地域の人々が歴史をつくっていること、教科書の中にしかないと思っていた歴史が自分たちの地域にも存在していたこと、地域と地域、地域と世界がつながって歴史がつくられてきたこと、そして、自分たち一人ひとりが世の中をつくる主体者であることなどを学んだようだ。地域の中で生きてきた人々の姿や生き様、自分たちと人々の関わりが見えた時、子どもたちの視野は世界へ、未来へとどんどん広がっていく。

　社会科における地域学習の重要性、社会認識をきちんと育てることの大切さをしみじみとかみしめた今回の実践である。

　ある大使館からの「歴史をふり返り、過去の痛ましい戦争について調べることは大変意義のあることと思いますし、感心しています」、「戦争について考えることは世界のことをよく知ることです。世界中の国々のことをよく知ると、『戦争』と『平和』についてのことが少しずつわかってきます」という手紙を

読んだ時、子どもたちは、いい勉強ができたとしみじみ思ったようだ。私自身もこれからの実践の糧になるようなことを子どもたちとともにたくさん学んだ。

6. まとめにかえて

　社会科は、一つひとつの事象を丁寧に調べ、それらをきちんとつなぐ。そして、それが自分の生活や自分の学びにどうつながっているか意識できるようにすることができる教科だ。そういうことを大切にすることでものの見方や考え方、社会事象に対する分析の仕方などが身につくのだと思う。

　また、「社会科は楽しい！！」と教師が思うことが大切だ。地域には素材がいっぱいある。それを掘りおこすことは教師の自信にもつながる。子どもたちも「先生に負けないように、こんなこと調べてみようかな？」という気持ちになるようだ。これからも、地域に根ざした実践を心がけがんばっていきたい。

〔石田裕子〕

4

初等学校3年生が学ぶ

「道の名前に込められた昔の人の生活」

1. 「私たちの身近な地域」をどのように教えるか

　3学年1学期の社会科の中心内容は「私たちの身近な地域」である。身近な地域の自然環境を理解し、これを利用する昔と今の人々の生活、身近な地域と他の地域の交流の理解に重点を置いている。しかし、国定教科書はさまざまな「身近な地域」の特徴を収めたもので、指導に当たっては、身近な地域の内容と方法の地域化が必須である。

　社会の最初の授業時間に子どもたちと教科書のテーマを見て、内容に目を通し、身近な地域について学びたいことを書かせてみた。子どもたちは身近な地域に住んだ人々がどんな服を着て、どんなものを食べ、どんな家に住んで、どのように生活しているかについて知りたいと言った。

　私は、子どもたちの好奇心から出発して地域の環境や人々の生活についてどのように教えるか悩んだ。現在の生活と時間の流れを理解する方法を探していると、ある先生が身近な地域のある村の名前の由来を教えてくれた。村の名前の話を聞いた後、最近車に乗ると見られる新しい道の名前にも興味がわいてきた。昔風の名前であり、その意味がよく理解できなかったためである。道の名前を新しく決め、建物の住所も既存の番地・号から○○キル〔通り―訳者〕何番に直していた。その理由も気になり、道の名前がどのように決定されたのかも知りたくなった。

　区役所で調べた結果、より便利な住居表示体制を作るためで、道の名前は各町で意見を取りまとめたのである。昔の村の名前から取ってきたものが多いらしい。道の名前が決まった理由を見ながら、道の名前は身近な地域の自然的、位置的特徴だけでなく、過去と現在をつなぎ、過去のようすがわかる素材になりうるだろうと考えた。

55

2．身近な地域の道の名前に関心を持つ

　子どもたちと学校周辺を踏査して身近な地域の地図を完成した。学校を基準にして他の建物の位置を表すのに道が必要なので、道ごとに名前を書き込んだ。放鶴キル、シルボンギル、都堂ギル、ベッカックキル、トゥィンマルギル、チョダンギルなどを探すことができた。建物を観察すると、表札をたくさん見ることができた。建物の表札は名前は同じで数字だけが増えていた。私は、「この表札はなぜ建物ごとについているのだろうか」、「中にある名前と数字は何を意味するのか」という質問を子どもたちに投げかけた。子どもたちは自分の家にもこのような表札が付いていることを知り、これがその建物を表す固有の番号であり、名前だということがわかるようになった。そして、その名前は建物周辺の道の名前と全く同じだということがわかった。

3．町の地形的特性をよく表した大きい道——放鶴キル

　町の最も大きい道路の名前は放鶴キルである。現在、町の名前も放鶴洞であり、私たちの学校名も放鶴初等学校である。放鶴という言葉はいろいろな由来があるが、鶴がたくさん戯れていた所という意味と、土地の形が鶴が卵を抱いている形だという説が最も有力だという。しかし、その名前がこのように町の名前になり、いつ、誰が決めたのかよくわからなかったので調べてみた。朝鮮時代、ある人が道峰書院の敷地を決めるために道峰山に登って今の町を見たとき、鶴がたくさん戯れ、土地の形も鶴が卵を抱いたようだったので名づけたというのである。書院は今の私立高校などにあたる昔の学校である。

　子どもたちは「書院て何ですか」、「どこにありますか」、「どうやってできましたか」と質問した。書院に行ったことのある子どもたちが 3 人ほどしかいなかったのである。そこで、私たちのクラスは体験学習を申請して書院に行くことにした。私たちが行った日は、春・秋に書院が輩出した優れた人材のための郷祭を行なう日なのでふだん開放していない建物を開放していた。私たちは郷祭を見ながら山を 40 分ほど登って大きな川が前に位置する書院の位置と書院の建物を見ながら、かつて学生たちが勉強したようすを考えたりした。

　木が多くて見下ろせなかった。そこで書院を訪問したときもらったパンフ

レットの朝鮮時代の道峰書院図を見て、町内のようすを想像して水墨淡彩画を描き、鑑賞してみた。わが国の山や昔の家のようすがよくわからない状態で描いた絵なので、事実感が落ちることが観察できた。そこで、後でシルボンという道の名前を通してわが国の山のようすを探るようにした。この活動を通して子どもたちは町が昔から道峰山と近く接し、密接な関連があったということを知るようになり、絵にも出てくるように、町は山とその山から流れる水の間にあるという地形的特徴を理解することができた。

4．村の神と関連した私たちの学校の前の道——都堂ギル

　私たちの学校の前の道は都堂ギルという名前である。子どもたちは都堂が何か知りたがった。都堂という道の名前がどのように付けられたのかについての子どもたちの意見は、次の通りである。①ある有名な僧侶の名前、②重要な建物、③熱心に働いた人の名前、④都堂という寺があって付けられた名前、⑤書堂以後につくられた都堂という学校があり、その名をとった。

　これらの推測を検証するために都堂の意味を探す方法は何だろうかと質問を投げかけた。

　子どもたちは、①百科事典を探す、②おばあさんにたずねる、③本で探す、④辞典を利用すると答えた。この中から教室で確認できる方法を選んだ。大画面モニターとつながったコンピュータで単語の意味を探すと、都堂は村の守護神に祭祀を行なう壇だと出てきた。名前は出てきたものの、町には都堂がなかった。昔の建物である都堂のようすを想像して描いてみた。子どもたちが描いたものは今の聖堂や寺をかなり真似ていた。

　このように想像図を描いた後、実際に現在残っている都堂の写真を見ながら、現在の建物と屋根のようすや材料などを比較してみた。どんな過程で クッ（巫祭）が進められたかわかるために、都堂で巫祭を再現するのをインターネットで見た。子どもたちの間では、「ムダンてどんな人ですか」、「なぜ豚を丸ごとひっくり返して使うの」、「ワー、サムルロリだ」などの言葉が行き来した。

　私たちはその当時の人々がどんな願いを祈ったのか考えてみたりした。

　子どもたちからは、「家族の健康」、「農作業がうまくいくように」、「病気にかからないように」、「勉強をよくできように」などが出された。

この調査の後、子どもたちは都堂と都堂グッを通して今日と昔の宗教生活、考え、生活のようすを比較した。

昔	今　日
一都堂は木と土を主に使用してつくった。	一神を信じる教会や寺は主にレンガやセメントで建てる。
一人と神をつなぐムダンが祭祀を行なった。	一神や仏を主に信じる。
一昔は村を守る神がいると考えた。	一村神を信じない。
一祭祀を行なうのに村全体が力を合わせた。	一村から共同へ祭祀を行なうのではなく、亡くなった人にだけ行なう
一祭祀に豚のような獣の祭物が必要だ。	

この活動を通して昔の人々と今日の人々の宗教について考えることができた。また、昔の人々の生活で重要に感じたこと、共同体意識、神に対する考えについて現在と比較できた。

5．商業発達がわかるタラグォン

私たちは道峰書院に行く途中に案内板をひとつ見た。その辺りの町の名前が楼院であり、ハングルではタラグォン［タラクは韓国語で楼の意−訳者］という。バス停留場とキャンプ場、近隣の初等学校の名前、道路の名前もタラグォンだった。この名前がつくようになった理由の説明があった。

　　「朝鮮時代にタラグォン地域は北方の水産物を漢陽に運ぶ重要な道の要所

　　だったという。それでそこに商人の宿泊施設が形成され、後には市場がつ

　　くられた大きな所だった。」

町にも在来市場がある。子どもたちが経験したり、出会ったりした人々の生活を通して、昔大きい市場の周辺に住んでいた地域の人々の生活がわかる資料になるだろうと考えた。また、市場が位置するようになった地域的特性を通して、現在の地域のようすがわかるという気がした。

昔、なぜここに商人の宿泊施設と市場が立つようになったのかも考えた。そのために、まず、今この辺りに位置しているものを見せた。タラグォン周辺は米軍部隊とキャンプ場、道路と鉄道が置かれている。そして道路と鉄道には防護壁が造られていた。写真を見せて、この道路や鉄道はどことどこをつなぐのか、またこの防護壁は何だろうかたずねた。道路と鉄道は議政府とソウルをつなぎ、さらに下ることができると話した。防護壁には大学の広告があったか

らか、「学校を宣伝するためにつくったものです」という答えが一番多かった。「監視カメラがさがっています」という答えもあった。これは北韓が戦争をおこして戦車を駆ってくると阻止する壁だと答えた。そうしてから、この壁が他の周辺道路にはないのに、なぜここに設置されているか質問した。子どもたちは難しがった。

「ここが重要な道だからです」、「上から北韓が降りてくるからです」、こういう答えを整理しながら、この道は両側が山で囲まれていて、北から南へ通じることができる道であり、ここで北と南をつなぎ、漢陽と近かったので商人が泊まる宿舎や市場が発達することができたという結論を下した。

市場で売る品物と市場と関連した職業を持った人々を通して、私たちの生活と市場がどのように関係しているかを理解するために、町内の市場に行ってみた。子どもたちといっしょに料理するトッポッキの材料を買い、市場で売っている品物を調べた。トッポッキを通して考えた子どもたちが一番多かったが、トッポッキを売るおばさん、餅を機械で作る人、餅の材料である米を車で運搬した人、稲を栽培した農夫がトッポッキと関係した人だとまとめた。

昔の人々がタラグォンを中心にどのように暮らしていたか想像させたりした。まず朝鮮時代の市場のようすを理解するために市場のようすが描かれた風俗画で人々の服装、頭の形、建物のようす、そして売っている品物などを探した。その後、タラグォンの昔の面影を想像して描く活動をした。

この活動で昔の人々が売買した品物を見ながら、その当時のようすが想像できた。鎌のような物を機械で作らず、手でつくった。器の形が今と違う。水も直接桶に入れて売買した等を発表した。

また、私たちは、町内が北と南をつなぐ昔の漢陽周辺という位置的特徴がわかり、今でもソウルと北の境界にあったということがわかるようになった。このような特徴から、町内に昔の王や王族の墓が多い理由がわかる糸口となった。

6. 活動をしめくくって

身近な地域の特徴は二つに要約できた。
①山に近い
②ソウルの周辺部に位置する

このような特徴を子どもたちが発見し、昔の人々の生活を想像して現在の身近な地域のようすを理解できるようにすることがこの活動の主な目標だった。

　子どもたちが知りたいという昔の人々の生活のようすを理解するには、現在のようすとよく比較させた。子どもたちが経験できる現在から、過去の理解と想像が可能なこともあると考えたからである。しかし、私たちは勉強しながら現在のようすを理解することができる面も多かった。

　子どもたちはこの活動について「習っていないことを考えなければならなかったので、むずかしかった」と言う子どももいた。多くの子どもは「新しく知ったことが多い」、「身近な地域の名前にこんなに深い意味があるなんて知らなかった」と言った。もちろん、足が痛くなる社会科学習について不満を持った子どももいた。

　タラグォンの授業はさらに多くのことを勉強することができる素材である。タラグォンが現在存在しない理由についても学習でき、市場に人々を集めるために公演した楊州別山台遊びととともに市場の位置的特徴や文化についてもさらに勉強することができそうだ。また、2学期に昔の人々が使った道具というテーマを学習すれば、もう少し深みのある学習ができるという気がした。

〔金銀児〕

2．日韓の橋渡しをめざす授業の追求

　私たちの教育実践交流が始まった1990年代半ばには、日本と韓国を行き来する観光客も多くはなかったし、歴史教育に関心を持つ日韓両国の教師でも互いの国に行った経験のある人は少なかった。また、当時、韓国では日本の大衆文化は解禁されておらずインターネットも普及する前だったので、生徒たちが直接相互の国の文化、とりわけポップカルチャーに触れる機会も限られていた。だが、生徒たちはマスコミや学校教育を通して相互の国のイメージをそれぞれが別々に抱いていた。そのような生徒たちの相互認識を把握し、そこに現れた問題点を変えていくための授業実践が試みられた。

　1997年、目良誠二郎は「日韓関係史を学ぶ意欲を育てる」（高）で、高校生の韓国認識が授業を通してどのように変わっていったかを報告した。目良は、勤務校で新設された教科「総合必修科目」のテーマを「日韓関係の近代を問い直す」に定め、実践を進めた。

　目良は、まずサッカー2002年ワールドカップ日韓共同開催に関するアンケートを行なってその結果を生徒に示した後、日韓関係に関する興味の有無や日韓の歴史について学ぶ必要性についてアンケートを実施した。生徒の意見は多様だったが、韓国への否定的な評価や「嫌韓論」を主張する意見の方に勢いが感じられ、目良はたじろぎを感じたという。

　そこで、目良が次の授業で行なったのは、紙上討論である。生徒の書いたアンケートの文章をすべて「日韓関係について僕たちはこう考える」というプリントに転載して配布した。そのプリントを読み合い、次に、改めて自分の意見を書かせた。このような紙上討論と授業中のグループ討議を重ねていくなかで、「嫌韓論」に対する反論や日本と韓国の歴史をきちんと知ることで日韓関係がよくなるという意見が出てきた、と報告した。

　その後、日韓両国でくらし、仕事を続けた人物（李相琴、柳宗悦、浅川伯教・巧兄弟）

を取り上げ、この人たちの人生を通して今後の日韓関係を考えさせる授業を行なった。

この実践報告を聞いた李宰泉（イ・ジェチョン）は、翌 1998 年の晋州（チンジュ）シンポジウムで、目良が教材として報告した柳宗悦を取りあげて日韓関係の未来を考えさせようという実践「人物（柳宗悦）を通して見た韓日友好の歴史」（中）を報告した。李が生徒たちに行なった事前調査の結果を分析すると、生徒たちの多数が、日韓はこれからはいろいろな方面で協力が必要だが、その前提として日本の真摯な謝罪が必要だと考えていることがわかった。また、韓国を支援した日本人がいたことは、学んだこともないし、知らないということが明らかになった、と言う。

最初の授業では、柳の業績を紹介した後、彼の文章（「朝鮮を考える」・「失はれんとする朝鮮建築の為に」）を読み取らせて生徒たちと討議し、彼の問題提起もあって光化門（クァンファムン）が移転、保護された事実を確認している。次時には、柳の朝鮮美術に対する見方をどう考えるか検討が行なわれた。李は、柳の論文「朝鮮の美術」にある「悲哀の美」という見方を取り上げ、柳の主張を生徒たちにまとめさせた。その上で、「なぜ柳は韓国の美を『悲哀の美』と断定したのだろうか」と問いかけ、生徒たちの意見を討論させている。さらに「柳に対する評価と限界を考えてみましょう」と発問し、生徒たちの意見を引き出している。

両者の実践に共通するのは、生徒たちの相互認識をつかみ、その問題点を変えていくために歴史を具体的な人物を通して学ばせることである。また、生徒どうしの意見交換や教師が問題提起をして生徒とともに論議することで生徒の考えの深化をはかっていることも共通している。このような事実に基づく意見の形成、他者の意見を聞きながら自分の意見を再検討することを通じて、若者たちの相互認識は少しずつ変化していくことを示唆する実践であった。

柳宗悦は、日韓双方の教科書や共通教材で取り上げられることが多くなっている。植民地時代の日本人であるにもかかわらず朝鮮文化を愛しその発展に寄与した人物という評価が一般的である。この二つの実践は、柳をどのように取り上げ、彼の業績や思想をどう理解したらよいのかという点についての問題提起となる先駆的な実践でもあった。

このように、シンポジウムも回を重ねるに従って、報告から学んだ参加者が翌年には自分の学校でもその人物やテーマを取り上げて実践し、互いにその人

物・テーマについての理解を深める交流になってきた。

1999年、木村誠が「朝鮮通信使と雨森芳洲の授業」(小)を報告した。これを聞いていた朴外淑は、朝鮮通信使は日韓関係を考える上で重要なテーマではあるが、日韓の子どもたちの認識の違いが大きいと感じたという。そこで、翌2000年のシンポジウムで、「『通信使』についての高校生の歴史認識」(高)という実践報告を行なった。

朴は、「交隣」の意味は何かを時代を追って分析し、対等な国家間の関係ではなかったが「相互共存」のために結ばれた国際関係である、と考えた。また、両国の教科書記述を分析した結果、韓国教科書では日本による通信使派遣要請を強調する一方、日本では朝鮮を幕府より格下に見せるような意図が見られると結論づけ、独自の教材づくりが必要であると主張した。

授業では、KBSの特集番組や教師が作成した両国の教科書記述分析などを提示したり、日本で描かれた通信使の行列図を読み取らせたりしている。そして、朝鮮から通信使が派遣された理由は何か、当時の日本人は通信使をどのように受けとめたかを話し合わせている。これらの授業を通して、朝鮮が一方的に文化を施したのではなく朝鮮の利益を図ったものである、と生徒の認識が変わったと報告した。

小学校での実践報告、裵星浩「在日同胞の友だちといっしょにつくる平和」(2004年)と藤田康郎「世界の人たちとつながろう——小学校2年生の『生活べんきょう』」(2008年)は、ともに異文化体験や異文化交流を行なった実践の報告である。

二人は小学校の学級担任であるという利点を生かして一年間の学習活動のテーマを設定し、教科学習と教科外の活動を統合して多様な学習活動を展開した。

裵は、新学期にあたって平和教育をこの年の学級運営の土台に置くことにした。このように考えて実践した授業や教育活動の内容は、じつに多彩であるが、中心は在日同胞問題(在日韓国朝鮮人問題)だった。そのことを考えるためにも、「世界女性の日」新聞づくり、台湾映画鑑賞、ナヌムの家の調査、ビルマ人・ベトナム人を招いて話を聞く、などの多様な異文化理解の教育活動を行なっている。

在日同胞問題の取り組みでは、最初に家族へのインタビューを行なったり、

在日の子どもたちのようすをビデオで見て話し合ったりしている。次に、在日の童話作家の作品を子どもたちといっしょに読む授業も行ない、1学期末には在日同胞に対する自分たちの考えの変化について話し合わせている。裵は、子どもたちは依然として国家の枠で考える限界を持っているが、これからのさまざまな平和学習の中で少しずつ変わっていくだろうという確信を述べている。

　藤田は、週6時間の教科「生活べんきょう」では、世界とのつながりを意識させることと違いと共通点に気づく子を育てることをねらいと考え、さまざまな学習に取り組んでいる。「外国のものみつけたよ」発表会や香港人の母親を招いての餃子づくり、ケニア人女性・グアムでくらす日本人の子どもを招いて話を聞く、ボスニア・ヘルツェゴビナの子どもが描いた地雷の絵を見る、などの多彩な学習活動のようすが記録されている。藤田はこのような学習の一環として韓国文化を学ぶ学習を位置づけ、学校ぐるみで交流しているミラルトゥレ学校の児童が来校したときに、遊びや食事づくりなどの交流活動を行なっている。藤田は、異文化理解・国際理解教育は相手の理解を進めるだけでなく、ふり返って自分のことが見えてきたり見つめ直したりすることも重要ではないかと、まとめている。

　関根千春「韓国高校生との交流を通して学ぶ生徒たち」（高、2005年）は、肢体不自由児たちが通う特別支援学校高等部での学習活動の記録である。その出発点は、学習に対する生徒たちの意欲をどう高めていくかという問題意識だった。生徒たちが障害を自覚しているため、自分の小さな世界に閉じこもり社会に目を向けない姿勢に気づいたと言う。生徒たちが社会に目を向け自分の意志をしっかり持ち生きていける力を身につけさせるためにどのような教育活動を行なえばよいかと考え授業を始めたという。また、後に生徒たちは韓国の高校生と手紙を書いて交換し合う活動も行なっているが、直接自分で手紙を書くという活動自体が生徒たちにとっては健常児より困難な活動であるという生徒たちの実態も語られている。

　関根はそのような生徒たちに何ができるかと考え、前年度の晋州シンポジウムで出会った三千浦女子高校の韓日学生交流部の指導教師を介して両校の生徒どうしの交流活動をすることにした。

　交流活動は日本語のメールで始められたが、互いに打ち解けるに従って手紙

を交換することになった。韓国からの手紙は日本語と韓国語の両方で書かれているのだから私たちも韓国語を学ぼうと呼びかけ、韓国人を招いて韓国語を学ぶ授業も実施した。また、並行して、英語の授業では英語の韓国紹介のテキストを読んで韓国の文化や歴史などについて学んでいる。さらに世界史では、柳寛順を取りあげて三・一独立運動の授業を行なった。

　この実践は、シンポジウムで出会った教師どうしの交流から次年度の新しい教育活動が生みだされことを示している。このように、シンポジウム参加者の学級や学校の間で手紙やメールを通して生徒たちが意見交換したり作品を送り合って文化交流を図ったりする実践は、引き続き行なわれている。〔平野　昇〕

■1

日韓関係史を学ぶ意欲を育てる

1. "家は引っ越せても、国は引っ越せない"

「あなたたちが主役になる 21 世紀は、平和に共生する時代になるよう、熱く祈っています。とくに、日本と韓国はお互いに協力し合わなければならないと思います。そのために、歴史を正しく知り、そこから教訓を得ることは、賢明な生き方になるでしょう。隣近所がいやな場合、家は引っ越すことができても、国は引っ越せません。……東北アジアの日本と韓国が、なかよく生きて行くようすを、見せてあげたいと思いませんか。私たちは心を開いて、お互いを受け入れ、助け合い、励まし合うよう努めましょう」。

これは 2 年前 (1995 年)、韓国の元梨花女子大教授で日本語の著作『半分のふるさと──私が日本にいたときのこと』(福音館、1993 年) の著者李相琴先生が、私の学校の中学 1 年生たちの手紙に応えて送ってくださったメッセージの一部です。

2. 高校 1 年生の授業での初めての試み

私は今年、高 3 の政治経済を週 14 時間と、高 1 の総合社会を週 2 時間担当しています。総合社会は、5 年前から始めた私の学校の独自の科目です。私の学校はいわゆる "私立有名受験校" なのですが、近年、社会科を "暗記物" として軽視したり、嫌ったりする傾向がますます強くなってきました。こうした状況を打開するため、研究と議論の末、社会科を基本的に "問題解決学習" 中心の必修総合科目と "系統学習" 中心の選択科目に、大きく分けることにしました。高 1 では総合社会を必修とし、高 2 からの選択科目につなげようというのです。総合社会は週 4 時間で、歴史分野と地理・公民分野の 2 時間ずつに分け、9 クラスを 5 人前後の教員で分担します。担当の教員は、共通テーマの枠内で自分の最も得意な分野を中心に、多様な形態の授業を自由に行ないます。要は、

66　Ⅱ. 授業実践

社会科に対する生徒たちの固定観念を揺さぶり、生徒自身の興味関心をひき出すのが目標です。生徒は世界史と地理の教科書を持っていますが、補助的なものに過ぎません。評価は、学期毎に年間総合テーマの範囲内で自由レポートを提出してもらい、ペアを組んだ 2 人の教員で行ないます。"近現代を問い直す"という年間総合テーマの下で、今年の学期テーマは、1 学期"第二次世界大戦までの日本と世界"、2 学期"第二次世界大戦後の日本と世界"、3 学期"21 世紀に向かって"ということになり、私は歴史分野の担当になりました。そこで私は迷わず、1 学期は"日韓関係の近代を問い直す"ことにしたのです。高 1 の授業での初めての本格的な試みです。期待と不安の中で、新学期を迎えました。

3.　"生まれてみたら、そこは、日本であった"

　自己紹介と総合社会の科目説明を経て、実質的な第 1 時間目の授業を、鈴木亮さんの「生まれてみたら、そこは、日本であった」を読むことから始めました。この文章は、10 年前に出版されて評判を呼んだ『ファミリー版世界と日本の歴史』全 12 巻（大月書店）の冒頭に、鈴木さんが編集委員会を代表して書いた極めつきの名文です。

　その後、生徒たちに世界各国のあいさつことばを言ってもらいました。予想通り、英語、フランス語、ドイツ語などはすぐ出てきましたが、それ以外は中国語以外にほとんど出てきません。やっと一人だけ、アンニョンハシムニカをうろ覚えで言ってくれました。そこで、好きな国を聞いてみました。圧倒的に多かったのは、アメリカでした。韓国は？　と聞くと、一人だけ手を挙げました。朝鮮民主主義人民共和国（以下、北朝鮮）は、ゼロでした。嫌いな国も聞いてみました。アメリカには、二人手を挙げました。そして、韓国には 10 人以上が手を挙げたのです。北朝鮮はもう聞きませんでした。"嫌韓"感情が若い世代にも広がっていると聞いていましたが、やはりそうなのかとドキリとしました。

4.　1 時間で自分の名前をハングルで書こう

　2 時間目は、近世までの東アジア世界の国際秩序と近代日本の「脱亜入欧」路線によるその破壊と再編について、3 時間目は、1980 年代生まれの日本の青年と韓国やアジアの青年の"記憶"のギャップについて、各々"格調高い（?）"

　　　　　　　　　　　　　　■日韓関係史を学ぶ意欲を育てる　│　67

講義をくりひろげたところ、早速居眠りをする生徒を出してしまいました。4
時間目、これではいけないと軌道修正を図りました。まずアンニョンハシムニ
カを黒板にハングルで書いて見せて、君たちは"なんだか訳の分からない文字"
と思っているかもしれないけれど、実はハングルは世界で一番合理的に作られ
た文字なんだよ。その証拠に、"あいうえお"やアルファベットは絶対に1時
間では覚えられないけれど、ハングルは"頭の良い"君たちなら1時間で読み
書きできるようになる。よし、この時間中に自分の名前をハングルで書けるよ
うにしてやろう、と一気にまくしたてました。そこで、生徒の名前を10名分
ほどハングルとアルファベットを並べて黒板に書き、生徒にノートに写させま
した。彼らは、たちまちハングルが子音と母音の組み合わせでできていること
に気づき始めます。ひとしきり黒板を使って説明した後、ハングルの表を渡し
て、母音と子音の発音を教え、最後に自分の名前をハングルで書いてもらいま
した。3分の1ほどの生徒は、完璧に正しく書けていました。

　5時間目は、茨木のり子さんの『ハングルへの旅』（朝日新聞社、1986年）とい
うエッセイの一部を使って、ハングルの歴史の簡単なおさらいをしました。茨
木のり子さんは戦後日本を代表する女性詩人で、韓国の現代詩や童話の翻訳も
されています。

5. "嫌韓"感情にたじろぐ

　ちょうどその頃、『毎日新聞』にサッカー2002年W杯に関する日韓同時ア
ンケートの結果の記事が出ました。6時間目の授業で同じアンケートを行な
い、みんなでワイワイ言いながら黒板を使って集計をしました。次の7時間目
に、その結果のプリントと『毎日新聞』の記事を、黙読してもらいました。「W
杯で自国チームのほかに、どの国のチームを応援するか」という問いに対して、
日韓双方とも圧倒的に多いのは「どこの国も応援しない」で、「韓国以外のチー
ム」と答えた日本人は16％、「日本以外のチーム」と答えた韓国人は40％で、
双方とも若い世代ほどその比率が高いといいます。本校の生徒たちの答えも、
全体的に日本人一般の傾向と同様でした。

　授業の後半で、日韓関係について次のような記名アンケートを実施しました。

1. 君は韓国に興味がありますか。（ア、大変ある　イ、多少はある　ウ、ない）

2．近代の日韓の歴史について勉強する必要を感じますか。（ア、大変感じる　イ、多少は感じる　ウ、感じない）

3．以上の答えについて、その理由を率直に書いてください。

結果は、1（ア2、イ27、ウ18）、2（ア14、イ28、ウ5）でした。3については、生徒の了承を得て全員分を縮小コピーし、名前を伏せた形でプリントしました。その際、大きく、《韓国に興味がない》《日韓関係史の勉強の必要を大変感じる》《日韓関係史の勉強の必要を多少感じる》の三つに分類しました。

日韓関係史の勉強の必要を「感じない」と答えた5人は全員、韓国に興味が「ない」と答えていました。A君は「韓国に対し経済援助や技術の伝達を行なってきた。それなのに韓国人はさも当たり前のようにして、礼も言わない。日本人は結局何をしても許されないのだ。日本人が謝っても謝っても、償いをしても、韓国人は許そうとしない。そこがムカつく！　テメー何様のつもりだ、という感じだ」と書き、B君は「確かに日本は加害者である。しかし、敗者が勝者に支配されるのは自然の摂理であり、当たり前のことだ。それを自分達が負けたことを考えずに、責任を取れなどと騒ぐのはバカのすることである。……そんな国の歴史をわざわざ勉強する必要は全くない」と書いています。A君の答えは、最近の“嫌韓”論調の代表的なタイプでしょう。B君のは、さらに居丈高な“居直り”の論理です。読み進めるうちにA君のような答えが次々に現れ、これは容易なことではないとの思いが体の中からザワザワと立ち昇ってきました。

「感じない」組の残りの答えは、C君「アジアのことには何の興味ももっていないので、……あ、そういえば韓国なんて国があったなぁという感じである」、D君「韓国が直接自分の生活に関わっているということはあまりないので、どうでもいい」、E君「外国に興味がないわけではないが、ただ単に韓国のことなど興味をもったことがないから」というものでした。こちらの無関心派も、一筋縄ではいきそうにありません。

日韓関係史の勉強の必要を「大変感じる」と答えた生徒の意見は、日韓の経済的・政治的パートナーシップの重要性の観点からのものが、植民地支配の歴史の反省の観点からのものより目立ちました。代表的な意見は、前者ではF

１日韓関係史を学ぶ意欲を育てる　69

君の「近い将来、日韓には強い協力関係が求められるだろう。経済的にもアジアのリーダーとしての働きが求められるし、日本が安保理事会常任国入りするようなことがあれば、アジアの意見について韓国と協議する必要がある。……その中で、両国に歴史に対する認識の違いを理解し合えないことは、マイナス要因である」、後者ではG君の「韓国が日本に対して強い対抗意識を持っているのは、歴史の上で日本が韓国にやった行ないに裏打ちされてのことだということは、よく理解できる。そして、日本の若い世代がそういった事実に対して無関心であることに、韓国人が嫌悪していることもわかる。だから、その過去をぬぐって韓国と良好な関係を持つためには、日韓関係の歴史を知ることが最も重要な事柄であると思う」というものでした。ただし、G君は韓国には興味が持てないと言います。このように、後者の意見には、良心的ではあるにしてもやや抽象的な"たてまえ論"タイプが目立ちました。

　どう見ても、"嫌韓"論の方に勢いが感じられます。正直なところ、この予想以上の生徒たちの中の"嫌韓"感情の高まりを前に、私はたじろぎを覚えました。

6. 過去の失敗の苦い経験を活かして

　ここが、踏ん張り時です。いざとなると教師の正義と権威を振り回してしまう過去の失敗の苦い経験を、今こそ活かさなくてはなりません。まずは生徒たちに互いが何を考えているかを、ありのままに知ってもらうことです。

　8時間目。「日韓関係について僕たちはこう考える」と題したアンケート結果のプリントを配り、一切の論評抜きで黙読してもらいました。縮小コピーをびっしり印刷したB4の7頁分を、みんな食い入るように読んでいます。終わりの15分位のところで感想を書くように用紙を配ると、かなりの生徒たちが待ち構えたように書き始めました。鉄は熱いうちに打て。この感想をどうしても翌日の授業までにプリントにしなくてはなりません。9時間目。「日韓関係について僕たちはこう考える part 2 －クラスメートの意見を読んで－」を配り始めると、生徒たちの中から「早えー、もうできたの！」と歓声が上がりました。教師が、内心ニンマリする場面です。前回のプリントは、左側に《韓国に興味がない》の意見を、右側に《日韓関係史の勉強の必要を大変感じる》の意

見をタテに並べるという構成にしましたが、今度は逆に、左側に《まず日本人としての責任を》の10人の意見を、右側に《韓国側に主な責任が》の8人の意見を並べ、最後に《どちらの側にも問題が》の意見という構成にしました。

　紙上討論によって明らかに動きが出ています。《まず日本人としての》派の代表的な意見として、H君は「韓国嫌いについて」と題してこう書きました。「韓国に対して……理不尽な偏見や自己中心的な考えをもとに嫌うのは、国際社会の現在、国際交流・アジアの発展を考えると、危険な考えであると思う。例えばB君は『敗者が勝者に支配されるのは自然の摂理』と言うが、それは完全に勝者の立場から見たもので、その考えから日本の敗戦を見れば、広島・長崎の原爆投下も認めることになりかねないうえに、『勝者は敗者に何をしても問題ではない』といった考えにも結びついてしまうのではないか。……またA君をはじめとして多くの人が『(韓国は)謝っても許さない』と言っている。しかし、被害者にしてみれば加害者を容易に許せないもので、韓国に限ったことではない。謝っている方から見れば、許してくれないことに反感を感じるだろうが、被害者側にすれば『日本は韓国のことをろくに知らないで謝っている。本当に悪いと思っているのだろうか』ということになりかねない。韓国人が日本を目の敵にするからといって、日本人が韓国を嫌うというのは、あまりに単純である」。“嫌韓”論に対する生徒自身の堂々たる反論です。また、I君のような「いろいろな意見があったが、その中に日本と韓国の歴史をちゃんと知ることで日韓関係が良くなるというようなものがあった。そのとおりだと思った。過去にあったことを知ることによってこれからのことを考えていけるからだ」という、素朴ながら前向きの意見も出てきました。

　しかし、《韓国側に主な責任が》派もなかなか強固です。新しく影響される生徒も出てきました。J君は、「韓国人はどうも他人のアラさがしをするのが得意らしい。韓国が日本の悪い所だけを指摘するから、日本の政治家が多少ムキになって失言するのもやむをえないと思う。韓国の連中は自分たちの発展に多大な日本人の汗と血が含まれていることに気づかない。他人の良い所を全く探そうとしないからそうなるし、だから日本人もそういう韓国が嫌いなのだと思う」と書きます。前記のE君は、「過去に日本が韓国にしたことはあくまで過去の話で、いつまでも根に持つ必要はないと思う。それを根に持って日本は

1日韓関係史を学ぶ意欲を育てる　　71

嫌いだとかいうのがムカつく。そういうことをぜんぶ忘れてつきあった方がいいと思う。だから、歴史など勉強しなくてもいいんじゃないかと思う」と書き、K君は、「《韓国に興味がない》という人の意見を読んで、僕は日本に対する韓国の態度に反感を覚えた。『韓国人は日本が韓国にひどい行為をしたという日本人の弱みにつけこむ性格の悪い人々』というイメージが、僕の中で形成されつつある」と書いています。

　お互いの意見をじっくり読み終えたところで、終わりの15分間、初めてのグループ討論を試みました。活発とまではいきませんでしたが、各グループ共けっこう討論になっていました。文章だけで見ていると、凝り固まっているように見える意見がかなりあるのですが、必ずしもそうではないようです。ひとまずホッとしました。

7. 日韓の相互理解をめざした先駆者から学ぶ

　最大の危機は何とか乗り越えました。しかし、「日韓関係の近代を見直」して、その歴史を学ぶ意欲を育てるという目的から見れば、まだ危機は続いています。私は、今こそ冒頭で紹介した李相琴先生の『半分のふるさと』を教材に使おうと決心しました。

　10時間目。李相琴先生の私への手紙と中1へのメッセージを紹介し、『半分のふるさと』(抜粋)と私の李先生宛の手紙を黙読してもらいました。量が多すぎて時間内に読み切れず、感想を出せたのは半分弱でしたが、ほとんどの生徒が異口同音に、「李相琴さんは日韓両国の歴史を知っていて、それぞれの長所と短所とを偏見なく平等に見ることができて、素晴らしい人だと思った。彼女の母親の民族としての誇りや岡広先生のやさしさに感動した」(L君)「差別と偏見に満ちた当時の日本に岡広先生のような人がいたことは、日本人として誇りに思う」(M君)、「韓国人の中にもこういう相互理解を求めてくれる人もいるんだなあと感じさせられました。日本を嫌う韓国人の話しか聞いたことがなかったので、心が揺り動かされました」(N君)と書いていました。流れが大きく変わったのを感じました。

　11時間目。生徒たちがせっかく見い出しかけた視点と希望をここでさらにしっかりと育てるという、大きな責任を背負いました。私は、秘蔵(?)の『韓

国の土となった甲州人』（山梨放送製作）というとっておきのビデオを見せることにしました。

ビデオを見終わった後、『半分のふるさと』の感想と高崎宗司さんの「浅川兄弟の足跡」のプリントを、家で読んでくるように言って配りました。後者は、1997 年の『芸術新潮』5 月号の"画期的な"浅川兄弟特集に載ったものです。

12 時間目。「浅川兄弟の足跡」の最後の部分と、石橋湛山「大日本主義の幻想」・柳宗悦「朝鮮人を想う」・金達寿「柳宗悦との出会い」の主要部分を朗読して解説し、最後にアンケート「ふたたび日韓関係について」を行ないました。

13 時間目。在日韓国人の問題について、戦後 50 年を記念して朝日新聞社と東亜日報社が日韓両国で募集した「日韓交流への提言」の入選作の、若い在日韓国人金梨花さんの新鮮な論文「過去と未来のために自らを変えること──在日韓国人のあり方について」（戦後 50 年・日韓交流事業委員会編『大人へのメッセージ──戦後 50 年記念公募　日韓交流への提言』高麗書林、1995 年）を黙読して、感想を書いてもらいました。

8.　"僕たちの認識はこう変わった"

14 時間目。12 時間目に行なったアンケートの結果を、「僕たちの認識はこう変わった」と題して配りました。

韓国に興味が「なかった」、歴史を学ぶ必要を「感じていなかった」という生徒たちも、こう書いてくれました。O 君「韓国の歴史を知っている、知ろうとする、そして日本の行動に責任を感じている日本人が、どれだけ韓国人によって愛されるかがわかった。韓国人は謝っているのに許してくれないというが、……おそらく韓国人が日本人に求めているのは、軽く見かけ上謝るだけでなく、心から謝ってほしいのだと思う。だから、両国が和解するためには、日本人が心から謝れる、つまり歴史をきちんと学ぶべきだと思う」。前に「『韓国人は…性格の悪い人々』というイメージが僕の中で形成されつつある」と書いた K 君は「過去に日本（日本人）が韓国（韓国人）に対して行った行為……は、過去に起こったことであるから後戻りして修正することはできない。問題は、日本がそれらの罪をどう償うかである。その償い方として当然『韓国の人々に対して謝る』ということがあるであろう。しかし、戦後日本は何度も謝ってきたの

■日韓関係史を学ぶ意欲を育てる　73

だが、まだ許されてはいない。それはなぜだろうか。僕は前に『韓国人は強情だから』と思っていたが、それは違うと今は思っている。日本が韓国に対して犯した罪というのは、ただ謝って済む問題ではない」と書きました。

　1と3の問いに両方ともイと答えたP君は、こう書いています。「僕はこの授業を受ける前、……上に示されている人々の名前すら知らなかった。授業でプリントを読んで、彼らの素晴らしさを学び知った。そして僕は、韓国（日韓関係）について勉強する必要を感じたし、浅川巧さんのような人が大勢いればと思った。たぶん、このような授業をやったら何人もそう考えると思う。だから、日韓両国民の和解と共生をするには、正しい教育が不可欠だと思う。子どもが本当の歴史を学べば、20年後ぐらいには日韓の関係も良くなると思う。というより、良くなってほしい」。

　この授業の後半と15時間目は、金梨花論文の感想を基に何人かに意見発表をしてもらい、質疑応答を行ないました。その内の一人Q君の意見には、大いに感心させられました。「在日韓国人の人も韓国人である前に人間だ。もちろん日本人である前に人間だ。全ての人が国籍や民族にこだわらなければ、全く差別はなくなる。僕の考えはこうだった。今、（金さんの）文章を読んで少し考えが変わった。……僕は在日韓国人の一人ひとりの気持ちを知らず、考えていなかった。……一人ひとりの気持ちと現実を踏まえて考えると、国籍と民族をなくすわけにはいかない。人間であると同時に日本人や韓国人なのだから。現実では、国籍や特に民族も自分というものを定める一つの要素なのだ。それを認め合いながら付き合うのが良いのだろう」。

9. 1学期の授業を振り返って

　最後の16時間目は、私が1学期のまとめをし、残りの15分ほどで「1学期の授業を振り返って」という感想を書いてもらいました。

　R君「日韓関係は学ばなければならない重要な問題である。こう思えるようになった。1学期に日韓関係を学んでよかったと思う。（これまで）どうしても韓国という国は好きになれなかったが、深く考えてみれば、先入観をもっていたためそう思ったのかもしれない、と分かった。日本人は日本人とだけ付き合っていればよいというような排他的な姿勢ではいられない世の中において、……

74　｜　Ⅱ. 授業実践

心にある『壁』をとりはらわなければならない。そのためには歴史を知る必要があるということが、この授業によって見えてきた。僕は、こういう授業を増やすべきだし、社会の問題を丸暗記する前に考えなければいけないことがたくさんあると思う。単に丸暗記をし、メディアからの情報を判別する能力持たないまま、入ってきた情報を受け入れていけば、間違った先入観が生まれやすい。……そのための知識や思考力が必要であると思う。その上で、この授業は有意義であったと思う」。

K君「今までこういった形での社会の授業は経験したことがなかったため、新しい経験をしたことに喜んでいる。日韓関係のことを1学期にわたって授業を受けてきて、"自分の意見"というものをだんだんと持てるようになってきた。…実に様々なことに対する自分の意見・主張というものを書き、また家に帰ってからノートにプリントをはりつけ、改めてそのことの感想を書いたりもした。友達の意見・主張も知ることができ、いろいろな考えを持っている人がいるということも学んだ。とにかく、この1学期の間に学んだことは、中学校時代の地理や歴史、公民とは違って（やたらに）覚える必要もなく、そのぶん家で充分考えることができたので、良かったと思う」。

いかにも受験校の生徒らしい感想もありました。

T君「今まで社会科といえば、教科書を進めるくらいしか勉強していなかったから、この総合社会の授業はとても新鮮に感じることができた。テストがないのにも正直戸惑ったが、本来社会科の実力というものはテストだけでははかりきれないところもあるので、まあいいかと思った。……単なる暗記という社会科に対する先入観を一変できた。この授業を機会に、自分自身韓国に対して強い関心を持ったし、日韓関係の改善について深く考えるようになった。きっとクラスの人たちもそうだったと思う」。

このしなやかな生徒たちの成長と期待に2学期の授業でどう応えるか、夏休みにじっくりと考えたいと思っています。

〔目良誠二郎〕

❷

人物（柳宗悦）を通して見た韓日友好の歴史

1. 主題設定の理由

　授業に先だって学生たちに簡単なアンケート用紙を配り、日本に対する認識を調査してみた。質問の重点は、日本との協力の必要性についてであった。これに対して大多数（44/50人）が、「政治、経済、技術、文化などいろいろな方面の協力が必要だ」と答えた。しかし「まだ協力の時期には早すぎる、日本の真摯な謝罪が前提にならなければならない」、と強調していた。次に「日本国家や日本人を信頼しているか」との質問に、大多数（47/50人）は「日本を信じることができない」、と答えた。そして「韓国を支援した日本人について勉強したり聞いたことがあるか」、との質問に、「全く聞いたこともなく、そのようなことには関心もない」という反応だった。

　上記の回答を見れば、学生たちは、日本との緊密な協力が絶対必要だという当為性と日本に対する盲目的な不信感という二面性を示していることを知ることができる。学生たちの日本に対するこうした認識は、韓日間の歴史、とりわけ近代史の授業に起因したところが大きいと考える。

　21世紀の主役になる学生たちは、好きらいにかかわらず日本と協力せざるを得ない。日本に対する敵がい心や被害意識から抜け出して、日本を克服しなければならない。日本の侵略像だけを強調している教科書から抜け出し、日本の覇権主義の中にあっても平和主義が部分的にせよ共存していたことを発見できる機会を与えてみたい。かたくなな不信感をなくすには、長い時間と多くの努力が必要である。

　この授業は、植民地時代の韓国の芸術に対する切々たる愛情を見せた一日本人芸術家を通して韓日間の友好の歴史を認識し、さらに今日の望ましい韓日関係を模索させることに意味をおいた。

2．学習目標

①柳宗悦の韓国と関連した活動内容と韓国の芸術に対する考えを理解する。

②柳宗悦に対する評価と限界点を指摘することができる。

③柳宗悦の生き方を通して、韓日友好の歴史を認識する。

④今日の望ましい韓日関係を模索する態度を育てる。

3．学習計画

段階	学習内容	学習方法
1限目	柳の業績紹介（図表利用）	ＯＨＰ使用
	朝鮮に関心を持つようになった動機	授業前に資料提示と授業方式の説明
	柳の活動内容紹介	探求内容の質問書をあらかじめ配布
	－『朝鮮を語る』の内容把握	班別に発表
	－『ああ、光化門よ』の内容把握	各自考えた点を発表
2限目	柳の朝鮮美術観把握　－『悲哀の美』『悲哀の美』に対する批判	すべての班で探求内容発表
		要約整理
	柳の業績に対する評価と意義・限界	授業 感想文 発表、提出

4．学習内容 －第1時限

⑴柳宗悦の生涯に対する基礎的理解

図表に作成された柳宗悦の韓国と関係した業績を調べてみよう（OHP使用）。

⑵柳宗悦が韓国の芸術に関心を持った動機

（資料1）『日本妄言の系譜』(高崎宗司著)に収録された「朝鮮問題への公憤と芸術への思慕」を提示。

T．資料1を読んで柳宗悦が韓国と韓国の芸術に対して関心を持つようになった動機を述べてみよう。

S．①柳の妹たちが朝鮮と関わりがあった。

　　－姉は仁川の総領事であった加藤の夫人であり、妹は朝鮮総督府の内務局長になった今村の夫人であった。

②1912 年秋、東京上野で開かれた拓殖博覧会で朝鮮の陶磁器に深く感動
した。

③浅川伯教・巧兄弟との出会い。

－韓国の青華白磁秋草文面取壺を柳に贈った（写真提示）。

④1916 年 8 月 10 日、はじめて朝鮮を旅行。

－柳の朝鮮初旅行は、浅川が贈った朝鮮の壺の美しさと浅川の勧誘による
ものである。

－仏教美術遺跡、美術工芸品に接し、深い感銘を受けた。

－慶州石窟庵を三回訪問し、「石仏寺の彫刻について」という文章を発表。

⑶柳宗悦の活動内容

柳の著書『韓国とその芸術』を通して彼の活動状況を調べてみよう。

ア．韓国に関する最初の論文「朝鮮を考える」（資料 2）

Ｔ．発表の時期は？

Ｓ．1919 年 5 月 20 日から 24 日まで読売新聞に発表。

韓国語に翻訳し 1920 年 4 月 12 日より、東亜日報に掲載。

Ｔ．この文章を書いた動機は何でしょうか？

Ｓ．3・1 運動が起こると、誰も助けてくれない不幸な朝鮮の国民を公然と弁
護する人がいないのを見て、自分の胸の内をうちあけて朝鮮人を弁護するた
めに書いた文です。

Ｔ．この文章の内容はどのようなものでしたか？

Ｓ．・韓国人が韓国の独立のために命を投げ出したこの運動が正当であるとし、
日本の弾圧が不当であることを強調しました。

・「国家は短く芸術は長い」（政治的国家としての韓国が存続できないとしても、
独自な民族と文化は存在するということ）。

・日本は朝鮮のために教育しているというのか？　強要された日本の教育
なので固有の美を喪失していく朝鮮の損失を悲しんだ。

・日本の古代芸術は、朝鮮の恩恵を受けている。それにしても今日の日本
は固有の朝鮮芸術を破壊したといえる。

Ｔ．この文章について感じたことを発表してみましょう。

Ｓ．柳宗悦は日本の一知識人で、当時の状況を客観的に考察し自分の意見を披
　瀝したという点が私たちの注意を引きました。そしてたとえ朝鮮が圧政に
　よって苦痛を受けている状況でも決して希望を失わないことを期待している
　ことと、日本人の中にも日本の蛮行を指弾する勇気ある知識人がいたと力説
　する点に、あたたかな人類愛を感じさせられるテーマでした。この文章は、
　知識人が追求しなければならない正しい道が何かをくっきりと浮き出たせ、
　「ペンは剣より強い」という格言の意味を改めて思い起こさせる文章です。
Ｓ．この文章を通して日本人に対する敵対感情が少しは消えたけど、私たちが
　持っている日本人に対する深い感情は相変らずです。
イ．「ああ、光化門よ」（資料３）
Ｔ．1910 年代の光化門の写真を見てください。すばらしいでしょう。この門が
　消えてなくなると想像してみてください。皆さんが読んだ資料を参考にして
　私の問いに答えてください。
Ｔ．光化門はどんな門ですか？
Ｓ．朝鮮時代の王様がおられた景福宮の正門です。
Ｔ．その通りです。朝鮮時代正宮であった景福宮の正門として王室と国家の権
　威を示した門でした。
Ｔ．なぜこの門を壊してしまおうとしたのですか。
Ｓ．1922 年総督府の庁舎建設のためです。
Ｔ．それではその場所に総督府の建物を建てようとした理由は何でしょうか？
Ｓ．朝鮮の象徴的意味がある景福宮に植民支配の総本山の総督府を建設して、
　民族の精気を抹殺しようとしました。
Ｔ．ではこのことについてわが民族の対応はどうだったでしょうか。このこと
　対して勇気をもって反対した人はありませんでした。韓国人、日本人の中で
　唯一人光化門の破壊に反対した人はこの柳宗悦だけです。それでは光化門の
　破壊に反対して書いた「ああ、光化門よ」という文について考えてみましょう。
Ｔ．いつ発表した文ですか？
Ｓ．1922 年総督府庁舎を建設するときです。
Ｔ．なぜ発表したのですか。
Ｓ．光化門を守るためです。

T．どんな内容の文ですか。

S．光化門が壊されることに対する悲痛さを表した文です。

T．この文を読んで感じたことを述べてみましょう。

S．この文章を読みながら、私はわが民族の誰かがこの文章を書いたのではな
　かったのかと少しの間錯覚に陥りました。

S．光化門を壊そうとしたときの祖先たちの行動が気になり、恨みに思います。

S．韓国の芸術を高く評価し、東洋の古美術が無くなることをとてもやるせな
　く、ここは真実の心がうかがえます。

S．光化門の霊魂と対話しているようで、光化門を愛する心が切実です。

S．光化門に必ず一度は行ってみて、柳宗悦が感じたことを私も感じてみたい。

T．柳が「ああ、光化門よ」という文章を発表して、どんな成果をあげたので
　しょうか。

S．韓国語で翻訳されて紹介され、アメリカでも英文に翻訳されて世論化され
　たためこわされずに建春門の北側に移されました。

（第2時限）

　(1)柳宗悦の韓国芸術観

ア．「悲哀の美」

T．柳は韓国の美を中国の「形態」と日本の「色」の 芸術に対して、韓国の
　美しさを「線の美」「悲哀の美」と断定しました。今日の時間では柳の「悲
　哀の美」について資料4を見ながら考えてみましょう。

（資料4）－『朝鮮とその芸術』に収録された「朝鮮の美術」

T．「悲哀の美」とは何ですか。

S．① 韓国芸術の造形的特徴を線と曲線であると洞察しました。

　　・ソウルの南山から見下ろした町の姿（家屋の屋根）

　　・慶州の石窟庵の仏像群

　　・奉徳寺の梵鐘

　　・陶磁器の線

　　②韓民族が線中心で、長くうねる曲線を選んだ理由は。

　　・圧制下で飢えた民衆の現実逃避的感情があらわれたものといいます。す
　　　なわち長くてうねった線は、現実には幸福をつかめない民衆の悲しみか

ら生じる泣き声の象徴と見ます。

③白色を喜んで着ること。

・葬服を意味（いつも外国からの侵略をこうむった韓国は、国としての主体性を失い、力が弱く、まるで死んだ国のような状態にあるということ。すなわち白い服を着ることは民衆が国の葬儀を行なっていること）します。

④朝鮮の生活が一般的に楽しみを欠いていること。

・子どもたちの玩具が少ないという点。

・陶磁器の国でありながら花瓶がないという点。

⑤朝鮮の音楽

・聞くたびにさびしく頼るもののない悲しい感情に胸がふさがれるような哀傷の音楽だということ。

Ｔ．なぜ柳は韓国の美を「悲哀の美」だと断定したのでしょうか。

Ｓ．自然と歴史は芸術を生みだす母です。朝鮮の位置は半島国家であるために、たえず侵略されました。こうした苦しみの歴史、事大の歴史が続いた。そういう民衆の苦しみが芸術に表現されているのだといいます。

Ｔ．いままで私たちは柳宗悦の「悲哀の美」について勉強してきました。これに対するそれぞれの考えを発表してみましょう。

Ｓ．わが民族は、諷諭（遠回しにそれとなく諭すこと）を知る民族です。音楽と踊りが好きで、おとなしく聞いているのみでなく、肩をゆすりながらやる楽しいサムルノリを柳氏は聞くことができなかったのでしょうか？

Ｓ．子どもたちの玩具がないといって、楽しみに欠けているというが、私たちの伝統的遊びである「タンタモギ」「チェギチャギ」「凧あげ」「ネズミ火遊び」などのどれほどたくさんの遊びがあります。

Ｓ．白衣を好むことは、私たちの民族の純粋で清潔な心を表していると考えます。

イ．韓国の美は、果して「悲哀の美」でしょうか。

Ｔ．資料5を参考にしてまとめてみましょう。

（資料5）－「韓国の美」は悲哀の美なのか

①朝鮮美の特質を「悲哀の美」と見ることは、日本に占領された朝鮮の悲劇として朝鮮のあらゆる歴史と芸術作品を理解する誤ちに陥ることにな

2 人物（柳宗悦）を通して見た韓日友好の歴史 　81

ります。

②白衣から悲哀の要素をうかがい知ることはできません。白＝昼＝空＝太陽＝明るさを象徴しています。白色は天孫であることを象徴する韓民族のシンボルカラーです。

③曲線は悲しみの象徴ではなく、至高神としての神様がいる空にあがる幸福を夢見る象徴です。

④私たちの民族は、花を楽しむ余裕もなく生きてきたのでしょうか。春ならば花煎ノリ、農閑期には野遊びをしながら自然を鑑賞し楽しみます。

⑤朝鮮の芸術は哀傷の芸術でなく楽観の芸術と見なければなりらません。朝鮮民族の豊かさとユーモアを重視すべきです。

⑵柳に対する評価及び意義・限界点

Ｔ．授業をまとめながらいままでの授業を参考に柳宗悦に対する評価と限界点を考えてみましょう。

ア．柳に対する対する評価

①その当時、私たちも予め理解していなかった韓国の芸術に対する優秀な点を発見・保存しようとしたこと。

②3・1運動当時に勇気が持てるよう国民を弁護する文を発表したこと。

③解体の危機に直面した光化門の原形保存のためにくり広げた一連の活動。

④制限的視点であるが、線と白色が韓国美の特徴だという見解は適切な指摘だということができる。

イ．柳の限界

①柳は愛情はあるが、その愛情を正しく生かすことができる思想が不足してる。

－柳の立場は、主人が召使いに同情するたぐいに過ぎない。

－独立運動を推進したり、その後援者的役割を試みたことが無いこと。

②私たちの文化を深層的に幅広く把握できずに偏狭な見解を持っていた。

③彼が接した韓国史文献により、植民史観を抜け出せなかった（侵略された歴史だけを強調。東アジアの強者だった高句麗をはじめとする三国の威力、高麗前期、朝鮮前期の力の壮大さ、文化の勃興を考えずに不運な韓国の近代史として韓

国美術の特質を規定したこと）。

ウ．授業のしめくくりとしてですが、柳宗悦は私たちにどんな存在でしょうか。彼は私たちの真の友人でしょうか。「私がかりに柳宗悦ならば」という主題で授業の感想文を書いて報告発表してみましょう。

S．その時、当時の私たちの芸術へ熱い愛情と勇気をもって行なったいろいろな活動と私たちに韓国の芸術の大切さを呼び覚ましてくれたことを高く評価したいと思います。

S．日本のことと言えば無条件に偏見を持って聞くが「こういう日本人もいたんだなあ」という気がしました。しかし、その少数の人々によって私たち民族の反日感情を覆してしまうには、日本に対する感情のゴールがあまりに遠すぎます。しかし彼は私たちの真の友人になろうとした日本人だったようです。

S．柳宗悦は、私たち民族さえできなかった多くのことをしました。だが彼は、私たちの真の友人だったでしょうか。彼と私たち民族とは越えることはありえない壁がありました。日本人と朝鮮人の壁を越えられなかったし、ただしその壁の彼方にうっすら見えた朝鮮人の実像をただ気の毒に感じて同情の眼差しで見ただけでした。彼はやはり日本人だったと考えます。

S．彼は私たちの文化を愛したのであって、私たちの民族まで愛したのでしょうか。ただ、私たちの文化を愛したという理由で当時の帝国主義国の日本人を私たちの友人として受け入れることができるでしょうか。

S．私がかりに柳宗悦であったならば、どんなにその国の芸術に心酔したといっても祖国に対して裏切りものという非難を甘受しつつ、そのような勇気ある行動をとれるでしょうか。彼は私たちの民族が難しい時代を生きる時、助けようとしました。難しい時の友人が真の友と言うように、彼は私たちの友人としての資格が充分ではないでしょうか。そして真の人類愛を持った行動する知識人であったと思います。

5．授業を終えて

授業を終えて、授業前のアンケート調査で見た学生たちの日本に対する認識と授業後の認識の変化を調査してみた。

結果を見ると学年によって差があることが分かる。まず1学年の場合には、授業前アンケート調査でも日本に対する良い認識（信用、秩序、団結心など）を持っている学生が、3学年に比べて意外に多かった。授業を終えた後、認識の変化もいち早くあらわれた。低学年ほど日本に対する固定観念が少なく、まだ純粋な状態で受けとめているためだと考えられる。しかし3年生も日本人に対して若干の認識変化を見せた。

学生たちが下した結論は、日本をわけもなく許そうということでもなかったし、柳宗悦の功績を見過ごすこともなかった。大多数の学生はそれでも日本が行なった過去の蛮行は忘れてしまうことができず、真の謝罪が必要だと強調した。ただし今後は日本と日本人を区別して考えようという意見、日本人を無条件で悪く見ることではなく、心の扉を開いて見ようということ、日本人の中には柳宗悦のような人もいるということを知るようになった、そして柳宗悦のような人が多ければ、いくらでも日本と心を開いて対話をすることができるという意見もあった。

このような学生たちの反応を総合してみると、当初の心配とは異なり、学生自らが日本に対する客観的見解を模索しようという態度を見せた。このような意味で国家主導ないし既成世代間の交流より、教育を通して韓日友好の関係を模索しようというこうした交流会がさらに求められる。本授業は、未来の韓日関係を率いる子どもたちに人物を通した韓日友好の歴史を認識させようとする小さな試みである。

〔李宰泉〕

3

通信使についての高校生の歴史認識

1．主題設定の理由

　前年の韓日歴史教師交流会で「通信使」を主題とした発表があった。学校の授業現場で非常に重要に扱われている分野なので関心深く聞いた。その時の発表を聞いて、韓日間の子どもたちの認識がかなり違い、両国が歪曲の水準にまで到達したことを感じた。同じ事実から、韓日の子どもたちがお互い相反するように学び、理解しているということは明らかに今後の関係にも否定的な影響を及ぼすだろう。ここに「通信使」の本当の姿を明らかにして、子どもたちの授業に適用して現れる認識の変化を見てみた。

　壬辰倭乱以後、朝鮮の日本に対する「通信使」の派遣は両国の関係において肯定的な歴史に属する。対等な関係で善隣外交の追求という側面が強く表れた時代である。しかし、その後「通信使」は両国で歪曲変質され、韓国では日本に先進文明を伝えたという施恵の意味が強調され、日本では朝貢使に格下げされて認識され、今日の韓日間の交流にも少なからぬ影響を及ぼしている実状である。こうした問題点から出発し、「正しい事実を教える」という歴史教師の信念として通信使を整理し、授業に適用した。

2．授業の主要内容

⑴教科書分析

　○韓国の国史教科書は、施恵者の立場から叙述された傾向が強い。すなわち韓国の優位な立場を強調している。韓国側の必要でなく日本の要請による通信使の派遣を強調している。

　○日本の山川出版社教科書には、幕府の要請によって通信使の往来があったという言及があったが、東京書籍本はそうした言及を省略したまま、対馬と朝鮮の関係を追求している。文化交流の内容は省略されたまま、対馬の経済的意

味だけが浮かび上がっている。将軍継承慶賀の使節団として来たことを強調している。

　→対馬との関係を強調して、朝鮮を幕府より格下げしようという意図がうかがえる。朝貢的なニュアンスを漂わせている。

　すなわち、韓日とも現在の教科書では「通信使」を教えるには限界があり、この内容をそのまま伝えれば、両国とも歪曲した見解を生む恐れがある。授業をするにあたって、新しく多様な資料の準備、教師の偏狭ではない視角が必要である。何よりも両国とも偏狭ではない視角から教科書の改編が要求される。

3. 授業の実際

⑴対象

　市内人文系高校として高入連合考査を経た子どもたちなので、ある程度の理解水準にはなっている。しかし、現在１年生の教育課程では、国史はないので(本校では２年生から国史を学ぶ)、通信使の授業を進めるのに前後の時代観念を正しく感じられるか心配したが、憂慮とは違い、子どもたちの反応は相当な水準であった。

⑵授業構成

　教科書だけで授業するには限界が多く、どんな方法の授業をすれば、正しい認識ができるかかなり悩んだ。考えた末に、VTR資料でまず全体的な脈略を把握させ、その次に教師主導の授業、最後に子どもたちの発表授業で構成してみた。

　＊第一時：KBS歴史スペシャル『朝鮮通信使』を鑑賞し、感想文を班別に提出した。その様式は一定の形式ではなく、リポーター形式、各種資料利用, 絵、漫画、討論などの多用な形で表現したものを要求した。

　→子どもたちの基本的な認識程度を把握し、子どもたちの多様性と創意性を発揮するようにした。

　＊第二時：教師の授業→歪曲された見解を正し、正しい事実の確立のためだが、全体的な脈略を無理なく追求するよう指導した。

　＊第三時：子どもたちの班別発表授業→第一、二時の授業を総合して「通信

使」についての認識の転換を反映して、今後の韓日関係についてのメッセージを含んだものを、班別に発表する。形は班の自由に任せるが、子どもたちの参加度と完成度を高めるための手段として、各班の発表をムービーカメラで撮影し、写真も撮影する予定であることをあらかじめ伝えた。

　→芝居、発表文朗読、歌、CF 式発表、五行詩、模擬授業などの多様な形の発表がなされる。

⑶授業の核心要素
　通信使の授業をするにあたって、子どもたちが把握し、探求すべき課題には
①通信使の目的は何であったか
②通信使交流期の韓日関係はどうだったか
③壬辰倭乱後、朝鮮はなぜ通信使を派遣したか。日本はなぜ要請したか
④今日の韓日間で歪曲された姿は
⑤より発展した韓日関係のための私たちの姿勢は
のように分けてみた。①②の疑問点は第一時の VTR 授業に求め、課題として提出するようにし、第二時の授業では③④⑤の内容を扱うが、第一時の授業を前提として教科書分析を通して歪曲を把握する。第一時、第二時の授業を土台に、認識の転換をもたらした子どもたちが自主的に整理した通信使関連の事実を⑤の内容に反映して、第三時に発表授業を進めた。

⑷指導案
１）第一時：VTR 鑑賞
○学習目標：VTR を通じて通信使の派遣目的と当時の朝日関係を把握する。
○授業展開
・学習目標と主眼点を強調して VTR を鑑賞
・KBS TV 朝鮮王朝実録『倭乱後 10 年、通信使を送った理由は』
倭乱が終わって、朝鮮では日本に対する感情が極に達している時、通信使が派遣された。その理由は何で、両国にいかなる影響を与えたのだろうかという疑問を持って、通信使を日本が要請した理由、朝鮮が派遣した理由、目的、交流当時の朝日関係を、善隣関係の確立という点に焦点をあわせて構成した。

・観賞後の整理と課題を与える

　観賞後、全体的な脈略をもう一度整理し、班別（各組に5班、無作為に学年はじめに構成し随時活動する）に課題を与える。

　○課題提出：授業をした次の週が期末考査期間であり、提出されるか心配があったが、子どもたちはみな期限内に提出した。内容も相当な水準の作品が多かった。絵資料などは主にインターネットをふんだんに活用する傾向が見られた。昔の巻物の形に作成した班もあって、1年3組のある班はパワーポイントを活用して課題を作るため学校のHP学習資料室に行く熱意を見せた。

　2）第二時：教師の授業

　○学習目標：通信使派遣の理由を把握し、両国教科書の分析を通した歪曲を指摘する。韓日両国の望ましい未来像を展望する。

　○授業展開：ここでは授業の具体的な場面を省略し、子どもたちの認識把握のため、子どもたちの反応を中心に整理した。

　①通信使派遣の理由

　質問1：壬辰倭乱後、日本が朝鮮と交流を要請した理由は

　・誤った戦争を起こして許しをこおうと……。

　・豊臣の権力が崩れて新しい政府ができたということを知らせようと。

　・朝鮮はもちろん、明との仲も悪くなって、朝鮮を通じて明との関係改善を試みるため。

　・壬辰倭乱時に朝鮮に来てみると、優秀な文化財が多く、技術を習おうと。

〈史料1〉壬辰倭乱以後、日本が交流を要請すると、朝鮮が要求した三つの事項

A：日本国王名の国書　　B：犯陵賊召還　　C：被虜人刷還

　質問2：上の史料のうち対馬が恣意的に偽造して朝鮮に送ったものは

　子どもたち全体：AとB

　質問3：対馬が幕府の国書を偽造してまだ国交の再開を試みた理由は

　・対馬は朝鮮と仲を良くする方が有利だからです。

　・この前の時間に対馬は農地が少なく、朝鮮と必ず貿易をしなければ食べて

いけないと聞きました。もし貿易ができなければ倭寇に行くそうです。

質問4：朝鮮は国書の偽造の事実を知っても、日本との交流で大きく問題にしない理由は

・哀れで

・朝鮮も自ら国交を再開させる必要があったため、例えば、壬辰倭乱時ひどい目にあったから、また攻撃してこないように、と。

・うん、あってる。朝鮮が一方的に施すばかりではなく、朝鮮にも利益が明らかにあったと思って。

・当時、明国が私たちを助けて力がなくなり、北方で女真族が起こる動きを見せたから。

→結論：通信使は、朝鮮と幕府の交流として、両者の必要によってなされた。仲介の役割をした対馬は朝鮮に経済的に依存していたので、朝鮮との関係正常化を切実に願い、朝鮮は対馬を対日交流の窓とみなした。すなわち、通信使は相互利益の増大のために派遣されたのである。

④現在の歪曲された認識

韓日両国の教科書を整理して提示した。

質問1：感じた点は

・日本の人たちは他人に助けられても、そのありがたみに対しては表現するが、けちのようだ。

・私たちが日本より先に進む時があったというから、心が満たされる。

・日本の歴史教科書歪曲について聞いたことがある。日本の人たちは本当にやりすぎだ。

質問2：私たちの叙述の問題点を指摘して感じたことを発表

・国史教科書にも歪曲した部分があったというから、驚いた。

・通信使の交流が朝鮮側の必要もあったと知っているが、国史教科書では日本に文化を伝えることだけに偏重しているようだ。

→結論：教師が指摘する前には韓国側が拡大解釈した部分についての批判はなく、日本がないがしろにするという反応が支配的だった。すなわち、現行教科書では両国とも自国中心の歪曲された認識を招かざるを得ない。発展的な立場から教科書の改編が要求される。

3通信使についての高校生の歴史認識

○前年に日本の先生が寄贈してくれた通信使の行列図を提示

子どもたちは一斉に「やー」と言って、感嘆の声を連発

質問1：絵を見て当時を考えてみると

・通信使の行列に多くの人が参加したみたいだ。

・日本でこの程度の人を接待しようとすると、お金が多くかかっただろうな。

・服を正しく着ないでいる日本人がいたが、着る服がなくてそうなんだろうか。

・当時、両国の風習はだいぶ大きなちがいがあったと思う。朝鮮側はみなが帽子をかぶっているが、日本人は帽子をかぶった人がまれで、朝鮮では帽子が身分の象徴でもあったが。

・まるで祝祭の行列のようだ。

質問2：行列図で獣革を持っていく姿が登場するが、その理由を話してみよう。

・日本には虎など猛獣がいないでしょう。たぶん。

・となりを訪問する時、礼儀上持っていく贈り物として当時の日本は幕府だから、そんなものを価値があると考えた。

質問3：もし日本の子どもたちがこれを日本に捧げる朝貢品と見るとしたら

・話にならない。

・これはたぶん日本の教科書に正しく書かれていないからそうなんだろう。

・こうした見解が日本と私たちを親しくできなくしているようね。

→結論：行列図を見て、子どもたちはその壮大な規模に驚いた。祝祭の行列のようだという子どもたちの言葉のように、通信使は当時沿道の日本人にとっては見物だった。双方の利益の増大という目的の下に交流された通信使の友好精神を生かしていこう。

3）第三時：班別発表授業

○授業目標：発表授業を通して、通信使に対する理解を広げ、その精神を継承する。

○授業展開：各班別発表

演劇、模擬授業、五行詩、歌、報告書発表の形式、クイズ・ショーなど、期待以上の成果をあげた。

○評価：ふだんの一般授業と比較すると、目立たなかった子どもの活躍が飛

び抜けていた。ほとんどの子どもたちが事実に忠実に接近し、今後の展望も通信使の精神を継承して善隣友好の立場で進もうという結論を出した。ビデオカメラで子どもたちの発表学習の現場を撮影したことも効果があった。真摯で熱意も見られた。

　○授業後感じたこと

・今回の授業ではじめて通信使の行列を見た。大規模な通信使の一行が日本の接待を受けたという言葉に心が満たされるように感じられた。日本の人たちがわが国を侵略したのに、いくらもたたないうちにこういうことがあったということに驚いた。朝鮮と日本は通信使を通じてお互いの国が文物交流などでもっと発展できるいいきっかけとなったようだ。

・以前に社会の時間で「通信使」は知っていたが、国史の時間で学んだ時より詳しく知った。朝鮮通信使の行列図を見ても、日本人がわが通信使に特別な待遇をしたことがわかった。今でも日本がわが国にそのように対応してくれたらいい。

・中学校の時に習ったことがもっとくわしく学べてよかった。日本がわが国に通信使を派遣してくれるように、あらゆる方法を動員したのを見ると興味深かった。通信使派遣後約260年間朝鮮と日本は平和の時代を持続した。こうしたことを、今日の私たちも手本とすればと思う。

4．子どもたちの認識をどのように評価するか

　どちらか一方の優位ではない「善隣・友好」の立場で「通信使」の交流という認識の転換を導いた。短い授業にもかかわらず、子どもたちの態度は真摯で、課題の提出、発表授業も非常にすぐれていた。授業が展開するにつれ、朝鮮が一方的に施す形でなく、朝鮮の利益もはかったという認識の転換をもたらした。しかし、一部は教師の指導にもかかわらず、依然として朝鮮が施恵者という立場を主張し、ワールドカップで日本だけには勝たなければならないという強い敵愾心を見せた。しかし、ほとんどは韓日両国が通信使の交流の時期のように善隣・友好の関係をまたつくりあげたいという趣旨の結論だった。「日本に対する強い敵愾心」という表現をしたが、授業を終えてから、それが気になった。そこで学年をちがえて3年生6組中無作為に2つの組を選んで無記名アンケー

3通信使についての高校生の歴史認識　　91

ト調査をしてみた。設問内容は、①日本といって思いつくことは、②通信使について知っていることは、③今後の韓日の展望はの3項である。

　①の答えは歴史的なこととして壬辰倭乱、植民地、漆紙図、任那日本府、挺身隊、独島、等現在争点になっている問題など、暗い部分の答えが多かった。敵愾心はこうした歴史的経験に由来すると思える。他の側面としてはSONY、X-JAPAN、ピカチュウ、アニメ、映画『Love Letter』などの新世代趣向の内容がたくさんあった。②の答えには関心がなく、私たちの文化を日本に伝えた使節という程度の水準だった。

　③の答えには、一部ごく少数の子どもたちを除いては「過去は過去のことで、今はお互い親しく過ごし、学ぶべき部分があれば学ぶべきだ」と述べている。以上の調査に見られるように、現在の韓国の高校生たちは過去の世代とは違い、過去だけに執着する無条件的な敵愾心から抜け出し、相互善隣の方向に進んでいる。今後の韓日交流に多くの希望を抱かせられる。　　　　　　　　　〔朴外淑〕

4

在日同胞の友だちといっしょにつくる平和

　今年の私のクラスは平和教育に土台をおいて生活を始めている。平和という言葉には慣れていても、実際にその意味を言えと言われれば即答するのは難しい。だが子どもたちに平和について考えるように言えば、家族との団らん、友情、争わず互いに仲よく過ごすことなど簡単に平和を連想する。子どもたちの考えのように意外にも平和は私たちのそばに簡単に近づいているのかもしれない。平和は自分自身の人生から家族、隣人、そして全世界を通してあちこちでさまざまに感じ、考え、実践できるからである。

1．世の中には本当に多くの友人が

　平和教育を模索するようになったきっかけは在日同胞（以下、在日）の友人との出会いである。偶然、昨年の冬、子どもたち5人といっしょに在日の友人から招かれて日本に行くことになった。思いもよらないありがたい出会いのおかげで私は今まで関係のなかった在日と友人になった。子どもたちの出会いもこれと似ていないだろうか。私は子どもたちに世の中には会って嬉しい友人が本当に多いということを楽しく感じさせい。またその友人を通して世の中に対する希望を育てていければと思う。それがまさに私が考える平和教育の始まりである。

2．子どもたちの目の高さで

　在日問題は韓国と日本の間の清算されない重い歴史的テーマである。だが、子どもたちの目の高さでこの問題を扱うことは思ったよりやさしい。子どもたちの新鮮な考えや実践によって大きな歴史的和解と平和を簡単に試みられるからである。

　この問題のためにまず私は子どもたちが簡単に近づける授業方法を探すことに関心を傾けた。子どもたちが楽しく近づく方法として放送とインターネット

などのメディア教育、そしてさまざまな人々を直接教室に招いて子どもたちとの出会いを試みたいと思った。この点は今春（2004年）大邱（テグ）の交流会で宮原武夫先生が指摘された点である。「小学校段階では暗記中心の客観的認識よりは共感的認識のほうがよいのではないか」という問題意識は、授業を企画し実行する初等学校教師である私には重要な質問だったからである。

日本との不幸な歴史を話し合うためにMBC放送番組の「アジア、アジア」特集を授業に活用し、日本軍「慰安婦」ハルモニ（おばあさん）が暮らしているナヌムの家に直接問い合わせをし、現場体験学習も計画中である。その過程でナヌムの家で働いている方が直接教室に訪問する「平和」を求める授業をいっしょに実施し、今後も続けることにした。

さらに広い世の中との出会いによって考えを深めるために、特別な出会いも用意した。大学院で平和学講座のとき出会ったビルマ人とベトナム人を教室に招いたのである。彼らとの大切な出会いを教室で子どもたちともともに分かちあいたかったからである。ベトナムとビルマというなじみが薄い国から来た彼らとの出会いを通して子どもたちはその国の状況を知り、平和に対する生き生きした刺激をたっぷりもらった。

3．平和授業プロジェクト

⑴授業計画をたてて

在日の子どもたちといっしょに韓国の同じ年頃の子どもたちの出会いを通して平和を育てようと思う。これは単純に何回かの形式的出会いと交流で終わってしまう一回限りの交流行事への反省から始まった。出会いをより意味があり価値あるように育てていく方案を、短期間の授業ではなく最低一学期間を通して用意しようと授業を構想した。

授業の素材として選定した在日の実存的人生はその存在自体だけでもすでに歴史的、社会的に多くの意味を持っている。不幸な日帝の植民地の歴史の中で強制徴集された朝鮮人たちが今日の在日社会の主な構成員だからである。在日は現在日本内で尊重されず、疎外された人生を送ってきた社会的弱者である。さらに祖国と称するわが国でも在日は「異邦人ではない異邦人の待遇」を受けて生きている。

克明に明らかにされる韓日両国（広く考えれば東アジア、いや全地球的歴史）の悲劇に他ならないことを幅広く受容できないわが社会の暗い闇を見ることになる。その闇を明らかにする新しい希望を平和のうちに模索することが本授業の指向するところである。このために韓国と在日そして日本の子どもたちの考えや実践をうまく取り入れていこうと思う。

⑵授業計画及び注意点

＊この授業は一年間を通して長期的計画の中で構想する。

＊授業が指向するのは平和を広く開いていくことである。

＊授業自体について教師が明確な観点を持つことのできない場合、やや国粋的民族主義に流れる危険があるので、事前調査と関係者からの意見を求め、授業をつくる。

＊授業の主体は子どもたちだという点を認識する。

＊授業の素材をチームティーチングで開発運営する。

⑶プロジェクトの実際

＊先輩が教えてくれる在日の話

＊在日の子どもたちを理解する童話の本『バイバイ』、『はなぐつ』を活用した統合的教育

＊志願者招聘学習－平和運動家招聘

＊韓国にいる移住労働者を調べる

＊現場訪問－ナムヌの家、シャロームの家など

4．子どもたちとともに行なった活動の実際

2004 年 3 月 8 日：世界女性の日新聞づくり（平和新聞 1 号）
　　　3 月 25 日：在日の意識調べ（家族インタビュー）
　　　4 月 3 日：仙遊島生態公園訪問－現場体験学習（‘水’博物館見学）
　　　4 月 6 日：環境の日新聞づくり（平和新聞 3 号）
　　　4 月 8 日：世界のさまざまな国の国旗および平和の旗づくり
　　　4 月 16 日：映画『魯冰花（ルービンファ）』鑑賞および感想を話し合う
　　　4 月 20 日：MBC 放送番組の『アジア、アジア』視聴
　　　4 月 21 日：ナヌムの家調査学習－日本軍「慰安婦」

4月30日：ビルマ、ベトナム人の招聘授業
5月6日：平和新聞づくり（北韓龍川、イラクの平和）
5月12日：ナムヌの家ビョン・サンチョル先生およびビルマ人・ベトナム人の2次招聘授業
5月25日：『バイバイ』、『はなぐつ』の読み取り
6月3日：永登浦消防署消防隊招聘授業
6月17日：在日の子どもたちに対する自分の考えの変化を話し合う

(1)在日の友だちを初めて知ったときと今ではどこが違いますか

　プロジェクト授業の長い流れに照して子どもたちの考えの変化を見るために1学期が終わろうとする6月中旬に調査をした。このとき子どもたちと教師の私は、このような変化がなくてはならないということはないと自然に話し合った。実際このことは本プロジェクト授業ではかなり重要な点である。3月から6月まで子どもたちとともに勉強し生活してきた時間をふり返ってみて、新しい授業計画を子どもたちの立場でつくり出す過程が必要だからである。

　子どもたちに生まれた変化のうちもっとも注目すべきものは、新しい友だちが海を越えてまさにそばにいるということがわかったという点である。初めは関心がなかったので在日の友だちに対して理解さえなかった。いや誤った固定観念によって在日を、国を裏切った人とまで考えた。だが関心を持って「その友だちって誰だろうか？」と知っていく過程を通して子どもたちは自然に誤解を解き、考えの幅を広めていけると思う。この過程は今後2学期の授業では在日といっしょに日本の友だちと、また世界のさまざまな人々と友だちになる過程に拡大できる。これは今まで関心外にあった社会的弱者である女性、障害者、移住労働者に対する新しい関心を開く授業とも並行するだろう。

　依然として子どもたちは韓国と日本という国家の枠で考える限界を持っている。だがこれは子どもたちが幼くて未熟なためだけではない。むしろ大人こそ国家的範囲で自国中心的に思考する偏狭さが強い。子どもたちはそうした大人に教育されて成長するので、自然にそうした考えに慣れるだけである。ある子は「再び植民支配が歴史的にくり返されなければいい」と書いている。これは結局わが国の力が強くなったとしても、日本を植民地としてはならないという極めて平凡な考えを引き出せる出発点である。

　また、不幸な歴史の問題が再びくり返されないためには誤った過去に対して

は丁重に謝罪し、反省しなければならないことを子どもたちは大人よりすでに
よく知っている。「日本が過去を謝罪しないで回避することを本当に道理に合
わないと思った」という考えは極めて当然のことだ。この子には一歩進んでわ
が国も他の国に被害をあたえたことがあり、そのために反省をきちんとしなけ
ればならないとわかるだろう。そのような意味でベトナム人を教室に招待した。
ベトナム戦争当時わが国が犯した誤りに対して謝罪する姿勢がなく、日本にだ
け謝罪しろといえば、結局は日本政府と同じ誤りをくり返すからである。

　子どもたちは日本の人と日本国家が同じでないということを徐々に学んでい
る。日本の人がみな悪い人だとした偏狭な考えを変えている。ナヌムの家でボ
ランティアをする矢嶋宰のような良心的な日本の人々を知り、固定観念をふり
切っているからである。さまざまな人々の生き方に新たに向かい合いながら、
子どもたちは自分の夢を国家にしばられず、世界に開く希望を胸に刻んでいく
ことを願う。平和な希望を込めて！

⑵ビデオで出会った在日の友だち

　在日の子どもたちに対する理解を高めようと、昨年日本を訪問してビデオカ
メラで撮影した映像を子どもたちといっしょに見た。ここで子どもたちは漠然
と遠いとだけ思っていた友だちが、別に自分たちと変わらない友だちだという
ことがわかるようになった。また昨年いっしょに日本に行った5人の子たちは
1年先輩だったので、ビデオを関心を持って見ていた。

⑶『バイバイ』・『はなぐつ』の読み取り

　同じ年頃の在日同胞の子どもたちの人生を調べられる李慶子さんの童話を
推薦された。人生が込められている本の読み取りを通して子どもたちが在日の
子どもたちと違った角度で出会える場になると思う。子どもたちが読書のため
の読書ではなく、読書と人生が一致する教育を開いていくことこそ本を正しく
読む方法だと思う。したがって、読書感想文が強要されない自然な雰囲気の中
で、本と人生が分離しない幸せな本の読み取りを長時間かけて準備した。

　在日作家李慶子の長編童話『バイバイ』と『はなぐつ』が韓国語に訳されて
刊行された。二つの作品とも、10歳を少し超えた在日の女の子が主人公とし

て登場する。このくらいの年齢ならば「私は誰なのか」自らに質問を始める時期だ。質問は二つの面で進行する。自分の中で、そして自分の外で。結局答えは自分の内部と外部世界の関係の中でしか可能にならざるをえない。このような問いが一つにくくられていく頃、子どもは心の背が大きく伸びる。こう見ると、この作品は典型的な成長小説の枠組みを持った童話である。しかし、内と外へ向かう問いをくくるということは容易なことでない。子どもがいる場がこの地ではなく、日本だからである。日本人として受け入れられることなく、朝鮮人として尊重されることもない不明な境界で自己を確認することは複雑で苦痛の過程である。

5．さらにくり広げていく平和教育プロジェクト

1学期が終わるにはまだ1か月近い時間が残っている。実際、今から平和教育プロジェクトを本格的に子どもたちと取り組むことができる時期である。学期の初めは子どもたちと教師である私がともに慣れない環境に適応しなければならないからである。授業事例発表のために原稿を整理しながら新しい力を得た。今まで子どもたちといっしょにしてきた活動をふり返ってみて、今後くり広げていく活動を新たに考える機会に向き合えたからである。

在日の子どもたちとの出会いを通して新しい世の中に目を開く経験をするように、日本の子どもたちとの出会いもいくらでも可能だと考える。子どもたちは大人が持っていない柔軟な考えや無限の希望があるからである。私のクラスの子どもたちは、童話『バイバイ』と『はなぐつ』を読んでその著者と手紙をやりとりし、またその作品から劇をつくる予定である。そして「ナヌムの家」も訪問し、日本軍「慰安婦」ハルモニたちといっしょにする時間を過ごす。平和を生活で実践し、また慣れなかった人々と友人になって子どもたちが夢をぎっしり抱いて育つように願いながら続かせるべき平和旅程を整理しておく。また襟を正し、新しい平和旅行を始めなければならないときである。〔裵星浩〕

5

世界の人たちとつながろう
──小学校2年生の 「生活べんきょう」

1. はじめに

　和光小学校は子どもと学びを作る立場でカリキュラムを自主編成しています。1・2年生の「生活べんきょう」は75年にスタートし、80年代初めに3～6年生の総合学習を始めました。

　カリキュラムは10年を単位に総括と検討を重ね、2005年の改定で生活べんきょう・総合学習に「異文化理解、国際理解」の分野を盛り込むことにしました。それまでも、1年生でのアイヌの文化（踊り、料理、刺繍、紋様、ことば）、6年生での沖縄の文化（踊り、食文化、ことば、歴史）など「異文化」を学ぶ機会を大切にしてきました。国語の授業では、5年生で在日朝鮮人を扱った「カムサハムニダ」、6年生で戦争時の朝鮮人強制連行を扱った「北風は芽を」を読んできました。6年生の社会科では近現代史に時間をかけ、明治以降の日本帝国主義による朝鮮・中国支配の実相、日中戦争を学び、沖縄戦の学習では朝鮮人軍夫の視点から戦争を考えてきました。沖縄学習旅行では南部の摩文仁の丘で韓国の塔を見学し、多くの朝鮮人が戦争で亡くなったことを学びます。

　このように戦争と平和についてカリキュラムの中で学ぶ機会を多く持っていましたが、さらに異文化理解・国際理解を学ぶ機会を増やすことにしました。

　一方、同時に韓国ソウルのミラルトゥレ学校との交流が始まり、その後ミラルトゥレ学校の紹介で中国杭州の緑城育華小学（以下、グリーンタウン小）とも交流を開始し、日韓中の三カ国での交流が始まったところです。

2.「生活べんきょう」（週6時間）での位置づけ

(1)ねらい

　国際理解や異文化理解は他者を理解し、人とつながっていくうえで欠くことのできない認識の一つと考えます。小学校低学年において大切なことは、自分

99

の周りにいる子どもや大人を認識することです。毎日の学校生活では仲間とけんかしたり仲直りしたり、大人にほめられたり、しかられたり、さまざまな体験を通して人とのつながりを深めています。生まれや育ちが違っても人の温かさや優しさは同じであることを知ることが大切なねらいであると考えます。

それを具体的に言うと、

①世界とのつながりを意識できること。生活の中にさまざまな国の物や文化があること、そこからつながりを意識させたい。逆に日本の物や文化が世界の国々に影響を与えていることを知ることも大切にしたい。日本だけが存在しているのではなく、世界とのつながりの中で共に生きていることをこの単元を通して理解させたい。

②違いと共通点に気づくこと。最初に気づくのは違いであるが、それは自分たちの生活や文化（日本の文化）に気づくことにつながる。さらに、違いを超えて人間として生きていくうえでの考え方の共通点に共感しあえることを大切にしたい。

(2)学習の進め方

①人との出会いを大切にする

②その人から文化を伝えてもらう（なるべく五感を通してつかめるもの）

③身の回りの外国の文化を交流する──「生活の中の世界の文化」

(3)指導計画

①知っている国─名前・知っていること、行ったことのある国

②発表─外国のものやこと

③出会いの中で学ぶ

えつきさん（香港のお母さん、餃子）／マイケルさん（アメリカのプロ野球選手、キャッチボール・ノック）／チャンさん（中国のお姉さん、気功）／アナスタシアさん（ケニアのおばさん、お話と料理）／やえさん（グアムの友だち、3日間を過ごす）／ロアンナさん（アメリカ先住民　ホピ族）／グリーンタウン小の小学生／ほか

④外国の文化に触れて─ボスニア・ヘルツェゴビナの地雷に関する子どもの

絵を見る

3.「外国のものを見つけたよ」

「生活べんきょう」の一つの柱が発表です。毎朝の発表で子どもたちは虫や工作など、見つけたものやつくったものをクラスの仲間に発表します。世界の勉強が始まるので、私が「家にある外国のものがあったら発表してね」と呼びかけると外国のものが加わるようになりました。

初日は、ヨーロッパ6カ国の貨幣、タイの紙幣や箸、イタリアのコンセントやカレンダー、エジプトの本、アメリカの辞書、ドイツの熊の人形が並びました。紙幣に描かれている絵が日本のものと異なることに気づいたり、「外国にもお箸があるんだ！」「韓国の子も使っていたじゃない」と韓国の子どもたちといっしょに昼食を食べたときのことを思い出す子どもたちもいました。昨年、韓国の子どもたちと交流したことで、短い時間でしたが、とても大きな影響を受けていることがわかりました。

単に「家にありました」と持ってきたものを見せるだけではなく、なぜ家にあったのか、それを家ではどうしているのか、についても調べてくるよう促しました。

ひれんはアオザイを見せて「お母さんがベトナムで生活していたときにつくったもので、若い頃これを着ていました」と発表しました。とてもきれいなアオザイを見て「ひれんのお母さんはベトナムで何をしていたの」「今もその服が着られるの」と質問が飛び交います。「今は着られません」との答えに、「それじゃあ先生が着て見せて

アオザイ

よ」と求められました。子どもたちはハンガーにかかっているアオザイではなく、人が着ているところを見たがっていましたが、私には着られません。「それじゃあ優子先生に頼んで」。なるほど子どもはよく考えるものです。

養護教諭の優子先生に着てもらい、子どもたちに披露しました。優子先生は

5 世界の人たちとつながろう

着るときの工夫とアオザイがきれいに見えるわけを話してくれました。実は彼女は、ベトナムに詳しいのです。子どもたちは実際にどうやって着ているのか、あるいは何に使うのかをとても知りたがっていました。

4．えつきさんから教わった香港の餃子の味

(1)開君のお母さんは中国人

　隣のクラスの開君のお母さん（えつきさん）は香港人で、2日かけて餃子のつくり方を教えてくれました。餃子は香港では代表的な家庭料理の一つです。「これは結婚式の時の写真です」。ご自分と親族の記念写真を示し、「香港では赤がおめでたい色です」という説明に、子どもたちは目を丸くして写真に見入っていました。

「どうして香港では赤がおめでたいの」「うちのお母さんは白い着物を着ていたよ」。子どもたちの質問にえつきさんは丁寧に答えてくれました。説明を聞きながら「どうしてそんなに日本語が上手なんですか」「そうだね、本当に日本語がしゃべれるんだね」と今度はえつきさんの言葉に関心が移りました。「日本に来て10年になるからしゃべれるようになりました」という答えに子どもたちはびっくり。「中国人なのに日本人と同じようなんだね」というつぶやきも聞こえます。

「開君はハーフなんだね」「そうだ。アンリもハーフだった」「アンリはアメリカ人か」。うちのクラスのアンリのお父さんはアフリカ系なので、彼女の肌の色は褐色です。1年生のときからいっしょに過ごしているアンリの肌の色や髪型に関して違和感を持つ子どもはいません。それを当たり前のことと思い、みんなの友だちでした。えつきさんの話しを聞いて改めてアンリのことを思い出していました。

(2)「餃子ってこんなにおいしい」

　餃子は、まず肉を細かく刻み、梅菜という中国産の漬物を混ぜて具をつくります。皮の生地は小麦粉をこねて、両方を一晩寝かせて翌日に餃子に仕上げます。餃子を焼くとき強火でフライパンを熱すると、ごま油の香りがたちこめ、教室中がものすごくいいにおいに包まれました。食べたときの子どもたちの歓

声はすごいものでした。2日間かけて餃子をつくるというのはえつきさんの計画です。「おいしいものをつくるには一晩寝かせることが大切です」の言葉通り、本当においしい餃子をつくり、味わうことができました。子どもたちに本物の味を教えるための2日間だったことがよくわかりました。

　子どもの感想にはつくり方の違い、梅菜など材料の違い、味も違っていて「ほっぺたが落ちそうなくらいおいしかった」と書く子もいました。この学習は香港について詳しくなるためではなく、餃子づくりを通してえつきさんという人を知り、餃子の味を楽しむのが最大のねらいでした。さらに、フライパンで焼くときの音、小麦粉をこねて作る生地を触って気持ちよかった、など味覚や聴覚、触覚など五感を動員して餃子づくりを楽しむことができました。

　2年生にとって異文化との出会いは日本との違いに着目させることよりも、「なんておいしい餃子なんだろう」などと、その味に感動することが最も大切なことだと思います。餃子づくりで詩ができました。この詩は印刷してクラスで読みあい、「さいごの1こはだいじにたべた」は多くの子どもに「そうだった！」と共感を生みました。つくってもらった餃子を食べただけではこのような詩は生まれてこなかったと思います。

5. アナスタシアさんから教わったケニアの暮らし

⑴違うことがたくさん

　アナスタシアさんは保護者の知り合いです。地域の小学校でもケニアのことを話していました。彼女が教室に現れると、スラリとした背の高い姿、そして褐色の肌の色に驚く子どももいました。ケニアの自然と生活をスライドで見せてくれました。広い草原とキリマンジャロ、そして夕立が始まりそうな真っ黒な空、スコール、虹のかかった空、赤や黄色の花、など色鮮やかな自然の写真です。そして、人々の生活の写真になると質問がたくさん出ました。

⑵黄色のトウモロコシ

　次に、カンバ族の日常的な食事を紹介してくれました。ウガリといって、トウモロコシの粉を湯で溶いて団子にした主食を子どもの前でつくってくれました。「このトウモロコシの粉は日本で買ったものです。黄色の粉ですね。ケニ

ケニア

アのトウモロコシは白いです」。トウモロコシは黄色いと思い込んでいましたが、白いトウモロコシがあることを初めて知りました。

アナスタシアさんは色と香りと味で 2006 年の干ばつのことを思い出す、と話し始めました。この年は、ケニア産の白いトウモロコシがまったく収穫できず、国連からの緊急援助物資である黄色のトウモロコシで命をつないだそうです。食文化の紹介だけでなく、干ばつや貧困など現在の問題点にまで触れてくれました。

ウガリは手でこねながらこぼさないように口に運びます。教室ではまなえが上手に食べることができてアナスタシアさんから「あなた上手ですね。こんどケニアにいらっしゃい」とほめられて喜んでいました。食を通して見えてくることはたくさんあります。

(3) じゅんの発見

その夜、じゅんのお母さんから「家に帰ってからずっとアンさんのこと、ケニアのことをしゃべりっぱなしでした。『手の表は僕といっしょだけど裏は違うの。ケニアには水がないから大変だ。女の人が家を木とうんちでつくるんだって！ トウモロコシの色は日本は黄色だけど、ケニアは白いんだよ』と。よっぽど興味深く勉強したのね、と話したところでした。こんなに学校でのことを話したのは初めてです」と聞かされました。じゅんにとってアナスタシアさんはその容姿から強烈な印象を受け、そしておしゃべりをいっしょに楽しんでくれた人だからこそ、ケニアの自然とそこでの暮らし、さらに干ばつという厳しさについてお母さんにも聞いてもらいたかったのです。

(4) 「鉛筆やボールペンがあったら」

アナスタシアさんから子どもたちにお願いがありました。次に里帰りした際に、地元カンバ族の学校に文房具を持っていくつもりだが、もし、家に使わな

い鉛筆やボールペンがあったら寄付してもらえないか、というものでした。
「ケニアでは鉛筆も使うが、小学生はボールペンの方がよく使われるらしい」
「学校でボールペンを使っていいの？」「消せないじゃん」「うちにもあるから
持ってくる」「お父さんにも言うね」などと意見を出し合い家に帰って探すこ
とにしました。

　すると翌日、家で眠っているペンや鉛筆がたくさん届きました。通常は子ど
もに口頭だけではなく学級通信で補足しないと、連絡事項が家庭に届きません。
このときは口頭だけだったので、アナスタシアさんの思いが子どもにしっかり
届いてたことがわかります。合計175本のペンと鉛筆を届けることができまし
た。

　アフリカの貧困について2年生がどこまで理解できるかわかりません。子ど
もには家の中で鉛筆やボールペンを探すことで、文房具が簡単には手に入らな
い国（ケニアの一地方）があることが少し見えてきたのではないでしょうか。

　スライドの写真の美しさと暮らしの違いが子どもたちには大きな印象となり
ました。しかし、その違いを裸足が情けないとか貧しさをさげすむような見方
につながるのではなく、自分の暮らしぶりとは違うらしい、という事実をその
まま受け止めている姿が見られました。

　アナスタシアさんは「文化って何でしょう。文化が違っても人間として同じ
です。赤い血が流れているのは同じなんです」と語ってくれました。いま目の
前の私は君たちと同じ人間です、と懸命に事実を事実として語るアナスタシア
さんという人となりを通して、子どもたちは差別的な見方や偏見を持つことな
く受け止めることができたのではないかと考えました。

6．グリーンタウン小の友だち

⑴授業は楽しいですか

　韓国ミラルトゥレ学校と交流のあるグリーンタウン小の4〜6年生が沖縄で
本校と和光鶴川小の6年生と交流し、東京にもやってきました。本校では2年
生と6年生が交流しました。白玉団子をデザートとしてつくり、コマ回しを教
えてあげました。

　事前にグリーンタウン小のホームページの写真を使い、聞きたいことなどを

出し合いました。写真に関して「誕生日会にケーキが出るのか」「校庭で本を読むのか」「どうして池があるのか」「音楽の授業はあるみたいだけど、美術の授業はあるのか」などの質問が出ました。写真以外には「授業は面白いのか」「学校は楽しいのか」「どんな食べ物を食べているのか」がありました。なぜそのことを聞きたいのか、理由も聞くと「和光の勉強はおもしろいから」「学校は楽しいから」など、自分にひきつけて実感を語る姿が見られました。子どもにとっては学校は楽しいところだから、中国の子どもも楽しいのだろう、というふうに考えていました。また、去年交流したミラルトゥレ学校の1年生のイメージがあるようで、たくさん遊びたい、という気持ちがとても大きいこともわかりました。

(2)「心がつうじればいいってことがわかりました」

　交流会では2年生が青森の民族舞踊「今別荒馬」を踊って見せ、4人グループに中国の子ども1人を組ませてコマの回し方を教えました。

　中国の子どもたちはコマを回した経験が少ないのでしょう。ひもを巻くことができなくて困っていた子を見て2年生はコマにひもを巻いたものを渡して、とにかく回してみて、とジェスチャーで示しました。するとさすが上級生だけあって見よう見まねで中国のお兄さんたちも回すことができました。それを見た2年生は自分が回せたかのように飛び上がって喜んだり、たくさん拍手を送っていたのが印象的でした。

　グリーンタウン小の子どもたちに対して、やえさんのときとは違って言葉の壁は大きいことにも気づくことができたようです。しかし、言葉は分からなくても、身振り手振りでコマの持ち方や、紐の巻き方を伝えようとして、一部は伝えることができたと思っていました。実際には通じたのでしょう。子どもたちには、あたたかく受け入れる心構えがあれば交流できるんだ、という実感を持ったようです。子どもたちにとって本当に伝えたいことがあれば何とかしてでも伝えられる、という自信になったのかもしれません。言葉が通じればそれに越したことはありませんが、言葉を習得する前に伝えたい中身をどれだけ持っているかが一番大切なことではないだろうかと思いました。

Ⅱ. 授業実践

5．さいごに

　本校では 2005 年から石渡延男先生（元東洋大）のご紹介により、韓国ソウルの私立ミラルトゥレ学校と交流を始めています。当初はミラルトゥレ学校の教職員が和光小を訪れ、教育内容や教育環境を視察していました。また、本校からも校長・副校長・教務主任が韓国を訪問し、姉妹校として提携を持つに至り、これを数回積み重ねながら、2006 年にはミラルトゥレ学校から子どもたちがやって来ました。

　ミラルトゥレ学校の子どもは本校の全クラスに分かれて 2 日間遊んだり、交流をし、夜は保護者の協力でホームステイをしました。

　2007 年 3 月には子どもと教職員有志が韓国を訪問し、10 月にはミラルトゥレ学校が以前から交流していた中国杭州市の私立緑城育華小学も交流に加わり、和光鶴川小学校も含めて 3 カ国 4 つの学校の子どもたちが沖縄学習旅行を体験しました。

　このような 3 カ国の交流の途上に公開研究会を位置づけ、韓国・中国の教職員にも公開研究会に出席してもらい、積極的な討論でまさに国際的な分科会になりました。さらに今年 2008 年 3 月にはミラルトゥレ学校に本校とグリーンタウン小の子ども有志が集まり、食文化と踊りで交流しました。ミラルトゥレ学校の家庭にホームステイさせてもらいました。

　2008 年 1 月にはミラルトゥレ学校のホ・ヨン先生が 3 週間和光小に研修に訪れました。2 年生の授業に参加したり、6 年生の歴史の授業では朝鮮戦争について話をしてくださいました。ホ先生は私のクラスで子どものけんかをめぐる学級会を参観しました。私は子どもたちが見ていたけんかのようすをすべて黒板に書き出し、それについての意見をまた書き出しました。黒板が見る見るうちに一杯になっていきました。このようにけんかの事実を並べることで、どこに問題があったのかを子どもたちに考えさせたかった、と学級会のねらいを話すと、ホ先生は驚いていました。ミラルトゥレでの学級指導のやり方と違う面があるようでした。

　私は教育内容をめぐって二つの学校の教師が深く討論し、一致点を見つけ出せたことに感動しました。子どものための教育を作りたいという私たちの願い

は同じであることを改めて感じることができました。さらに、3月には本校の教員1名がミラルトゥレ学校で1週間研修しました。そこでも多くの交流を持つことができました。このように教職員レベルでの交換研修も始めたところです。

〔藤田康郎〕

6

韓国高校生との交流を通して学ぶ生徒たち

1．障害を持った生徒たちとの出会い

　本校は開校38年を迎える県下でも古い歴史を持つ肢体不自由の養護学校である。開校した当時は、肢体不自由といってもかなり動ける生徒が多く、運動会もグランドで実施していたようであるが、近年は重度の肢体不自由の児童・生徒が多く登校し、校内の研修内容も医療的ケア（法的に医師や看護師が實施する医療的行為とされる吸引や経管栄養の注入などを学校内で教師が実施すること）が重要な課題になっている。また、知的障害をあわせ持つ児童・生徒（中途障害による脳へのダメージを持つ児童・生徒を含む）がほとんどである。

　そのような中、脳性麻痺や筋ジストロフィー症など運動機能障害はあるが、知的障害のない生徒も全校生徒の1割程度在籍している。これらの生徒は、活動などに制限があるが、一般の小・中・高等学校と同様に教科中心の学習を行なっている。

　2年前から高等部の配属になった私は、本校の中学部から高等部へ入学した3名の「普通科」の生徒の担任になり、教科指導にあたるようになって、今年で3年目になる。3名とも小学校は市町村立学校を卒業（1名は5年生時に転入）しているが、障害を持っていることでいじめられたり、つらい思いをした経験を持ち、心の傷を抱えて本校へ入学、編入してきている（保護者も生徒同様に辛さを抱えている）。また、十分な学習時間を確保できなかったり、さまざまな事情により学習に対しても遅れを抱えている。

　このような生徒たちと自分の専門教科である社会科を中心に教科学習を始めたが、生徒たちが自分の小さな世界に閉じこもり、社会に目を向けようとしない姿勢が気になった。交流で本校を訪れた同世代の近隣の高校生とまともに会話ができない、しようとしない、彼らの姿を見ると避けるようにその場から姿を消す、できるだけ関わらないようにする、そんな姿を目にすることがあった。

109

そのためか、1年生時に現代社会の授業をやっていても生徒が全然乗ってこない、世間話をしてもキョトンとしている、そんな状況で学習が少しも深まらなかった。

何とか生徒たちが社会に目を向け、障害があっても社会の一員として自分の意志をしっかり持ち、生きていける力を身につけてほしい、そんな力を身につける一要素になるような授業がしたいと考えた。

2. 三千浦女子高校韓日学生交流部の学生たち、劉尚淑先生との出会い

そんな行き詰まりを抱えているときに、当研究会のメンバーである上田先生から晋州市で行なわれる日韓歴史教育実践交流会シンポジウムへの誘いを受け、参加する機会を得た。ここで、三千浦女子高校の韓日学生交流部の学生たちと顧問の劉先生に出会った。学生たちは日本語を第二外国語に選び、クラブ活動の中で日本の高校生と交流しながら日本文化について学んでいた。

この時のシンポジウムには、日本側から千葉県立Ｉ高校の生徒4名も高校生交流のために参加し、民泊などを体験していた。同行した引率の先生によると、Ｉ高校が「底辺校」と言われ学力的に低いとされる学校だからか、学校生活では何事に対しても「自分はバカだから」と無気力な生徒たちだという。しかし、生徒たちは言葉の壁を感じさせることがないほど、三千浦女子高校の学生たちといっしょに楽しそうに過ごし、生き生きと交流しているように見えた。その姿から「これだ」と思った。

直接、顔を合わせず、メールや手紙などを通しての交流ならば、わがクラスの生徒たちも気後れせずに交流することができ、それがうまくいけば彼らの自信となり、その自信が日本の社会の中で一歩踏み出す力につながると考えた。

そこで、交流を申し入れたところ、快く引き受けていただき、その時参加していた学生たち10名ほどのメールアドレスを教えてもらい帰国した。

3. 高校どうしの文通

2学期が始まると、早速生徒たちに交流のことをもちかけた。しかし、生徒たちにとっては見たことも、聞いたこともない外国の高校生と交流するなど全く意識したことのないことで、教師が半ば強引に始めたものであった。そのた

め、手紙も当初はなかなか書けなかった。それでも、まずは自己紹介の短い文章でよいからとアドバイスし、第1回のメールを全員に送信した。何件かはエラーでもどってきてしまったが、数人から返信があった。返信があったことは生徒たちにとって喜びであり、それが「やってもいいな」という意欲につながったようである。2回目のメール送信では1回目よりも文章をスムーズに書くことができた。

　ところが、2回目のメール交換では返信がきたが、「文字化け」してしまい、全く文章が読み取れなくなってしまった。教師自身コンピューターの操作や知識に詳しくはなかったので何人かに相談したが、このトラブルをうまく解決することができずメール交換は途絶えてしまった。

　このまま交流を断念したくなかったので、文通に切り替えることにし、2学期も残りわずかという時に手づくりのクリスマスカードを学校宛て（劉先生宛て）に送った。カードが届いた頃、おそらく韓国の学校はすでに冬休みに入っていたと思うが、3学期になって同じように手づくりカードの返事が届いた。そのカードには日本語でメッセージが書いてあり、このことが生徒たちに韓国の高校生への親近感を生んだようであった。

　2年生になってから、本格的に文通が行なわれるようになり、「総合的な学習の時間」のテーマを「国際交流－異文化理解－」とし、この時間を利用して手紙を書くようにした。肢体不自由の生徒たちは家庭で宿題をやるにしても家族の誰かの助け（介助）を得て、必要なものすべて（鉛筆1本、消しゴム1個まで）をセッティングしてもらわなければできない。その介助者はほとんどの場合が親、特に母親である。そのために障害のない生徒に比べさまざまな面で親自身の考え方や生き方の影響を受けやすく、場合によっては親の考え＝自分の考えと思いこんでしまうこともある。そこで、生徒たちが主体的に交流活動に取り組むためにも、今回の交流に関わることはすべて学校で行なうことにした。

　今まで5回ほどのやりとりがあった。教師が毎回全員の分をまとめて郵送していることから、2回目までは、韓国の学生たちの手紙の宛名はすべて教師の名前だった。それが、3回目の返事では生徒一人ひとりの宛名になり、そのころから生徒たちの手紙の内容も学校生活や自分自身の具体的なものになってきた。韓国の学生たちは毎回、日本語と韓国語の両方で丁寧に手紙を書いて送っ

てくれたし、こちらからの手紙は日本語で書いても相手に通じたことが、生徒たちにはこの交流がとても取り組みやすいものになった。いただいた手紙は常時教室に掲示し、いつでも生徒たちの目に触れるようにした。

　アメリカ人との交流は英語が流暢に話せたり書けることが重要で、それができないとなかなか相手にしてもらえない。それが、三千浦女子高校の学生たちや劉先生は違い、韓国語が話せず書けなくても理解しようと歩み寄ってくれた。このことが生徒たちが意欲的に交流に取り組めた一番の要因であった。

4．学習の広がり

　韓国の学生たちと交流を始めたことをきっかけに、生徒たちに次のような学習の広がりを提供することができた。

(1)韓国について知ろう

　手紙を投函して、返事が戻ってくるまでには時間がかかる。毎週ある「総合的な学習の時間」にいつも手紙を書いているわけにはいかない。交流を深めるためには互いの文化についての理解が不可欠である。手紙だけではそれが十分に達成されないだろうと思い、他の教科も含めてさまざまな形で韓国について、韓国につながる学習をすることにした。

　英語では、『アンニョン！　KOREA』をサブテキストとし、韓国の歴史、日本との関係、食事、伝統文化などについて簡潔にまとめた英文を読解することにした（現在も継続中）。

　夏休みの課題学習では、各自、韓国について自らが設定したテーマに基づいて調査し、レポートすることにした（生徒名はすべて仮名）。

- ・晴男…「韓国の障害者の実態について」
- ・一雄…「韓国の歴史」
- ・百合子…「韓国の食事、キムチについて」

事前の指導もほとんどせず実施したので、いずれもインターネットから情報を得て、それを貼り付けただけのものであった。そのため、ただ書いた、写したというレポートになってしまったが、パソコンで韓国に関するいくつかのホームページを検索したことは意義があったかなと思われた。

⑵松養祭（文化祭）でのパネル展示

　文化祭での発表として韓国についてのパネル展示を行ない、今まで韓国について学習してきたこと、文化祭でのパネル展示に向けて新たに調べたことを各自模造紙 1 ～ 2 枚の掲示物にした。時間や活動に制限のある生徒たちなので、調査活動など十分ではないが、夏休みの課題学習に比べれば深まりはあった。それと同時に三千浦女子高校の生徒と交流していることを全校に紹介した。

⑶ハングルを学ぼう：崔浚さん、呉有林さんとの出会い
　　　　　　　　　チェジュン　　　オユリム

　三千浦女子高校の生徒はいつも日本語と韓国語の両方で手紙を書いて送ってくれた。そこで、「私たちもハングルの勉強をして少しでもハングルで手紙を書けるようにならない？」と、生徒に持ちかけてみた。ちょうどボランティアでハングルを教えてくださるという在日韓国人夫妻と知り合うことができ、生徒たちといっしょにハングルの学習が始まった。

　ハングル講座を担当してくれるのは呉有林さんだが、第 1 回目の授業の時にはご夫妻で学校を訪れ、韓国について話をしてくれ、生徒の質問にも答えてくれた。

　二人は大邱の出身だった。韓国の人々は自分の家の家系図を大切にし、崔さ
　　　　　テグ
ん自身も何百年も前の祖先から崔家の何代目なのかがわかっていることや、学生時代に国史の時間に日本の植民地時代についてとても時間をかけて学習をしたことなどを話してくれた。そして、崔さんから学生時代にそのように日本の植民地時代のことを学んだので、「日本に来る前は日本に対していい感じを持っていなかった」と直接伝えられた。『アンニョン！　KOREA』の中にも同じような文章があったが、直接韓国人から聞いたことで生徒たちは実感のこもった言葉として受け止めることができたと思う。

　また、このハングル講座により、ただの記号にしか見えなかったハングルが言語として認識できるようになったと思う。

5．世界史の授業で柳寛順を取り上げて

　2 年生時の世界史の授業では、「東アジアの民族運動」の単元で柳寛順を取
　　　　　　　　　　　　　　　　　　　　　　　　　　　　　ユグァンスン
り上げた。

6韓国高校生との交流を通して学ぶ生徒たち　　113

〈授業のねらい〉

柳寛順という人物を通して、三・一運動について理解する。

〈授業の流れ〉

①柳寛順について知る。(写真を見せて知っているかたずねる。韓国では国語の教科書に載っていたり、歌があったり、有名であることを紹介する。なぜ有名なのか、考えさせる。)

②三・一運動について知る。(写真や『アンニョン！ KOREA』に載っていた漫画を紙芝居風にしたものなどを使いながら説明する。ワークシートを使い、経過をまとめる。)

③柳寛順という少女についてどう思うか自分の考えをまとめる。

〈生徒の考え〉

晴男…若いのにすごい。自分にはできない。

一雄…この年でこんな事をするなんてすごい。

百合子…女の人なのに先頭に立ってすごい。

柳寛順を取り上げたのは、年齢が生徒とほぼ同じであること、女性であることにより社会的には発言権が弱いことが生徒たちにとって共感しやすいと考えたからである。

この授業の後に、日本の植民地政策についての簡単な説明をする授業を行なった。そのときの授業後の生徒の感想は次の通りである。

〈日本が韓国（朝鮮）に行なったことをどう思うか〉

・晴男…日本が行なったことはひどいと思う。でもこれをふまえた上で正常化しないといけないと思う。

・一雄…日本が行なった侵略は、韓国人に日本語を強制したり、日本名を名乗らせたりとずいぶんひどいことをしたなと思いました。また、そんなことをしたのに、何で今まで日本はかくしてたのだろうと思いました。

・百合子…私は、日本人がなんであそこまでしなきゃいけないの、植民地にした上に日本語を覚えろといったり、ひどいことばかりやりすぎだよ、と思いました。

6. 生徒の変化

2年生時の3学期の期末試験の際に、一年間の世界史の授業を振り返って、一番印象に残ったことをひとつあげ、感想を書いてもらった。

・晴男…印象に残ったのは「世界恐慌」だ。今年の最初は勉強していたことが理解できず、なかなかつながらなかったが、朝鮮のあたりの勉強から物事の理解ができ、ある程度の「予想」もできていった。特に「世界恐慌」はおもしろかった。

・一雄…一年間、印象に残ったのは四大文明です。理由は何千年も前の人がどのようにくらしていたか、なぜさかえていたのに急にほろびたのか等が、印象に残ったからです。

・百合子…柳寛順。独立運動を起こし、自分の国でも独立運動をやり、若いのに自分たちは独立したいという気持ちが強く、がんばっているのに、日本人はいろいろな、ひどいことをして、日本語以外はしゃべってはいけないとか、そういうことをしていたんだと初めて知った。何で、日本人はそこまでしたんだろう、と思います。それにこういうことは忘れてはいけないと思うからです。

一年前、1年生の現代社会の3学期末試験で、同じように記述を求めたとき、百合子はまったく何も書かなかった。また、この生徒たちとは本校に異動したときから社会科の授業でつきあいがあったが、その時の百合子の印象的だったのは、一時間中ひたすら下を向いているだけで一言も発しない姿であった。その時の百合子は何も考えていなかったから書けなかったのか、思うことはあったが書かなかっただけなのか、判断することはできないが、自分の思いを表現しようとしなかったことは事実で、それが表現するようになったのは百合子の変化である。

交流が始まってから、教室には三千浦女子高校の生徒たちからの手紙の他にも「カナダラ」表やハングルの単語カードが掲示してある。学校見学に訪れる方や新しく本校へ異動してきた先生方のほとんどがそれを見て「どうして」とたずねてくる。そのとき、初めのうちは私がすべて解説していたが、最近は自分たちから韓国の高校生と交流していると説明している。

7. 終わりに

文化祭後の作文に、晴男は「やっと自分たちらしい企画ができた」と書いた。養護学校とは特殊なところで、小学校1年生から高校3年生までが同時に同じ

企画（行事）に取り組むのだが、知的障害を併せ持っている生徒の方が多いことからそれらの内容がどうしても幼稚になりがちである。また、教師の生徒に対する接し方も幼稚になりがちである。そんな中で晴男は自分が年齢相応の接し方をしてもらえなかったことや用意された活動や学習内容に不満足を感じていたのだと思う。

　韓国の学生たちとの交流やそこから発展した学習や活動は、一人の高校生として「一人前」に扱ってもらえることになり、そのことが生徒たちに自信や学習に対する意欲をもたらすことになったのだと思う。このことは特殊教育（障害児教育）に特有のことではなく、普通学校でもいえることではないだろうか。「自分はバカだから」と何事にも無気力でしらけていたＩ高校の生徒たちが生き生きと交流していたのは、何のレッテルも貼られずに同じ高校生として一人前の人間として対等に接してもらえた、接することができたからではないだろうか。私たち教師は学力的に低い学校の生徒たちだからと、授業内容のレベルを下げたりできないものと決めつけて生徒たちに課題を与えたりしてはいないだろうか。韓国の学生たちと交流するＩ高校の生徒たちを見て「これだ」と思ったのはこのことであった。今回実践を振り返りながら、改めてこのようなことを考えさせられた。

　わがクラスの生徒たちは、あと数ヶ月で卒業を迎える。卒業後はそれぞれが個人的に交流活動を継続できるようになることを願いつつ、今後も交流活動を進めていきたい。
〔関根千春〕

3．植民地支配と日韓の歴史授業

　25年余り交流会が進められ、多様な授業実践が報告された。特に主題を定めたわけではなかったが、概ね相互理解のための授業、国家主義克服のための授業、人物を通した友好増進の授業、平和と人権を追求する授業を指向している。時代的には前近代と近現代史を行き来しながら対立と反目よりも和解と協力、交流の歴史を強調しながら何より子どもたちの歴史認識を大切にする実践だった。

　ここで紹介される授業実践は必ずしも「植民地支配と日韓の歴史授業」というテーマで括ることができるわけではない。概ね日本の朝鮮侵略の過程（朝鮮の植民地化の過程）と日本の植民地支配政策に対する韓国の独立運動、そして日本軍「慰安婦」に代表される植民地支配の被害を扱った授業実践である。紹介の順序は報告された順序に従ったが、歴史的事件の展開過程によって順序を変えて読んでもよい。

　まず、三橋広夫「1枚の写真から追求する韓国併合の授業――中学校2年生の歴史認識と授業」（中、1996年）を紹介したい。日本で韓国併合の授業を実践することは二つの意味がある。一つは教師が学生たちに事実を正確に伝えることが日本の植民地支配に対する日本人の責任を全うすることであり、もう一つは韓国併合を正しく認識しようと努力することが結局日本人の歴史認識を正す過程でもあると三橋は主張している。このため教師が考える「正しい歴史」を一方的に注入せず、学生たちの認識を揺さぶる授業方式、すなわち学生たちが持っている「国家の論理」を揺さぶる授業を提案している。

　1929年の植民地朝鮮の授業風景を撮った一枚の写真を提示した後、学生たちの疑問点を討論させながら同化政策の本質、韓国併合＝日本の発展という論理などに対して自分たちの認識を深化させていった。特に教師の授業の意図と違った認識を持っている学生の認識も尊重しながら、ベトナム戦争を通して「加

害と被害」、さらに今日の韓日関係に対する自身の認識を深化させていくよう配慮する教師の姿が印象的だった。

1996年の第3回目交流会で申振均は「東アジア三国の近代化」（高）という実践報告を通じて「韓日関係の解決は今日の韓日問題をもたらし根本的な原因に求めるべきである。そのためには必然的に『歴史（近代以後の歴史）に対する認識の共有』が必要だ」と主張した。これに日本側が両国の歴史認識を共有しつつ違いも確認しようと返答し、「植民地時代の韓日関係」という共同主題を設定した。こうして誕生したのが姜元順の授業実践である。

姜元順の「従軍慰安婦と望ましい日韓関係」（中）は1997年の第4回交流会で報告された。この「交流会」は意味ある交流会だった。韓国教師たちにとっては招請形式で行なわれた最初の日本訪問であり、明治大学でのシンポジウム、毎日新聞の記者とのインタビュー、日本での踏査、そしてホームステイなどの経験は反日感情の壁を崩すのに充分なものだった。授業実践報告と関連してもう一つの報告「新興亜論とアジアの連帯」（金溱仔、中）とともに大きな反響を呼んだ。姜元順の授業実践が「暴露型」の授業という点と日本軍「慰安婦」の授業が中学生の水準に適切かということについての激しい論争があったからである。日本で暴露型授業はすでに克服した授業方法であり、日本軍「慰安婦」問題は性的に敏感な思春期にあたる中学生を対象にするには困難な主題だと主張した。しかし、暴露型授業自体が問題ではなく、学習の主題や対象によって授業方法は決定されるべきであり、日本軍「慰安婦」問題を性的な問題と認識するのは問題の本質を糊塗することだと指摘された。姜元順は感想に「事実それ自体としての事実」を教えることならば授業方法が時代的に遅れたものだとしても悪いわけではなく、事実をしっかりと教えることによって形成された学生たちの正しい歴史認識を通じて望ましい韓日関係を形成できると主張した。また、日本軍「慰安婦」問題を性的な問題と見なして中学生に教えることができないとすれば、大学生にも教えることができないという日本人教師の反論もあり、日本軍「慰安婦」という主題はむしろ「慰安婦」ハルモニたちと同じ年頃の学生たちに教えるにふさわしいものではないかとする主張も印象的だった。とにかく「韓日友好の視点」を土台に置いた姜元順の報告は多くの反響を呼んだ。

日本軍「慰安婦」問題は12年後もう一度報告された。南宮鎮の「ドキュメ

118　Ⅱ. 授業実践

ンタリー映画を使った『日本軍慰安婦』授業」（中、2009 年）は 12 年という歳
月にふさわしい認識の変化を見せた。日本軍「慰安婦」問題は韓国社会の典
型的なトラウマを表す主題であり、1990 年代まで韓国社会はこの問題を「忘
却」したり、「回避」したりする姿を見せていた。しかし、2000 年代以後は政府、
市民団体、学術および教育界で「怒り」と「過敏反応」を越えて責任ある「省察」
の段階に入ったといえる。日本軍「慰安婦」関連資料の収集と研究が蓄積され、
高校教育課程に韓国近現代史科目が開設され、この問題が韓国歴史教育の重要
な主題として定着するようになったのである。高校 2 年の韓国近現代史の時間
に多様な資料とドキュメンタリー映画「低い声」を通じて進められた南宮鎮の
授業は、歴史的事実とその理解を区別すること、日本軍「慰安婦」の歴史化の
過程、写真とドキュメンタリーフィルムのテキスト化の可能性を目標にしたも
のだった。このような授業目標と関連して写真資料についての誤解（情報不足）
によって学生たちの誤った理解と反応をもたらした部分もあった。討論過程で
明らかになったが、問題の写真は 1944 年 9 月にソンサン慰安所で生き残った
「慰安婦」らを昆明捕虜収容所に移送した後に連合軍が撮った写真だった。今後、
日本軍「慰安婦」授業は責任ある「省察」から「治癒」の段階に進むべきでは
ないだろうか。

　申振均「安重根義士殉国 100 周年記念授業と高校生の歴史認識」（高、2010
年）は、そのタイトルどおり安重根殉国 100 周年を記念して実践したものだっ
た。韓国で安重根はみなに尊敬される独立活動家であり、愛国心の象徴である。
それにもかかわらず、安重根は民族の元凶伊藤博文を撃ち殺した人、それがす
べてだった。2000 年代以前まで安重根の東洋平和論は歴史教師たちにもあま
り知られず、安重根の人生と選択（行為）を時代的状況と結びつけて理解しよ
うとはしなかった。この授業実践は人物学習モデルを通じて安重根がどのよう
な時代的状況の中でなぜそういう選択をしたのか、その行為が当代や後世にど
のような影響を与えたのか、そしてもし自分だったらどのような選択をしたの
かを学生が批判的に探求するものだった。また、安重根と伊藤博文という二人
の人物が韓国と日本の歴史教科書にはどのように記述されているのか比較・分
析しながら、国籍や民族を超越した客観的で、価値中立的な歴史用語の可能性
を模索してみようとした。

3．植民地支配と日韓の歴史授業　｜　119

しかし、制限された時間の中でかなり多くの事実を扱いながら人物学習モデルに合わせることで学生たちに思考と討論の機会を十分に提供できず、安重根の東洋平和論を深く扱うこともできなかった。

　山田耕太「生徒が考える『明治初期の日本と朝鮮』──江華島事件をめぐって」（高、2010 年）は定めた論争から江華島事件、そして朝日修好条規締結に至るまでの、明治初期の日本と朝鮮の関係をテーマに学生が主体的に考え、参加する授業を構成した。韓国の歴史教育では江華島条約の不平等性を中心に 1 時間の授業を実施するのが一般的である。ところが、同じ主題を 5 時間かけて構成した点にまず驚き、何より教師が提示した雲揚号艦長の井上良馨報告書は一度も接したことのない資料で、雲揚号事件の侵略性をしっかりと示すという点で韓国の教師たちをよりいっそう驚かせた。

　山田耕太は学生自ら考えず暗記で形成された歴史認識を学生が主体的に考え、討論する授業を通じて揺るがし、新しい歴史認識に進もうとしていた。すなわち、学生が「答え」を暗記するのではなく、学生一人ひとりが主体的に考えることができる段階にまで引き上げようと努力したのである。それとともに朝鮮が「遅れをとった国」だったために「植民地支配」を正当化していた学生たちの認識をどのように克服するのか今後の課題を提示している。　　　　〔申振均〕

❶

１枚の写真から追求する韓国併合の授業

——中学校２年生の歴史認識と授業

１．韓国併合の授業の持つ意味

　明治の国権論が、結局帝国主義へと収斂され、侵略の論理となっていったことは明らかである。その後の日清・日露の戦争を経て、日本は大きく帝国主義へと変貌を遂げる中、韓国を植民地とし、さらに東アジアでの盟主たらんとする野望がふくらんでいく。そして「韓国併合」は、「すでに無効」なのか「そもそも無効」なのか。現在の私たちの、もちろん子どもたちも含めた日本人の「帝国意識」とも言うべき世界認識が問われてもいる。こうした歴史的事実とその事実に対する認識をどう深めていくかが課題である、自由民権運動の学習の最後に板垣の行動について考えさせた。テーマは「『板垣死すとも自由は死せず』と言いながら、征韓論を主張する板垣退助。そんな板垣をどう考えるか」であった。

　その中で子どもたちは、板垣を支持する意見と反対の意見に分かれた。支持する側は「国のために征韓論を主張し、国民のために自由民権運動を起こしたからいいと思う。国、国民両方のことを考えていると思う」と自由民権運動と征韓論を矛盾としたものとはとらえず、国民の権利を伸張した自由民権運動を支持しつつ、その発展として国権論をとらえた。つまり、日本の発展のためにこそ国民の権利が必要なのであり、同時に海外侵略も日本の発展のためだという考え方である。これら板垣支持派の考えは、「国家の論理」で歴史を見ている。

　一方反対派は、「国民の自由を主張することはいいと思う。しかし、征韓論は武力で朝鮮を開国させるわけだから、それと同時に朝鮮国民の自由が奪われてしまう。自分の国の国民の自由を考えているくせに、他の国の自由を考えていない。武力を強めるということは日本国民がそれにしばられてしまうかも知れない」と板垣の思想に内在する国権論が民権論を凌駕する論理を見抜いた。

同時に、両者に共通するのは国民の権利を確立していこうとする自由民権運動への共感である。これは、少なくとも民主主義を普遍的な価値と認める日本の国民の認識が反映されている。これを基礎にして植民地支配を容認する認識＝「国家の論理」を正すことをねらった。

２．授業の中で

(1)なぜ先生が２人いる？

二人の教師

　ここに１枚の写真がある。教科書（東京書籍）に載っているものだ。２人の先生が子どもたちを前に教えている。説明では「朝鮮の児童への同化教育」とある。

　この写真を見て子どもたちは、「なぜ先生が２人もいるのか」という疑問を持った。この疑問から韓国併合に迫ってみた。

　この授業風景の写真を撮るというのはそうざらにあることではない。1930年代に朝鮮の小学校で教員をしていた人に聞き取りをしたところ、先生が２人で授業をすることはほとんどなかったと言う。東京書籍によれば、この写真は1929年６月13日、黄海北道黄州郡清水面石坪里の学校のもので、黒板には「天皇陛下ニハ赤坂離宮ニ特設農田ヲ設定ナサレ御親ラ挿秧ヲ行ハセラレマス」と書かれているという。

　授業の課題は「どちらが朝鮮人の先生なのだろうか」とした。

　便宜上、左側の黒い服を着ている先生をＡ先生、右側をＢ先生とする。

　子どもたちの意見は２つに分かれた。

　その一つは、「Ａ先生が日本人で、Ｂは朝鮮人の先生だ」というものである。「だって黒板に日本語で『天皇陛下ニハ赤坂離宮ニ……』って書いてある。だからＡは日本人の先生で、Ｂが朝鮮人の先生だ。」

　すると、反対派から質問が出る。

　「どうして日本語が書かれていると日本人なんですか。黒板をようく見ると、昭和４年６月13日って書いてある。韓国併合から19年も経っている。教科書にも『学校では、朝鮮史を教えることを禁じたり、日本語を教えたりして、朝

鮮人の民族としての自覚をなくして、日本人に同化させようとした』とあるから、朝鮮人の先生も日本語くらい書けるようになっているんじゃないですか」と具体的に反論した。

　それに対して「でも、教科書には同化と書いてある。もし僕が朝鮮人だったら、日本人の先生に日本のことを教えてもらったほうが、『ああ、日本ていいな』と思って、同化していこうとすると思う。」

　すかさず反論が出る。

「朝鮮人の子どもだったら、日本人の先生より朝鮮人の先生が言ったことのほうが効き目があると思う。つまり朝鮮人の先生が『日本はいいぞ』と言えば、そうかなって思うんじゃないか。」

　さらに、「私はAが朝鮮人で、Bが日本人だと思います。それは、この子どもたちがまだよく日本語が分からないから、B先生が言ったことをA先生が通訳をして話しているんだと思います。」

「僕は前の人と同じ意見だけど、ちょっとちがう。Bの人は、Aの先生や子どもが日本語でちゃんと勉強しているかどうか見はっているんだと思う。」

「ぼくもそう思う。日本が韓国を併合するときに韓国人は義兵という反乱を起こしている。その後、日本は土地調査事業をやって土地をどんどんとってしまった。こんな韓国人が日本の言うことをたやすく聞くとは思えない」という意見が出た。

　ここで、同化教育の具体的な様子を知るために、資料１を読ませ、さらにこのころの朝鮮の教育制度などから、今度は写真の子どもたちに目を向けさせてみた。

── 資料　1 ──

「四つに二つを足すといくらですか」
「七つ」
「ちがひます」
「六つ」
「そうです」
　普通学校１年生の算術の時間。まだ入学してようやく三週間なのに、この国語での教授。あの子供にそれが解るのだから、先生の努力もだが、小さい子供の努力の真剣さには涙の出るほど敬させられる。

　　　　　　　　　　　　　　　　＊佐野通夫『近代日本の教育と朝鮮』より

■１枚の写真から追求する韓国併合の授業　　123

『文教の朝鮮』第 84 号（1932 年 8 月）に載った砂田生「小さき努力」という一文である。朝鮮語を母語とした普通学校 1 年生が 3 週間で「国語」（日本語）で算術の授業を受ける。これを素材にして「同化教育」の内実に迫ってみた。

⑵同化って何？

「この子らは、朝鮮人だけなのだろうか」と質問すると、

「だって、この前勉強した土地調査事業で土地が日本人のものになっていくということは、日本人がどんどん朝鮮に行くってことだ。だから、日本人の子どもも増えて、学校に行く。だから、この写真には日本人と朝鮮人と両方がいる。」
「日本人に同化するんだから、日本人と朝鮮人が一緒のほうが友だちになったりして同化しやすい」と答えた。この意見を支持する子どもたちが大半を占める。つまり、同化＝日本人と同じにするという側面だけから考えている。差別の面には目が行かない。

　実際は、朝鮮人は「普通学校」に通い、日本人と一緒には勉強をしない。学校で朝鮮語を話すと罰せられたことを説明し、もう一度考えさせた。
「僕は、同化すると言っているのは、日本人と朝鮮人と一緒にするんじゃなくて、日本人が朝鮮人より上とすることだと思う。一緒だと日本人より朝鮮人が成績がよかったりするとまずい。」
「でも、別々な学校に行ったら、同化できない」と意見がかみ合わなかった。

3．子どもたちの認識

　授業の終了後、子どもたちに意見を書かせた。

　昌一郎の「韓国人が今ごろまでしつこく韓国併合を問題にするのはおかしい」という意見に反論が集中した。昌一郎は社会科好きの子どもで、発言もよくする。新聞などで問題となっていた「江藤発言」やそれに対する韓国政府の態度などを見て、自分の意見を書いた。

　この昌一郎の意見に対して、茜は「（日本）政府は韓国併合をあまり気にしてなく、問題にしたくないのでただ単に江藤氏の発言を謝って済まそうとしている。韓国はそのことに気づいて、それで済まされたのではたまらないということもあり、問題にしようとしている。日本の態度が変われば、韓国も問題にし

ないと思う」と江藤発言を考えに入れながら、手厳しく批判した。

　また、奈歩は「韓国を併合して日本は本当に豊かになったのか？」と問い、「政府の人や財閥、位が高い人などは利益があったが、一般の庶民は前と変わらなかった」としたことは、韓国併合＝日本の発展という論理を否定している。日本という抽象的なわく組みで歴史を見るのではなく、事実から自らの論理を組み立てようとし始めたと言える。

　一方、「韓国人が普通学校に入学したら、日本の先生方は一生懸命日本語を教えるのだと思う。だから強制ではない」という意見も根強い。韓国が日本となったのだから、韓国人が生きていくために日本語を習得する必要がある。そのため、日本人教師は努力した。つまり同化することによってこそ、朝鮮人の未来があるというという論理である。それに対して敬幸は「日本人が朝鮮人の学校で教え、日本のよいところだけ言うと日本人になろうと思った朝鮮人も中にはいると思う。でもなぜ同化するのに、日本人と朝鮮人は別の学校へ行かなくてはならないのだろうか」と同化政策に疑問を持った。

　さらに、昌一郎はみなに批判された後、家で話し合ったのか、「先生。韓国はベトナム戦争に参加しましたよねえ。このことについて韓国ではどう考えているんですか」と質問してきた。「そうだね。あまり考えていないんじゃないか」と答えると、待ってましたとばかり「だから、韓国も日本に対してだけそんなふうに言うのはおかしいんじゃないですか」と現在の韓国政府の態度を批判した。韓国だって日本と同じことをやっているじゃないか、という論理である。

　これは大切なことだ。ここで昌一郎は苦しまぎれであっても、自らの認識の正当性を主張するために、いくつかの事実をつなげて考えようとしていることに注目すべきである。このことこそ、子どもたちが歴史認識を豊かなものにしていく道すじだからである。ある民族がアプリオリに被害者であり続けるわけではないし、同時に日本人が歴史的に加害者の立場に立ってきたことも明らかである。さらに、昌一郎はベトナム戦争を持ち出したが、そのベトナム戦争で日本の果たした役割を見出したとき、昌一郎はどう考えるだろうか。

４．授業の課題

　このように、追求は始まったばかりだ。

■ １枚の写真から追求する韓国併合の授業　　125

当時朝鮮で小学校の教師をしていた人や、学者にも手紙を書き、返事を待っている。さらに韓国の中学生にも手紙を送った（資料2）。

　韓国への手紙は、いろいろなクラスの意見を混ぜて送った。韓国の中学生がどのように批判してくるか楽しみである。

　手紙の中で、仁美は「朝鮮人にしても同化されたくはなかった。だから併合して20年も経った今も（1929年）朝鮮児童に同化教育を続けている。また、1年生が必死に日本語を覚えようとしていた。それは本当は同化されたくないけれど、白い服を着ている日本人の先生が体罰などをしたから、子どもたちは必死で日本語を覚えたんだと思う。それと同時に授業で日本の文化や天皇が正しいことなどを強制的に頭にたたき込ませて、少しづつ日本人に同化していった」と事実に目を向けながら、それでも「日本を強い国にするためには韓国を併合すべきだ」と主張する。

　さらに、友啓は「韓国の反対勢力をおさえて完全な植民地にすれば、欧米も日本のことを文明国だと思い、条約を改正してくれる」とパワー・ポリティックスから歴史をとらえた。このように「国家の論理」は根強い。

　一方、「このころの日本は自分の国を大きくするために多くの国を犠牲にしている。……今みたいに平和を訴える人はいなかったのだろうか」(高明)や、「併合されても韓国人は韓国人として生きていく」(博子)、「日本人に同化しようとしたくせに、差別するなんておかしい」(未央)、「日本人の側に立っても、韓国人の側に立っても併合に反対だ」(悠)とそれぞれ自分の主張を明快に述べているが、中でも一美は「土地を奪われた人が差別を受けて苦しんでいるのに、日本は土地を持って笑っていたと思うと、やっぱり日本は自分のことしか考えない国だと思った」、そして「日朝修好条規のとき、朝鮮に対する日本の行動を『しかたがない』と思っていたが、戦争後どんどん野蛮で卑怯な国になってきて……許せなくなってきた」と自分の考えを変えてきた。このような認識をさらに深めるためには、授業でさらに認識の「ゆれ」が必要である。

　そのためにも、日韓の子どもたちの交流が求められるし、交流の中から「日韓の歴史で向き合う」子どもたちを育てたい。

126　Ⅱ. 授業実践

資料　2
韓国の中学生への手紙──日本は韓国を併合するべきだったか

①韓国を併合すれば、日本は有利になるし豊かにもなる

　日本が有利になるのだから、併合すべきだ。お金もたくさん得られたし、他国に日本はすごいと強調できたと思う。土地を奪って、その土地を農地にすれば、お米などの生産を増やせ、日本は豊かになる。（千絵）

②日本を強い国にするためには韓国を併合すべきだ

　人口を増やして勢力の強い国にするためには韓国を併合すべきだ。そして戦争に勝つために、軍隊を強くしなければならない。朝鮮人にしてみると同化されたくはなかったと思う。だから韓国を併合して20年も経った今も（1929年）朝鮮児童に同化教育を続けている。また、1年生が必死に日本語を覚えようとしていた。それは本当は同化されたくないけど、白い服を着ている日本人の先生が体罰などをしたから、子どもたちは必死で日本語を覚えたんだと思う。それと同時に授業で日本の文化や天皇が正しいことなどを強制的に頭にたたき込ませて、少しづつ日本人に同化していったんだと思う。（仁美）

③条約を改正するにはこれしかない

　治外法権の撤廃と関税自主権の回復のためには、不平等条約を結んだ国々に日本は強い国だと思わせないといけなかった。日清戦争は「清が弱い」と欧米に思わせただけだったが、樺太南部や大連、旅順などを植民地とし、だいぶ欧米に強国という印象が強まったと思う。このようなときに韓国を併合し、韓国の反対勢力をおさえて完全な植民地にすれば、欧米も日本のことを文明国だと思い、条約を改正してくれると思う。（友啓）

④韓国人が今ごろまでしつこく韓国併合を問題にするのはおかしい

　朝鮮を併合して植民地にして同化教育などをしなければ、韓国人から嫌われずに済んだと思う。しかし、日本が韓国を植民地として支配したことに対してもう賠償は済んでいるのだから、今ごろまでしつこくそのことを問題にするのはおかしいと思う。（昌一郎）

⑤併合されても韓国人は韓国人として生きていく

　韓国は日本を攻撃したりしていないのに植民地にされ、韓国人の立場だった

■ 1枚の写真から追求する韓国併合の授業　　127

らすごく悲しいと思う。それに、韓国は中立を宣言したのに、それを日本に無視され、かわいそうだ。普通学校に通っていた韓国人の子どもたちは、日本語ですべて勉強しなければならないのでたいへんだと思う。朝鮮史を教えるのを禁じたりして日本人に同化させようとしても、韓国人の中には日本人として生きていこうと思った人もいたかも知れないが、多くの韓国人は韓国人として生きていこうと思ったにちがいない。(博子)

⑥このころ平和を訴える人はいなかったのか

今までの長い歴史と文化をこわし、日本の文化を植え付けるなんてよくない。このころの日本は自分の国を大きくするために多くの国を犠牲にしている。これを正しいと思っている日本は何を考えているんだろう。勝手すぎる。大勢の人を殺してまで手に入れるほど価値があったのか。今みたいに平和を訴える人はいなかったのだろうか。自分も日本人だけどこのころの日本人の性格を自分は好きではない。少しでも平和につくす人がいれば、韓国併合は変わっていたかも知れない。(高明)

⑦なぜ同化するのに、日本人と朝鮮人は別の学校へ行くのか

日本にとっては併合して土地所有が保護され、よかったと思うが、韓国の立場ではいい気分とは思えない。土地を奪われ、小作人になったりしていた。日本語でしか話しちゃいけないと朝鮮の学校の人々に命令し、もし朝鮮語を話したら罰金というのはひどいと思った。こんなことをして日本人になりたいと思った朝鮮人はいるのだろうかと思うが、日本人が朝鮮人の学校へ行き、日本のよいところだけ言うと日本人になろうと思った朝鮮人も中にはいると思う。でもなぜ同化するのに、日本人と朝鮮人は別の学校へ行かなくてはならないのだろうか。そして、教科書の写真の扉のところに立っている朝鮮人の先生は何をしているのだろうか。(敬幸)

⑧僕は日本人の側に立っても、韓国人の側に立っても併合には反対だ

僕は日本人の側に立っても、韓国人の側に立っても併合については反対だ。もちろん韓国人の側として反対するのは植民地化を無理矢理させられるからだが、日本人の側については賛否を決めるのは難しかった。韓国を併合すれば、働き手、生産があがってさまざまな面で利益がでる。日本を戦争に備えた「大国」とするには最もよい手段であろう。しかし、韓国を併合したところで韓国

人が「日本人」になることは絶対にないだろう。韓国は併合させられる時、日本の軍隊にかなりひどいことをさせられた。同化教育をさせ、働く場所を同じにして、外見は「日本人」にしても中身はいつまで経っても「韓国人」のままだと思う。植民地化は反乱をまねきやすいが、幸い朝鮮で大きな反乱は起きなかった。変わりに今でも韓国併合についてもめているのは、心の中で「韓国人」を守ってきた結果であろう。（悠）

⑨日本人に同化しようとしたくせに、差別をするなんておかしい

韓国を併合し、植民地にするのはかなり無理だったと思う。ポーツマス条約を結び、日本は韓国と条約を結び、外交権などを管理したりして激しく抵抗した朝鮮を鎮圧できた日本は、けっこう強いなと思ったけど、併合して朝鮮を植民地にしてからは、所有権がない土地を奪ったり、日本人に同化させようとしたくせに、差別をするなんておかしいと思う。強いだけでそこまでやるのはいきすぎだ。日本人と同化させようとしたのに、差別するなんて調子が良すぎる。アジアの人々からも批判が出るのは当たり前だ。（未央）

⑩日本は自らを自らの手で汚している

日本は韓国を併合することによって土地などを得たが、朝鮮人の心までは得られなかった。日本は自分たちのせいで心を得られないと思っていなかったので、朝鮮人を殺しても何としても韓国を手に入れようとした。そんなことをしていたら、自分を自らの手で汚すことになる。日本を悪い国にしたくないから、併合はするべきではない。（沙紀子）

⑪日本はどんどん野蛮で卑怯な国になっていく

義兵戦争があったのに無理矢理併合したうえ、税を出さない人の土地を奪ったなんてひどい。土地を奪われた人が差別を受けて苦しんでいたのに、日本は土地を持って笑っていたと思うと、やっぱり日本は自分のことしか考えない国だと思った。以前、日朝修好条規のとき、朝鮮に対する日本の行動を「しかたない」と思っていたが、戦争後どんどん日本が野蛮で卑怯な国になってきて、自分が支配した国のことを考えずに、すごくひどいことをしていて許せなくなってきた。他国を犠牲にしてはいけないと思う。（一美）

〔三橋広夫〕

❷

従軍慰安婦と望ましい韓日関係

1．主題設定の理由

　今日の現実が瞬間につくられたのではなく、以前からの歴史的産物であるということは歴史を勉強した人ならば誰でもよく知っていることである。だから、現実の問題をより根本的に解決しようとすると、過去の歴史の場面から始めるべきであり、それが現在まで解けない理由を探すことこそ本当に解決への努力となるのである。こうした観点で従軍慰安婦問題も、現在の韓日関係において必ず解かれなければならない問題として、従軍慰安婦が実施された当時から始め、彼女らが経験した生をつかみ、正しい問題解決がよりよい韓日関係を形成する道であることを認識しなければならないだろう。

　現在従軍慰安婦と呼ばれている挺身隊は、一言で日本軍の性奴隷であったのである。戦争となり軍隊が駐屯したところでは、自然発生的に売春が行なわれたりする。しかし、国家のレベルで女性を性奴隷にし、それも12歳から18歳までの少女たちを性の犠牲にしたのは、世界史でも類例を見ない。さらに、この事実を隠蔽するために、敗戦後日本軍は従軍慰安婦を遺棄し、甚だしくは生き埋めにしたりなどとんでもない事実を、従軍慰安婦であったハルモニ（おばあさん）たちの証言で生々しく聞いている。

　無惨に踏みにじられた人生を補償されるどころか、家族や社会から隔離され、過去を隠して生きてきたことを単にハルモニたちの克服する力がないことや、それから目をそらす韓国の性文化にのみ求めるのか、そしてこの問題が本当に従軍慰安婦であった彼女らだけのたたかいとするのか、私たち全てが真剣に考えるべき問題だと考える。

2．学習目標

（1）従軍慰安婦についての歴史的事実をつかむ。

（２）従軍慰安婦問題の解決の方法を考える。
（３）今日の韓日関係においてよりよい関係を模索する。

3．本時の学習モデル（2時間）

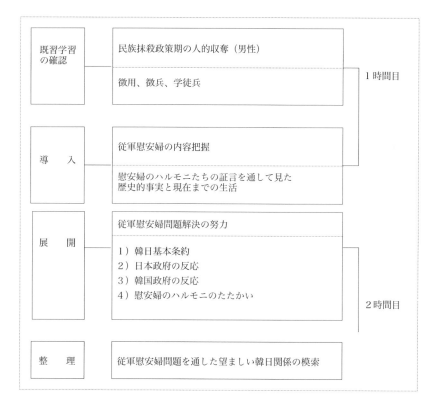

4．本時の授業

（1時間目）
⑴既習学習の確認
T：この前の時間に日帝の植民統治の方法について学びました。その中で最後の時期にあった統治の方法は何でしょうか。
S：民族抹殺政策。
T：民族抹殺政策の時期になされた人的収奪の中にはどんなものがありました

か。

S：徴兵、学徒兵、徴用。

T：教科書に出ている徴用と少年兵の写真、そして徴用で引っ張られた労働者
の体験談を通してわが国の人々が犠牲を強要され、惨憺たる生活をしたこと
がわかります（資料を参考）。

⑵導　入

T：では、私たちが探ってみた写真や学習の手引きでは、主に誰を対象にした
ものだったでしょうか。

S：男性。

T：ならば、女性はその対象からはずされたのでしょうか。

S：ちがいます。挺身隊というものがありました。

T：はい、そうです。ちょっと前にニュースでカンボジアに暮らす挺身隊に引っ
張られた「フン」ハルモニの話が出て、心を痛めたことがあります。

S：VTR 視聴（姜徳景ハルモニの葬式、10 分）

T：この前の時間に読むようにと配ったでしょう。このハルモニの証言と VT
R を見た感じを話してみましょう。

S：「日本人が人間に見えない」「あきれて言葉もない」「日本人が横にいたら、
銃で撃ってしまいたい」「本当に腹が立ち、心がおののく」「ハルモニがかわ
いそうだ」など。

T：はい、今みなさんはすごく興奮していますね。しかし、歴史を学ぶ目的は
過去の事実を事実として知るにとどめるのではなく、現在の生活の問題を解
決する力を育てることにあると思います。

T：そうした意味から考えると、過去の事実に終わることなく、韓日間の主要
な争点の一つである挺身隊問題を探り、よりよい韓日関係のためにどのよう
な姿勢が必要なのか探ってみたい。

T：今までよりもう少し具体的にこの前の時間に配ったハルモニの証言を読み、
質問にある内容を発表してみましょう。

T：何歳の時、どんな人によって連れていかれたのでしょうか。

S：12 歳、13 歳、14 歳、15 歳、16 歳、17 歳、18 歳、22 歳、23 歳。だいた

い 13 歳から 17 歳が多かった。

S：軍人によって強制的に連れていかれました。

S：日本人や日本軍といっしょに来た村の官吏によって連れていかれました。

S：日本人の先生から、勉強もできるし金も稼げるといわれ行なった場合もあります。

T：ここで初めて行くとき、挺身隊とは何か知って行ったのでしょうか。

S：「工場で働けば金を稼げる労働者」「勉強もできるし、金も稼げる」

T：はい。こうしたものをいわゆる勤労挺身隊といいます。

T：次に彼女らが主に行ったところは。

S：日本、台湾、中国、パラオ、シンガポール、香港、サイパン、インドネシアなどいろいろなところに移されました。

T：ここの状況はどうでしたか。

S：軍人がいたり、戦場でした。

T：彼女らを連れていき、他の場所に移動させた人を探してみましょう。

S：軍人、軍人といっしょの民間人。

T：彼女らが泊まったところは。

S：軍隊の中の慰安所、軍隊の周りの見捨てられた建物、洞窟、軍隊内のテントなど。

T：彼女らの日常生活は自由でしたか。そして、彼女らが経験したのは何でしたか。

S：監視され、出入りも自由ではありませんでした。

S：毎日たくさんの軍人によって凌辱されました。

S：理由もなく暴行されました。拷問されました。
　　反抗すると暴行されました。

T：凌辱されたとき、軍人の数はどの位だったでしょうか。

S：5 人はまれで、40、50 ほどで普通数十名でした。

T：共通の状況を整理してみましょう。彼女らが行ったのは工場ではなく戦場であり、労働者ではなく軍人たちの性の犠牲者でした。しかし、彼女らをよく「従軍慰安婦」と言います。

T：従軍慰安婦というとき、慰安とは言葉の意味ではつらい立場に置かれた人

を慰めることです。しかし、私たちが読んだ事実は、慰労という言葉を使う
べきか考えてみて下さい。みなさんならば何と呼ぶべきでしょうか。

S：(答えをためらう)「日本軍のストレス解消の対象」「性的な慰みものでした」

T：次は解放以後の彼女らの生活について調べてみましょう。

　　どのように帰ってきましたか。日本軍がいっしょに連れ帰ったのですか。

S：いいえ。捨てられました。偶然に米軍、イギリス軍の捕虜となったり、外
国人の逃げろという言葉で抜け出ました。

S：一人の日本兵に助けられた場合もありました。

T：帰ってきた後の生活はどうだったでしょうか。

S：過去の事実を隠し、家政婦や食堂の従業員としてやっと生活をまかなって
いました。

S：結婚はしたが事実がわかったり、子どもを産めないとして追い出されました。

S：結婚といっても歳をとったおじいさんや、子どもと離れた男性との再婚で
した。

S：病を患った身体で生きてきました。

T：ここで私たちはハルモニの痛みを考えてみなければなりません。今はおば
あさんだけれども、当時は12歳から18歳の女性だったとすれば、まさにみ
なさんの歳と同じです。

　　男子にとってはみなさんの友だちや妹となるでしょう。みなさんと同じ歳
に引っ張っていかれた苦痛がその時代に終わることなく、彼女らの人生をめ
ちゃくちゃにしました。これは、ハルモニたちが苦痛にうち勝てない、克服
する力が足りないからだと言えますか。みなさんだったらどのように生きて
いったでしょうか。

S：「自殺したかもしれない」(女子)、「復讐を決意して生きるだろう」「毎日抗
議をするだろう」(男子)

T：隠して何事もなかったように暮らしてはいけなかったでしょう。(特に男子
に質問を投げかけてみた。しかし痛みを感じるのは、男女ともほとんど同じだった。)

S：「良心の呵責で不可能だ」「どうしてなかったようにできるか」
　　「正気で生きていくことはとうてい想像できない」

T：だからハルモニたちが直接話したVTRを見ましょう。

（現在の心情を語る内容―死にたいだけだ。結婚できない理由など約4分）

T：みなさんだったら、彼女らの痛みは誰がどのように責任をとるべきだと考えますか。

S：日本！

T：そうですか。では次の時間には以上のような従軍慰安婦問題が現在どんな問題として存在しているかを調べ、この問題の正しい解決策を追求してみましょう。

（2時間目）

⑶展　開

T：歴史学習の目的の一つであった、現在の私たちへの問題を考えてみましょう。なぜ従軍慰安婦問題が今に至るまで解決されず、韓日関係の障害となっているのでしょう。

T：韓国と日本の間に、当時の被害者に対する賠償問題などのための努力はなかったのか。あったならば、なぜ解決できなかったのか。というような疑問を持って見るべきです。ならば、まず韓日基本条約の内容を通してこうした問題を考えてみましょう。

＊請求権の解決ならびに経済協力（韓日基本条約第2条第1項）
日本は無償で3億ドルを10年間支払い、借款として2億ドルを年間3.5％7年間据え置き20年召還の条件で10年間支払い、3億ドル以上の民間借款を提供することで、両国ならびに戦後の国民間の財産、権利、異議と請求に対する問題が完全に最終的に解決されたことを確認する。
民間請求権の補償：被徴用死亡者に対して一人あたり30万ウォンの補償金を支払う。
＊韓日基本条約とは
1965年6月韓国と日本両国の一般的国際関係を規定した条約として、韓日両国間の過去の歴史に対する整理とともに国交を正常化した条約である。

T：条約で従軍慰安婦についてどのように言及をしていますか。

S：ありません。

T：そうです。この時には全く争点となりえず、被害者すら自分が従軍慰安婦であったという事実を明らかにすることを避けていました。こうして隠された問題が次のような一人のハルモニの勇気ある証言で表面化しました。

2従軍慰安婦と望ましい韓日関係 ｜ 135

―― 資料2 ――
当時やられたことは話すもにもあきれ、おぞましくて一生胸の中に埋めて生きてきたが…、国民全てが過去を忘れたまま日本にすがるのを見て、どうしても耐えられなかった。

（金学順ハルモニの最初の記者会見から）

T：以後従軍慰安婦問題は「挺身隊問題対策協議会」という団体を中心に被害者を捜し出し、彼女らの証言を元に私たちが知っている事実のほとんどを明らかにしています。このハルモニから始まった、他のハルモニたちの証言もいっしょに見ましょう。（ハルモニたちの当時の状況を証言する内容と「国連人権委員会」「国際法律家協会」の意見を盛り込んだ内容）

T：こうした従軍慰安婦問題は慰安婦全体の80％を占めたハルモニだけの問題ではなく、国際的連合団体も日本の責任を問うていることをVTR資料を見て確認できます。

T：次の資料は上のようなたたかいをしている従軍慰安婦のハルモニたちの要求事項です。

T：これに対する韓日両国の最近の対応について調べてみましょう。
　　まず加害者の日本の立場を次の資料を見て整理すると。

―― 資料3 ――
1．日本政府は朝鮮人女性を「従軍慰安婦」として強制連行した事実を認めること。
2．それに対して公式に謝罪すること。
3．蛮行の全貌を自ら明らかにすること。
4．犠牲者の慰霊碑を建てること。
5．生存者と遺族に補償すること。
6．こうした過ちをくり返さないために歴史教育でこの事実を教えること。

（日本軍慰安婦問題の真相）

S：民間業者がしたことで国家は責任がない。だから、謝罪する必要もないというものです。

―― 資料4 ――
1．徴用の対象業務は国家総動員業務であり、……「従軍慰安婦」に関しては……民間業者がしたようで、この実態については調査ができない。（1990、日本労働省職業安定局長の答弁）
2．日本政府が直接被害補償はできないが、民間基金を募金し、仮称「女性のためのアジア平和国民基金」を創設し、その一部を被害者の慰労金として支払うという案を確定する。
　　これとともに、慰労金支払い時の謝罪の内容は、作成した首相の名で慰労の手紙を被害者に送る計画であることを明らかにする。（1994、日本連立与党内プロジェクトチーム）

Ⅱ．授業実践

S：慰労金として民間人の基金を集めるというものです。

S：ハルモニたちの要求事項は全く入れられていません。

T：みなさんが日本政府だったら。

S：認めれば国際的な恥さらしとなるので否定するでしょう。（人権を蹂躙した、してはなならないことを犯したからだと言う。）

S：認めて、謝罪すべきだと思います。

T：こうした日本の態度についてのハルモニたちの話です。（VTR 視聴、慰労金は拒否するという主張、約 2 分）

T：次に韓国政府の立場を見て整理してみましょう。

資料5

㈎金泳三大統領の演説の一部
日本政府に対して徹底した真相究明を要求し、被害者のハルモニたちの生活をわが政府が支援することにし、政府レベルの物的補償を要求しない。
㈏挺対協の抗議に対して送った外務部の上の演説文の解明
１．生存者のための生活対策特別法制定で支援することによって、日本に対して道義的優位性を持つ立場で真相究明を要求する。
２．補償を要求しないというのは、外交問題として争点化しないという意図である。
３．個人の賠償請求は認め、裁判や民間運動などを支援するという意味である。

（日本軍慰安婦問題の真相）

S：「見ているだけだ。」「積極的でない」「日本政府と同じようだ。」（「本当にもう」という嘆息が流れる）

T：みなさんがわが国の政府だったら

S：当然積極的に抗議し、徹底的に事実を明らかにするのに先頭に立ちます。

S：世界の言論に継続的に訴え、日本が謝罪しなければならないようにします。

T：韓国政府の立場についてのハルモニたちの言葉です。（VTR 試聴約 2 分）

T：韓国政府の立場を整理してみると政府レベルではない民間レベルで解決したいというのです。

T：日本政府の態度も問題ですが、ここでわが政府のなまぬるい態度も問題であることがわかります。

T：それでは従軍慰安婦に関する両国の歴史教科書の内容を比較した資料を見ましょう。

中学校歴史教科書の記述比較を行なった。

❷従軍慰安婦と望ましい韓日関係 ｜ 137

Ｔ：どうですか。

Ｓ：私たちと日本を取り替えたようです。

Ｓ：私たちの側が、もっと隠そうとしているようです。

Ｔ：そうですね。教科書の内容もむしろわたしたちの側がもっと簡単に書いて
あることがわかります。

⑷整　理

Ｔ：このようにハルモニのたたかいを単に彼らだけのこととするのか考えてみ
なくてはなりません。日本政府はこの事実を隠蔽するために敗戦後書類を焼
却し、被害者の一部は戦場であった他国にそのままうち捨てられ、ひどいと
きには生き埋めにされたりしたそうです。その上、生きている方たちも高齢
になっており、あと何年かすれば、わたしたちの記憶からさえ消えてしまう
ことになります。

Ｔ：最初生ぬるかった韓日両国政府の態度に直面し、日本内にも団体を組織し
共同で対処している内容を見てみましょう。(VTR 視聴約４分)

Ｔ：単純な韓日間の国家問題でない人間の基本道徳性を蹂躙した慰安婦の問題
はどのように解決していかなければいけない課題であるか考えてみましょう。

Ｔ：現在の韓日関係において争点になっている従軍慰安婦問題に対する話をし
ました。それではこの挺身隊ハルモニたちの問題を解決するのには、どのよ
うなことが必要でしょうか。

　　※授業を終え、学生に感想を書かせた。次に数名の学生の内容を簡単に要
約した。

@キム・チョンイル（男）
　たいへん悲しかった。従軍慰安婦について知れば知るほど日本人たちが憎らしくハルモニ
たちがかわいそうだった。次のような歌詞が浮かんできた。「羊たちは全部彼の戦利品。エイ、
狼、この乞食のような獣たち。羊の家族はみんな獲物だ。狼、この乞食のような獣たち。羊
の町は彼の戦場。」
@キム・ヨンジュン（男）
　日本が蛮行を犯しても反省の気配がなく腹が立った。その上わが政府が乗り出さずハルモ
ニたちだけの闘いがかわいそうだ。もう少し積極的にわが政府や国民が前に出ればハルモニ
たちの願いが早くかなうに違いない。
@パク・チェミン（男）

人の顔色をうかがうばかりの政府ではない闘う政府になって日本の謝罪を引き出すべきだ。

@カン・ウンジュ（女）

　ハルモニたちに深く謝罪し、ハルモニたちが要求する願いを受け入れることが、日本の名誉をよみがえらせる道だと考える。今回の授業を受けたあと、日本だけを考えると最初腹がたち我慢できなかったが、もう少し大きな心を持ち許すべきかも知れない。そのためには日本政府の心からの謝罪が必要であり、それで韓日両国関係がもっとよくなり互いに発展する関係ができるようになる。

@イ・スネ（女）

　今まで心のなかに重いものを抱えて生きてきたハルモニたちの姿が、かわいそうだ。そのハルモニたちの闘いに「ファイト」を送りたい。

@キム・アヨン（女）

　日本が最後まで心からの謝罪をしないならば、私だったら心を爆発させてしまいたいがそうするわけにも行かない。政府で繰り返し繰り返し謝罪を要求し、われわれなりのハルモニに 対し慰労になる何かを作ることだ。早くその日がくればいいし、学校で学生がこのような勉強をする必要性を切実に感じた。

@ペ・ドゥルブン（女）

　もし私が、慰安所でこのような生活をしたならばたぶん死んでしまっただろう。勇気あるハルモニたちが誇りだ。我々の歴史を語るときその逆境の生活を話すことができるだろう。もしハルモニたちの痛ましさがわたしたちを苦しませようともそれでも話したい。「ハルモニ頑張れ、正義は実現しますよ！」

5．授業を終えて

　挺身隊問題を通してよりはっきりあらわれた韓日関係を模索してみたいという意志でこの問題を授業時間に討論してみようとしたが、あらかじめ予想できる問題点があった。学習者がまだ未成熟段階にある中学生である点、もう少し詳しく言えば、現在の韓国青少年たちが過去の儒教的性文化から開放されてきてはいるが、まだまだ完全な性に対する観念が定着していないという事である。その上、我々の学校は、男女共学でありどのくらい率直に性に対する話ができるか悩んだ。

　授業のために自分なりの事前準備をすすめておいた。最初学生に従軍慰安婦ハルモニたちの証言を入れた印刷物を配って読ませ、生々しさを伝達するためのVTR資料も準備して見せた。そして内容をより正確に認識することができる質問紙を配って答えさせるようにもした。

　このように段階別に準備作業をしたあと討論のための本授業に入っていったが、とてつもない暑さにもかかわらず、みんながまじめな態度を見せたいへん

驚いた。学生はこのようなことを恣にした日本帝国主義者たちに対して最初は驚きと怒りを禁じ得ず、二つ目には現実的な利益を先に立たせ積極的に解決しようとしないわが国の政府に対して怒った。そして最後に、従軍慰安婦の悲劇的な生を生きなければならなかった彼らに対して、同情と憐憫の気持ちを持った。しかしながら、従軍慰安婦の問題を通して韓日関係を改善してみようとした私の意思とは異なり現在の状態では、一歩も前進しないでいることがたいへん残念だった。学生の感情を刺激することを心配してVTR資料選定には大変注意をはらった。しかしやはり学生は、純粋なだけに怒りの程度も大きくなった。授業を進行させていく間学生の表情から、答えはただ日本の謝罪ひとつで解決することではないかと考えているのではないかという感じがした。

　しかし、人間の基本的人権を蹂躙した従軍慰安婦はどのような理由でも正当化ができないことを、学生のあまりにも明らかな目の色をみて読み取ることができた。

「みなさんが、日本の政府だったら自国の利益のために否定することができないのではないか。戦争というのは、怪物が持ってきた逃げることのできない状況ではないのか。」このような私の反問にもかかわらず「どのような状況でもそれは弁明することのできない反倫理的行為です」と激しく抗弁する学生に、新しい解決策の期待感は遠くなっていった。

　結局、明らかな解決策を出せず、学生の意見として「本当に許すことのできないことだが、日本政府の心からの謝罪があるなら寛大な心で許すことができる」そして「わが政府と国民が挺身隊問題対策協議会のような団体、その上に日本国内で良心的な宣言をし闘いに賛同する人々と一緒に力を合わせて闘いを継続すれば、日本政府の謝罪を引き出すことがより早い時間で可能になる」というかなり成熟したものが出た。

　何よりも重要な当事者が死ねば問題が終わりになるだろうという安逸な考えを持っている人々の態度はおろかなことであり、歴史はいつも真実として残るという大切な真理、その真実に対する探求の必要性を痛感したことが、あまつさえもどかしかった私の授業の成果であったという結論をだし、2時間の熱い授業は終わった。

〔姜元順〕

3

ドキュメンタリー映画を使った「日本軍慰安婦」の授業

1．はじめに

　2009 年の期末考査が終わり、終業式を待つ間、竜仁高等学校 2 年の人文クラスの生徒のうち、韓国近現代史を選択した 4 クラスの生徒たちに、日帝強占期の「日本軍慰安婦」についての特別授業を行なった。

2．韓国近現代史の授業目標と方法

⑴教科書の授業目標

　今年竜仁高等学校が選択した韓国近現代史の教科書は、㈱中央教育振興研究所が編纂した教材だ。教科書は導入部で「歴史は過去と現在の対話」だという言葉を引用し、韓国の近現代史は今日の私たちの暮らしと直結するためより大きな意味があるとしている。韓国の近現代史を理解するために、①世界史の流れと関連させる、②主体的に、③肯定的・発展的観点で、④各分野で構造的に接近することを示しながら、国権喪失と冷戦体制の中で分断の苦痛を経験した私たちの歴史的経験によって、次世代がわが国の歴史を外勢中心に理解しないか、わが国近現代史の暗い側面を否定的に認識しないかと、憂慮している。

　そして、韓国の近現代史を正しく理解する方法として、歴史に構造的に近づくことを提案している。歴史への構造的な接近のために、教科書は政治、経済、社会、文化分類史で構成されている。韓国近現代史の政治史部分を学習したあと、経済史と社会史を一つの単元にまとめて学習させ、最後の単元は文化史にした。教科書が憂慮しているのは歴史認識に関する部分で、正しい、もしくは望ましい歴史認識とは何かということについての問いだと思われた。

⑵教師の授業目標と授業方法

　私は、歴史認識とは歴史が持っている二つの本質的な意味から始まることを

141

前提にした。客観的事実と歴史家の理解（解釈）という二つの意味を持っている歴史の語源から出発するならば、歴史の授業では生徒たちに事実と見解（理解、解釈）を分けて考える能力をつけさせることが優先される必要があると考えた。そのため、授業には次のような目標を持たせた。

　①生徒が歴史的事実と見解（理解または解釈）を分けて考えられるようにする。これを鍛えるため、授業に「年表学習」と「地図学習」を取り入れる。また、教科書や教師が提示する学習資料の要約能力を伸ばす。

　②歴史的事実の因果関係や相関関係を探求・推論させる。年表に現れる事実の前後関係を確認したあと、その事実の相関関係や因果関係を探求する過程で歴史観には見る立場によってさまざまな事実の解釈があることを理解させる。

　③歴史的事実に関して自分の意見を持たせる。生徒は授業内容を根拠に自分だけの「私の近現代史本」をつくる。

　ところが、教科書が提示する構造的な接近法は、歴史の流れや時代・事件についての統合的な理解を分裂させ、生徒たちの歴史認識が分散したり、思考の流れが続かない場合もある。そこで、教科書の関連部分をまとめて「班発表」授業を行なう。この班発表は発表の瞬間まで教師も具体的な内容を知らない。生徒の目の高さで選んだテーマを発表させ、また生徒の目の高さから出る質疑応答を通じて学習内容を統合するものだ。

3．特別授業の内容と生徒の反応

　特別授業も事実と見解（意見、解釈）を分けて考えるところから始めた。「日本軍慰安婦」は50年あまり歴史に埋もれていたが、1980年代後半に初めて問題が提起され、1991年、金学順ハルモニ（おばあさん）の初めての証言以降は社会問題として表面に出始めた。この問題は1997年、韓国と日本の中学校の教科書に1、2行の短い説明ではあったが「慰安婦」という用語で初めて登場した。言い換えれば、1991年以前は「日本軍慰安婦」は記録が残っておらず、歴史ではなかった。記録がない歴史においてドキュメンタリーは客観的な事実としての役割を果たせないだろうか。生徒たちは「日本軍慰安婦」のドキュメンタリー映画や写真で事実と見解（意見）を区分できるのではないだろうか。さらに、自分の見解を持てるようになるのではないだろうか。

1時間目は、生徒たちが中学3年あるいは高校1年の韓国史の時間に習った内容を確認するワークシートから始めた。ワークシートは4つの質問からなるが、まず「日本軍慰安婦」と関連する、もっとも広く知られた写真を見せた。写真の表情を読み取る過程で、改めて男と女の表情が対照的である事実を見出し、怒りの感情を表わした。

　19世紀は数少ない先進資本主義国家が、アジア、アフリカ地域を植民地として強制編入させる帝国主義時代だった。アジア、アフリカの歴史は、これにより世界史と悲劇的に遭遇するようになった。韓国の近現代史を理解するため、世界史とその流れを理解しなければならない理由である。第1次世界大戦と戦後処理について説明せずには3・1運動を説明できないし、第2次世界大戦を知らずに日帝強占期の「民族抹殺」「兵站基地」「日本軍慰安婦」「徴用」「徴兵」を理解はできないと思う。

　写真資料を通じて事実を確認したあと、戦争・女性・男性について考え、総合的に戦争を見つめる質問だ。生徒は以下のように反応した。

○戦争はもう起きてはならない。済州島修学旅行の時の平和博物館でも感じたが、戦後の生活と惨めな結果がとても残念だ。戦争には勝者がいるかもしれないが、その後の結果と戦争によるあまりにも多くの犠牲を考えると、戦争はこれ以上起きてはならない。
○戦争が起きると、戦後に後遺症を患うのはほとんどが女性だ。ピカソの絵を見ても、男は武装をして女性に武器を向けて動物的に表現されるなど、人間的なこととはかけ離れた表現になっている。女や子どもは何も持たず服を着ることもできないまま力なく、攻撃しようとする男を見たり絶叫したりする姿で表現された。互いにさらに幸せになろうとして戦うのに、逆に戦争の後遺症のせいでつらい毎日を生きて幸せでない姿を見れば、戦争というものが今まで知っていたよりもはるかに恐ろしくて残忍に感じられる。
○戦争は女性と男性の区分をなくさせる。多くの捕虜や負傷者を出し、家族を家の外で行軍する軍人にさせる。捕虜収容所では胸につけた罪の程度を区分する布地で人を分類して（ドイツのユダヤ人迫害を意味する）苦痛を与える。
○戦争が起きていいことはひとつもない。死んだ人は冷たい死体だけが、生き残った人は精神的、肉体的な苦痛が残るだけだ。男性は戦争に参加するようになって死ぬ方が多く、女性は肉体的、精神的苦痛を感じるようになる方だ。
○戦争では男女の区別なしに虐殺される。女は他の国の男たちに虐殺され、男は戦地で戦って死ぬ。
○現代の戦争は軍人の男だけでなく、女性たちにも影響を及ぼす。
○戦争は勝者も敗者もなく、無意味なものだ。戦って、誰かが降参する時にはすでに多くの犠牲者がいるのに、なぜ互いを疲れさせるのかわからない。女は性奴隷になり、男は戦争に引っ張られて、けがをしたり死んだりする。本当に戦争は残酷だ。
○戦争においては女性、男性を問わずすべての人が被害者だ。

❸ ドキュメンタリー映画を使った「日本軍慰安婦」の授業　　143

○戦争は残酷な行為だ。人間の絶え間ない欲望が戦争として表れるのが非常に残念だ。二度とこのようなことが繰り返されてはいけない。戦争が起こると、男性と女性は合理的な差別を受ける。男性は戦争に直接的に参加し、女性は軍需物資をつくる工場で働いたり、ただ自分の家族がけがをしないように願う。若い女性を慰安婦のようなところに強制的に引きずっていくこともある。これは人間ならば絶対にしてはならない罪深い行為を女性に強要するものだ。このように戦争は多くの人たちに一生消されない傷を残す。世界的に戦争をしないよう互いに協力しながら、平和に過ごさなければならないだろう。

○戦争：みじめで残忍な、指導部（代表）によって進められる、人間としてもっとも残酷な行動。女性：真に表現されたのは無力で哀れな、弱気な存在。男性：戦争を続ける乱暴な、与えられたことに忠実な存在。戦争・女性・男性を総合してみると、戦争という残酷な状況の中で、与えられたことを忠実に行なう乱暴な男性が戦争を主導し、つらく苦しい日々を無力で弱い女性に強いた。そして男性の少しの慰労のために犠牲になった女性の不幸が写真に表れている。

○女性はたいがい戦争に直接的に参加できず、間接的に参加した。わが国の日本軍慰安婦も参加と言えるだろうか？　そうだとしたら、なぜこのような形で日本軍に動員されなければならなかったか。

　次に、生徒に資料画面を見せた。ドキュメンタリー映画「低い声1—アジアで女性として生きることは—」の付録として製作された「終わらない声」と「低い声」をつくったピョン・ヨンジュ監督が自分の作品を語る製作ノートだ。「終わらない声」は12分ほどのフィルムで、1991年の金学順ハルモニの最初の証言から水曜デモ、日本の国民基金の攻防、国連のクマラスワミ報告書、国連女性法廷闘争、アジアやヨーロッパに生存する「日本軍慰安婦」ハルモニたちの証言、韓国政府の支援政策の決定、2004年の慰安婦ハルモニたちの追悼碑と記念館建設についての活動までを整理したものだ。「慰安婦ハルモニ」たちが歴史を復元するために孤軍奮闘した、もう一つの歴史である。ピョン・ヨンジュ監督は製作ノートで、自身がドキュメンタリー映画「低い声」を撮ることになった理由と、1993年から1995年までのハルモニたちの日常をドキュメンタリーで撮りながら経験したことを率直に述べたのだが、生徒はハルモニが隠したかった過去のことを証言したあと、1週間以上病に伏せった事実を知って共感しながらも驚いた。心理学用語で言う「トラウマ」に苦しめられるハルモニがこれを治すために、美術治療をするようになったと説明した。関心が高まった生徒は、映画を見たいと言った。

　2時間目には「低い声1」を見た。監督の話を聞きハルモニたちの活動を見ながら、関心を高めていた生徒はしかし、10分あまりで退屈し始め、ついに

は3分の2くらいの生徒が映画を見なくなった。2年2組では3分の2くらいの生徒が映画を見た。2時間目まで進めたクラスは2クラスだったが、40分程度視聴したあと、画面を止めてワークシート1の問4を書かせてまとめた。

問4は、資料画面を見て「日本軍慰安婦」に関して新しく知った事実と、それについての自分の考えを書くというものだった。生徒は次のような文章を書いた。

生徒はドキュメンタリー映画を見慣れず、ドキュメンタリーという新しい形態のテキストを読むのが下手だったためだ。例えば、映画の主人公のハルモニが証言する過程で「日本の奴ら」「日本人」と露骨な非難をすると、生徒は明らかに感情移入して「日本人」全体について否定的な認識を強めた。また、映画の序盤でハルモニがカメラを避けたり、恥ずかしがったりする場面がどんな心理状態で表現されているかということについての説明がなければ、ハルモニの個人の意識が社会あるいは歴史意識に成長する過程に関する部分を理解できなかっただろう。ワークシートを完成させる前に、映画に登場するハルモニの美術治療の結果できあがった代表的な作品を、20のpptでつくって題名とともに鑑賞した。完成度の高い作品を見ながら、ハルモニが表現したかった内面からの叫びがどのように表現され、ハルモニの意識を成長させたかを生徒が感じられるかなという気持ちだったが、その部分は説明しなかった。生徒は「奪われた純情」「連行される」「責任者を処罰せよ」という作品に大きな関心を示した。

ワークシートは大きく二つに分かれる。一つはドキュメンタリー映画に隠れている事実についての10の質問、もう一つは自分の考えを書く五つの質問だ。後者の質問に生徒たちは次のように答えた。

問1は「日本軍慰安婦」問題が50余年ぶりに世の中に知られるようになった理由に関する質問だったが、ほとんどの生徒が、被害者が「恥ずかしくてみっともないと思ったから」と答え、「方法を知らなかったから」「どこに話せばいいかわからなかったから」「恐ろしかったから」と答えた生徒もいた。

とても長い間「日本軍慰安婦」問題が埋もれていたのは、「被害者個人」の問題なのか、彼女たちが生きていた社会の問題なのか、加害者の問題なのか、という質問には多くの生徒が社会の問題だと答えた。

3 ドキュメンタリー映画を使った「日本軍慰安婦」の授業 　145

○なぜなら当時は女性の貞操を重要視していたので、そんな社会の中でハルモニたちは自分が体験した事件について話すことができなかったのだろう。
○大韓民国の社会は慰安婦の問題を受け入れなかった。慰安婦ハルモニがこれまで言えなかったのは社会の問題だ。
○彼女たちが住んでいた社会の問題だろう。当時の社会は女性の性的行動を抑制させていてとても閉鎖的だったから、その事実を知らせることができなかったのだろう。
○ハルモニが恥ずかしがった理由は、社会がよくない視線を送ったためだ。
○当時の状況でこのような事実を言ったとすれば、他人から非難され後ろ指を差されていたかもしれないと思う。
○社会が先に立ち上がり、ハルモニを助けるべきだった。

　一部の生徒はすべてが問題だと言った。

○すべてに問題があったと思う。主人公個人としてはもう少し早く勇気を持っていたらよかったと思うし、社会は彼女たちを保護しなかったのが問題と思う。また、彼女たちに害を与えた加害者には良心がないようだ。まず謝罪しない点も問題だろう。
○恥ずかしめた加害者と、恥ずかしく感じる個人と、話させない社会、すべてが問題だ。
○個人的にはハルモニが恥ずかしがって話せなかったのが問題で、社会的にはきちんと関心を持たず、気を遣わなかったのが問題だ。

　すべてが問題だと答えた生徒よりも、個人と加害者の問題、あるいは社会と加害者の問題と考えた生徒の方がやや多かった。

　ここでは、「日本軍慰安婦」の問題を通じて記録・記憶されなかった歴史は、歴史として可能かという質問をしてみた。生徒たちは記録したものを「誰かが意図的に失くしたり、事件を起こした人たちの圧力によって消されたり、記録がなかったりした場合、隠蔽されたり、望ましいものだけが公式に残るということ」を悟るようになった。

　忘れられた歴史を復元する過程を考えながら、誰の、どんな努力が忘れられた歴史を甦らせたのかと質問した問4で、生徒たちは「被害者が二度とそんなことが起きないように願う心や、勇気を出して恥を顧みない証言や、粘り強いデモや努力が実を結んだが、それだけでは完全でなく、良心的な知識人やさまざまな助けになった人たちや団体が多くの人の心を動かした」と答えた。ほとんどの生徒は、何よりも事件の当事者の勇気と絶え間ない努力が重要で、良識ある学者や民間団体の努力もまた重要だと答えた。

146　Ⅱ. 授業実践

4．生徒の反応と分析──事実と見解

　最初の問いは「日本軍慰安婦」に関する事実を確認する質問だった。生徒は1年の時に勉強した内容を思い出しながら、事実を比較的正確に確認した。ところが、写真を読みとく過程で多くの生徒が否定的で激しい怒りの感情を表した。

　問2の写真をいっしょに見ながら、生徒の感情は多少やわらいだようだ。人類の歴史、特に20世紀の世界史において進められた戦争の場面などを見て、問1の写真とほぼ同じ時期の写真を年表に書き入れる問題だった。生徒は問2を完成させながら、特定の国家や国民に対して持っていた激しい怒りの感情を少しやわらげた。戦争を起こした国も、戦争に巻き込まれた国も、戦争の中ですべての人たちが犠牲者になった。戦争・女性・男性についての問3に答えながら、戦争を主導していくのは男性で、女性は間接的に戦争に参加するが、女性も男性もみな、残酷な目にあうと考えるようになった。

　そして、この授業を通じて、新たに知った事実と考えを書く問いでは、最初の反応とは違い特定の国家や国民への激しい怒りの表現が減った。

　3時間目まで進めたクラスではワークシート2を完成させた。ドキュメンタリー映画を見て確認した事実についての質問のあと、生徒の考えを聞く質問が続く。問1と問2は連結した質問で、映画の主人公が、事件が集結してから50年あまりたって初めて証言をした理由は何か、そしてそれは主人公個人の問題なのか、社会の問題なのか、加害者の問題なのかというものだった。生徒は主人公の心情を理解したようで、恐ろしかったし、どこにどのように話せばいいかわからなかったからだと答え、その問題は個人よりは彼女たちが生きてきた社会や加害者、あるいはそのすべてにあったと答えた。

　最後の問いは「日本軍慰安婦」問題の歴史化、すなわち記録・記憶されなかった歴史は歴史たりえるのか、そのような歴史は復元されうるのかという質問だった。生徒は「日本軍慰安婦」の歴史を勉強しながら、そのような歴史がありうるということを確認し、復元するためには何よりも当事者の勇気ある努力が重要で、良心的な学者や社会の関心も必要だと答えた。

　ワークシートは事実と意見（見解、解釈）を分けて考える形でつくったが、生

徒たちの反応が感情的になったり、意見を混ぜて答えたりすることもあった。しかしおおむね、事実と意見は違うということを、ワークシートを完成させながら勉強できたと思う。

5. 終わりに──教師の歴史認識と授業実践

私が初めて「日本軍慰安婦」のことを知ったのは、2001年のある日、全国歴史教師集会の定例発表会で初等学生と「日本軍慰安婦」の授業を1年間行なった崔鍾順先生の授業発表だった。

1999年に歴史教師になった私は、1997年の教科書に「挺身隊」に関する事実が掲載されたにもかかわらず、それが何なのかよくわからなかった。そのため授業でその部分に注目しなかった。小、中、高校や大学でもその問題について勉強したり、資料を見たりしたことがなかった。その日私は衝撃を受けた。なぜそんなことがありえたのか。私はどうしてこの事実を知らなかったのだろうか。

「日本軍慰安婦」の問題を初めて授業で扱うようになったのは、2004年度の冬だった。その年は中学3年の授業を受け持っていて、3年生の高校入試が終わった時期だったからだ。その問題についてこれといった学習をしないまま、女性部（部は日本の省にあたる）の後援で全国歴史教師の会がつくった「君たちは見るだけか！」というタイトルの日本軍慰安婦についての韓国史の補助教材CDに全面的に依存して授業をした。韓日教師交流会のとき、日本の目良先生からプレゼントされた「私は忘れない」というタイトルの慰安婦ハルモニたちの話に関する16曲の歌を授業の導入にはしたものの、「日本軍慰安婦」問題について、何が問題でどんなことを授業で話したいのか深い考えもないまま、授業を進めた。それにもかかわらず、生徒は他の授業よりも真剣で集中していた。そしてこの問題を解決するために自分たちができることを考え、手紙を書くことにした。生徒は自分の意志に従って慰安婦ハルモニたちや日本政府を代表する日本大使館、韓国政府で外交を担当する外交通商部の関係者に手紙を書き、一部の生徒は自分の考えを文章で整理した。手紙を読んで整理し1冊の本をつくり、その冊子をそれぞれ郵便で送った。

2009年に韓国近現代史を受け持つようになり、特別授業を企画しながら「低

い声 3 部作」を見て、徐 仲 錫・鄭 鉉 栢両教授の『民族教育と歴史教育』、『少年兵平和を語る』、『吹け、平和の風』、『ラキャプラの精神分析学的歴史学——治癒の歴史学に』などを読んだ。

多くの文章を読み、ドキュメンタリー映画を見ても、特別授業をどのように進めたらよいか、実践方案を探し出せなかった。ジェンダー問題の観点で授業をしようとすると、慰安婦の女性がなぜ長い間沈黙していたのかを質問しなければならず、それは現代韓国の社会の問題と深い関係があると考えられた。社会的で文化的な性「ジェンダー」についてもよく知らなければならず、歴史的に「ジェンダー」問題が提起される時点の議論もしなければならなかった。平和教育の観点で授業をしようとすると、「戦争の経験」をどのように教えるべきかという問題に直面することになる。韓半島で行なわれた戦争は外部からの侵略が大部分を占めて、歴史が長いだけ多い。度重なる戦争の歴史においては抵抗民族主義の観点が強調され、学習者は外部への排他的感情を潜在的に学習して、いつも侵略を受けていたという被害意識から抜け出しにくい。

韓国近現代史の最初の授業目標に立ち返って、事実と見解を区分する作業から始め、ドキュメンタリー映画を導入して、慰安婦問題の歴史化の過程に焦点を合わせた。実際、歴史または戦争の経験を通じて生徒に学ばせたかったのは次のようなことだ。

まず生徒が戦争、戦争の歴史、あるいは歴史全体を客観的に理解できるようにしたい。そのためには、戦争に関連した国家がその戦争をどのように認識しているのか提示できることが必要である。該当する国家の立場でその戦争がどのように解釈・理解されているのか、関連する国家の立場からつくられた教科書の話を勉強し、国家の立場ではない見解も含め、当時の人々の経験を証明する資料とともに勉強させたい。

次に、生徒に戦争のメカニズムを理解させたい。そのメカニズムの中で、国家の論理と個人の意志にどんな関係があるのか理解させたい。戦争で勝っても負けても、戦争を起こした国も侵略にあった国も、戦争はすべての人に大きな傷を与えることを理解させたい。また、戦争の開始・進行・終結のすべての過程において人間について考えさせたい。授業の中で他の生徒と話し合う機会をつくり、戦争についての自分の考えをまとめさせたい。

3 ドキュメンタリー映画を使った「日本軍慰安婦」の授業 | 149

生徒たちが偏狭な民族主義に陥らないよう願う。抵抗民族主義的観点を無批判に受け入れ、外国や他者を排他的に見ないように願う。歴史を勉強しながら、人間と人生について真剣に考えてほしい。

最後に、私は生徒たちが戦争を避けようとする平和の心を持つよう願っている。戦争の残忍性は一人の人間の責任ではなく、どうすることもできない戦争のメカニズムの中で形づくられたことを理解し、誰でも戦争の渦の中に入ってしまえば、そのような残忍なことでも経験することがあることを悟ってもらいたい。そして、戦争や戦争のメカニズムを憎悪しても、侵略国や侵略国民全体を憎悪しないでもらいたい。

今回の授業実践がこれらの目標にどのくらい到達できたかはよくわからない。それよりも、今回の授業実践を通じて私が考えたのは、教師の歴史認識と教育実践についてだ。教科書の叙述体系が変化して歴史の進歩が教科書に書かれるようになっても、教師自身の歴史の進歩に対する歴史認識がなければ、授業実践は不可能だとわかった。また、新しい歴史認識から歴史を通じた人権、ジェンダー問題、平和教育についてのより包括的で全人類的な次元のメッセージを伝達する授業実践を企画するとすれば、失敗を恐れてはならないと思う。教師の認識を授業実践につなげられなければ、教師自身の歴史認識を成長させることもできないと考えるようになった。

〔南宮真〕

4

アンジュングン
安重根義士殉国 100 周年記念授業と高校生の歴史認識

1. 安重根にはまる

2010 年の今年は、安重根義士が殉国してからも 100 年になる年だ。

私が安重根に注目した理由は、殉国 100 周年のためだけではなかった。第一に安重根は、韓国の歴史教師として堂々と生きていこうとした私に恥ずべき記憶を抱かせたからだ。その記憶は 1997 年 8 月にさかのぼる。私の生涯初の外国旅行である東京シンポジウムで、日本の高等学校教師は韓国教師たちに安重根の「東洋平和論」に対する質問を投げかけた。その質問で 11 人の韓国の歴史教師は一瞬沈黙してしまった。

それから 7 ～ 8 年後、第 7 次教育課程によって制作された高等学校の『韓国近現代史』教科書で安重根の「東洋平和論」を見つけた時、私は 1997 年 8 月の恥ずかしい記憶が蘇った。今は安重根の「東洋平和論」は韓国の歴史教師に一つの常識になっている。

私が安重根を注目するようになった二番目の理由は、今年 2 月末、ある日本人との出会いのためだった。その日本人は、安重根義士殉国 100 周年を追慕するために日本の宮城県からソウル西大門独立公園まで 2,500km を徒歩行進した寺下武という人だった。聞いたことはあったが、まさにその人から、私の住む
チンジュ
晋州へ来て「衡平運動」に関する話を聞きたいという連絡を受けたのだ。この出会いは日本と韓国で活発になっている生協を通じて行なわれたが、私とは全然馴染みがない人々だった。しかし、衡平運動記念事業会として衡平歴史チーム長を引き受けている私としては、避けることができない出会いだった。彼は日本人の一人として、安重根義士が追い求めた東洋平和精神によって世界平和を祈るために徒歩巡礼を計画したという。彼の徒歩巡礼は去年 12 月 25 日、旅順監獄で安重根義士が公判廷での警護を引き受けた日本軍憲兵・千葉十七の故郷である日本宮城県の大林寺を出発して、一日平均 40km ずつ歩いてソウルの西大門刑務所と韓国従軍慰安婦問題対策協議会を訪問し、3 月 26 日に開かれ

151

る安重根義士逝去100周年記念式に参加する予定だという。とにかく、寺下武との出会いは、歴史教師である私にとって安重根に対するさらに深みのある勉強をする刺激剤になった。

三番目の理由は、韓国近現代史教育で占める安重根の位置のためだ。まずハルビン義挙以後、安重根は韓国民族の崇慕の対象になったし、現在は南、北が皆尊敬する人物だと評価される。だから安重根は、南北韓がお互いに協力して平和統一を志向することができる思想的エネルギーであると同時に、我が民族の資産で歴史現実の中で生きて動く。他方で、ハルビン義挙とは別に、歴史的個人として安重根は、彼の生がすなわち韓国近代史そのものだった。

1879年に黄海道海州の典型的な両班一族に生まれた安重根は、帝国主義列強の侵略とそれに対する抵抗でごっちゃになった近代史の激変の中でカトリックに希望をかけ、学校を建てて愛国啓蒙運動に力を注いだり、自分が直接武器を持って抗日義兵戦争に加わったりしたが、結局彼の最後の選択は、徹底的な自己犠牲を前提にする義烈な闘いだった。彼の闘いは以後左右理念を超越して韓国の独立運動全体のモデルになった。特に彼の「東洋平和論」は、100年の歳月を超越した思想で、彼が単純に韓国の民族主義者を越して東アジア共同体、あるいは世界共同体の協力と平和を夢見た人物と評価を受けるに値する十分な価値がある立派な歴史教材なのである。

２．授業方法に悩む

安重根関連資料を収集して整理しながら、一番根本的な疑問を持つようになった。よく安重根に対する評価と係わって韓国では「義士」で、日本では「テロリスト」あるいは「暗殺者」と極端な評価を受けていると知られている。歴史的事件や人物に対する評価は、大部分歴史教科書の影響を強く受けるから日韓両国の歴史教科書では安重根をどのように敍述しているのか知りたかった。特に日本の教科書には本当に安重根をテロリストと記述しているのか、それなら韓国教科書ではどのように敍述しているのか知りたかった。

歴史は人間を対象にする学問であり、歴史的事件も人間わざの結果だ。したがって、1909年10月26日ハルビンで起こった事件を扱いながら、安重根という人物に対する探求と安重根の行為に対する説明なしには不可能だろう。その

教科の「わかり方」に沿って学習しなければならず、歴史的思考力を培うためには、「史家のように思考」しなければならないと主張する。同じく人間の行為の説明過程を、そのまま歴史教育で人物学習の過程で活用する必要がある。

3．安重根義士殉国100周年記念授業を実践する

「安重根はなぜ伊藤を撃ったのか」というテーマで記念授業を実施した。まず〈興味誘発〉のために2週間前に見た映画「トーマス安重根」で「安重根義士の伊藤狙撃場面」を提示した。動画を鑑賞して、できるだけ疑問点を自由に言ってみなさいと提示した。

特に「安重根が何と叫んだのか」質問した。大部分の学生は正確に聞き取ることができなかったが、「コレア、ウラー」とまともに聞いた学生もいた。教師が「コレア、ウラー」はロシア語で「韓国万歳」という意味だと説明した。そこでどうしてロシア語で「韓国万歳」を叫んだだろうかと言って、質問を深化させて行った。学生は自分の経験で形成された知識をもとにハルビンという場所を思い浮かべ、動画の中に見えるロシア軍人を思い浮かべ「ハルビンがロシア領だったのか。どうしてロシアの軍人が伊藤を警護しに出たのか」という質問が出た。教師は地図を示してハルビンの位置を確認させ、当時ハルビンは清の領土でロシアが租借をしている東清鉄道管轄地域であり、伊藤は間島協約でアメリカなどの国際的非難の局面を打破してロシアと関係を強化するためにロシア大蔵省代表であるココフチェプ（V.N. Kokovtsov）との会談のためハルビンを訪問した事実を簡単に説明した。

ついで、この授業の〈学習目標〉の、①安重根の行為を時代的背景の中で説明することができる。②安重根の呼称問題に対する自分の主張を根拠を持って提示することができる。③安重根の行為に対する自分の観点を歴史書き込みを通じて表現することができる、を提示した。

本授業実践が学生にちょっと不慣れな授業モデルが適用され、膨大な授業資料が投入されるので〈授業の流れ及び案内〉という表を作って提示した（次頁）。

⑴歴史的問題場面の発見

ここでは、個人の行為と社会的背景との関係を確かにしながら、探求するに

4 安重根義士殉国100周年記念授業と高校生の歴史認識　153

段階	学習の過程	主要活動	留意点
導入	興味誘発／主題の選定	*映画一場面―狙撃の場面 *学習目標認知	発表
問題認識	歴史的問題場面の発見	*安重根と伊藤に対する韓日の評価 ―テロリスト vs 独立運動家 ―民族の元凶 vs 日本近代化の先駆者 *20世紀初大韓帝国（安重根）の時代的状況	*韓日歴史教科書中の紋述
仮説設定	行為の目的糾明	*安重根が伊藤を狙撃するしかなかった理由	安重根の生涯を通じて伊藤を狙撃した理由を把握
資料収集解釈	手段・方法の明確化	*安重根が選択することができた手段には何があっただろうか *当時安重根が選択した手段は何か	愛国啓蒙運動、抗日義兵戦争、義烈の闘い
仮説検証	行為結果の批判的吟味	*安重根の目的はどう達成されたか *安重根の行為はどのような影響を与えたのか	安重根に対する評価
整理評価	より良い歴史的行為の選択	*安重根の遺墨書き取り *争点討論 ―主題：安重根の呼称論争 *遂行課題：歴史書き込み ―主題：私がもし安重根だったら	将軍なのか義士か 感情移入的歴史理解のための歴史書き込み

値する歴史的問題場面を焦点化していくことが主な目標になる。このような観点から、大きく二つの主眼点を提示した。一つは安重根と伊藤に対する韓日の評価であり、他の一つは安重根が生きた20世紀初めの大韓帝国の時代的背景に対するリアルな探求だ。

①安重根と伊藤博文に対する韓日の評価

まず初めに、主眼点を解決するために教師の問題提起から始めた。

教師：歴史の重要な特徴中の一つは「一つの事実、さまざまな歴史」、すなわち、同じ事件や人物に対してさまざまな解釈が存在します。特に、同じ事件・人物でも、民族や国家によって解釈を異にする場合が多くあります。安重根と伊藤博文は、その代表的な例ではないかと思います。安重根と伊藤博文への韓日両国の評価はどうでしょうか。まず、韓国で安重根をどのように評価していますか。

学生：民族の英雄、偉人、義兵大将、独立運動家……（多様な答えが出たが、義士という返事はない。）

教師：それでは、日本では安重根をどのように評価していますか。

154　　Ⅱ. 授業実践

学生：テロリスト、暗殺者、殺人者、悪者……

　安重根に対する韓日の評価については、学生の認識は前述したような両国国民の一般的な認識と違いはなかった。ただ、義兵大将、独立運動家、テロリスト、暗殺者など具体的で明確な用語で評価していることを確認することができた。ところが伊藤博文の韓国の評価は「民族のかたき、侵略者、悪者……」など、感情的な単語が多かったが、質疑応答過程で素早く教科書を参考した学生は民族の「元凶」と答えた。伊藤に対する日本での評価はやはり「英雄、偉人、立派な人」など漠然たる答えが出て、日本近代化の先駆者あるいは明治政府の元勲と高く評価されていることを説明した。

　このように学生は、伊藤に対する評価で、安重根の場合のように明確な単語で意見を提示しないで、感情的で一般論的な用語で評価していることがわかる。学生のこのような認識は、両国国民の認識と特に違わないし、韓国人の日本観あるいは日本に対する態度から始まったことだと言える。

②日本歴史教科書中の安重根と伊藤博文

　ある歴史的事件や人物に対する一国の象徴的な評価は、公的記憶を載せている歴史教科書の記述ではないか思う。したがって、安重根と伊藤博文に対して韓日両国の歴史教科書にはどのように記述され評価されているのかを見ることにした。実教出版（2009年）、自由社（2008年）、山川出版社（2008年）、扶桑社（2006年）を比較した。

　日本の教科書資料を提示した後、発問を段階的に行ない学生の活動を誘導した。

　安重根の呼称では「義兵闘争のリーダー」、「韓国の独立志士」、「韓国の青年民族活動家」と表現しているし、安重根の行為に対しては「射殺」あるいは「暗殺」と記述していた。伊藤博文に対しては大部分「乙巳条約を締結して、初代統監として赴任した伊藤」と言及しているのに、自由社と扶桑社版教科書は安重根に対する本文叙述がまったくない一方、写真／キャプションだけで簡単に叙述している。特に扶桑社版教科書は安重根という名前さえいない一方、伊藤に対しては1ページ分量の「人物コラム」を設けて伊藤の生涯と業績を紹介しながら日本近代化の元勲と叙述している。

結論的に日本の教科書は、日本近代化の先駆者と同時に初代統監である伊藤博文を、韓国の安重根が射殺あるいは暗殺したと記述していることがわかる。二人の人物に対する日本の教科書敍述の特徴を整理しながら、学生は韓国での一般的な認識とは違うという事実を確認することができた。安重根の行為に対して日本の教科書は「暗殺あるいは射殺」という用語をほとんど同じ比重で扱い、安重根＝「暗殺者あるいはテロリスト」のイメージを与えてはいるが、「テロ」という用語を直接的に使っていなかった。安重根の呼称においては「義兵闘いのリーダー、韓国の独立志士、韓国の青年民族活動家」と表現することで多様な活動をした安重根の実際の姿に近く記述していた。

③韓国歴史教科書中の安重根と伊藤博文

韓国の歴史教科書は、安重根と伊藤博文をどのように記述しているか。現在韓国の高等学校教育課程では、韓国近現代史教科書は6種の検定教科書が使われている。その中で採択率が高い4種の教科書を選定して分析した。使った教科書は、中央教育研究所、金星出版社、大韓教科書、斗山である。

伊藤博文を指称する用語では「韓国侵略の元凶」「東洋平和を撹乱させた者」「東洋平和を害する象徴的人物」と表現し、安重根の呼称に対しては「義兵将」「義兵」「義士」「愛国啓蒙活動家」「東洋平和論の首唱者」などと記述していた。安重根の行為に対しては「射殺」「処断」「処刑」という用語で表現しているが、「処断」という用語が一番多かった。二人の人物に対する韓国の教科書敍述の特徴は、乙巳条約を強制して締結しようとした韓国侵略の元凶と同時に、東洋平和を害する伊藤博文を安重根義士が処断したと記述しているという点だ。

韓日両国の歴史教科書記述の共通点は、安重根の「呼称」に対して「義兵」という修飾語が使われているという点、「行為」を現わす用語として「射殺」という表現が使われているという点だ。両国の歴史教科書は民族活動家としての安重根のイメージと彼の行為が、義兵運動の一環だったという記述が定着されたといえる。安重根の行為に対する表現で使われた「射殺」という用語は、相対的に中立的な表現であり、韓日両国の歴史教科書で共通的に使われているという点で望ましい用語と考えられる。日本の教科書に見える「暗殺」や韓国の教科書に見える「処断」あるいは「処刑」という用語は、単純な暗殺者ある

156 Ⅱ. 授業実践

いは感情的な用語だから不適切だ。歴史認識の共有可能性だけではなく人類の普遍的価値の追求という側面でも、韓国の歴史教科書で安重根が韓国独立だけではなく「東洋平和」のために伊藤博文を射殺したという観点を日本の歴史教科書にも取り入れる必要があるという点を強調したい。

④安重根の生と時代的状況

　歴史的問題場面の発見で、二番目の主眼点である安重根が生きた20世紀初めの大韓帝国の時代的状況について、年表を参考に安重根がどのような時代的状況の中にいたのか、対外的状況と国内的状況に分けて考えてみる。学生は、年表を通じて安重根が生きた時代が対外的には帝国主義時代で、特に日本が露日戦争以後韓国に対する独占的支配権を確保した時期であり、国内的には乙巳条約が締結され高宗の強制退位と軍隊解散で国権喪失の危機の中、愛国啓蒙運動と抗日義兵戦争などの抵抗があった時期だったことを把握することができた。

⑵行為目的の糾明

　この段階で授業の主眼点は、「安重根はどうして伊藤を狙撃しなければならなかっただろうか」を把握することだ。すなわち、安重根の行為目的を糾明することである。ところで、学生はもう、安重根が韓国の独立のために韓国侵略の急先ぽうである伊藤を狙撃したことを認識している。学生のこのような認識は、あまりにも堅固で他の行為目的の割りこむすきまがない。このように確固とした単純な学生の認識を動揺させ、深化させていくためには安重根の声を確認してみる必要がある。このために、安重根が逮捕された以後、「どうして伊藤博文を敵視するようになったのか」という溝淵孝雄検察官の審問に対して、安重根が提示した「15項目」の理由を提示した。

　この資料に接した学生の最初の反応は、「安重根が伊藤を殺す理由がこんなに多かったのか」という驚きだった。学生のこのような驚きは、当時の歴史的背景を探求する過程で、歴史的人物の行為が単純に彼の性向や個人的な動機によってのみ成り立つのではなく、彼が住んだ時代の状況と複雑に結びついているということで発展する。安重根が伊藤を狙撃した理由をより確かにするために、次の二つの資料を提示した。

私が韓国独立を回復して東洋平和を維持するために 3 年の間を海外で放浪したが 遂にその目的を果たすことができずにこちらで死ぬ。わが 2000 万兄弟姉妹はそれぞれ自ら頑張って学問に力をつくして、業を振興して、私の考えた意味を引き継いで自由独立を回復して死ぬ者は後を絶たないであろう。(同胞に残した遺書)

　1910 年 3 月 26 日午前 10 時、安義士はその前日に故郷から送られた白の韓服に着替えて静かにひざまずいて祈った。

　獄吏が死刑執行文を朗読して最後の遺言を聞いた。「私のこの挙事は東洋平和のために決行したことなので臨席諸氏もこれから韓日和合に力をつくして東洋平和に貢献してほしい」と言い「私と一緒に『東洋平和万歳』を言おう」と申し入れたが、彼らはこれを阻止し、絞首刑執行を敢行した。(『満洲日日新聞』1910 年 3 月 27 日、安重根の最後)

　最初の資料は、1910 年 3 月 25 日の殉国前夜、安重根は六通の遺書を弟たちに伝達し、その前日安柄贊弁護士を通じて残した「同胞に残した遺書」である。二番目の資料は、当時の新聞で安重根最後の姿を報道した記事だ。この二つの資料を通じて、学生は安重根が伊藤を射殺した目的が「韓国の独立回復」だけでなく「東洋平和」にあったという事実を明確にできた。

(3)手段・方法の明確化

　この段階で授業の主眼点は、安重根が韓国の独立と東洋平和を果たすために選択することができた手段・方法にはどのようなものがあったか、当時安重根が選択した手段・方法は、何だったのかを把握することだ。

年	年齢	行　績	主要事件
1879	1	9月2日 (旧暦7月16日) 黄海道海州で生まれる。	
1885	7	儒学を修め、武技を習って武人の気性を高める。	
1894	16	金亜麗と結婚、東学と出会う	東学農民運動、日清戦争
1895	17	安重根、乙未事変を通じて日本の侵略性を認識する	乙未事変
1897	19	ビルレム神父からトマスという霊精名で洗礼を受け、フランス語を学びその思想を学んだ。	大韓帝国樹立
1898	20	教会活動に献身する。	
1902	24		日英同盟
1904	26	ムィテル司教に大学設立を建議、断られる。保安会を訪問して林処断提案、断られる。	露日戦争第一次韓日議定書一次韓日条約
1905	27	中国上海と山東半島を注意深く観察する。露日戦争で勝利した日帝が韓国の主権を侵奪しようとする意図を表すと中国山東と上海に国外抗日基盤をつくる計画のため出国。上海で会ったルーカク (韓国名カァク・ワンニャン) 神父の勧誘で教育の発達、	桂・タフト密約第二次英日同盟ポーツマス条約乙巳条約

158 　Ⅱ. 授業実践

1905	27	社会の拡張、民心の団合、実力の養成などに力を つくさなければならないことを悟り、鎮南浦に帰った。	
1906	28	鎮南浦に移り、育英事業に献身 三興学校設立、敦意学校運営、暑雨学会（後に西 北学会と改称）に加入	統監府業務開始
1907	29	国債保償運動に参加する。ソウルで軍隊解散を目 撃して、間島、沿海州地域に亡命する。	国債保償運動 高宗退位、丁未七条約
1908	30	沿海州で300余名の義兵部隊を従えて国内進入作 戦をする。敗退後義兵の再起をはかったが失敗。	張仁煥、田明雲がスチー ブンス処断
1909	31	3月正天同盟を結成する 10月26日ハルビン駅で伊藤博文を銃殺。	日本閣議、韓国併呑議決、 南韓隊討伐作戦
1910	32	3月26日、安重根義士旅順監獄で殉国する。	韓日併呑

　まず、日本を含めた列強の侵略を受け、主権を守護するために安重根が選択することができた手段にはどのようなものがあったか、たくさん列挙するようにした。学生の反応は多様で、平和的な方法では「学校を建てて人材を養成して、言論活動を通じて国民の意識を悟らせる」は愛国啓蒙運動が主であり、その他に強大国と外交をうまくやり、助けを借りるという主張もあった。上の年表や教科書的な認識を大きく脱することはなかった。暴力的な方法では義烈闘争と抗日義兵闘争が出されたが、少し違う意見としては「義烈闘争をするが、逮捕されないために逃走路を確保した後、安重根のように公然とやらず、密かに隠れて射殺する」という主張もあった。それこそ「射殺」ではない「暗殺」の方法を提示したのだ。

　次は文章の「当時安重根が実際に選択した手段・方法は何か」だった。提示した年表を参考にして、年表の右側にあけておいた手段・方法の列を満たすようにした。このような学習活動を通じて学生は、安重根がある日急に個人の次元で義烈闘争をしたのではなく、全体の暮らしの中で各段階の時代的課題を解決するために真剣に悩んで、いつも最善の選択をして来たという事実を把握するようにした。さらには、1909年10月26日伊藤を狙撃するという方法もそういう生きかたの延長で、安重根としては不可避な最善の選択だったと理解させようというのが私の意図だった。

⑷行為結果の批判的吟味

　ここでの主眼点は、行為目的と手段の相互関係、すなわち安重根の行為目的がどのくらい達成されたのか、安重根の行為はどのような結果をもたらしたか、その時あるいは後の代にどのような影響を与えたのか、そして安重根に対する評価はどうなのかを探ることだ。

　まず、「安重根の目的はどの位達成されたのか」という質問に、ある学生は「安重根の伊藤射殺は以後韓日併合をさらに繰り上げる始発点になった」と認識していた。実際に安重根の行為直後に韓国は日本によって強制に併合されたからだ。

　このような主張に学生は次のように答えた。「安重根の義挙はなくても日本は併合したはずです」と、安重根の挙事前にすでに日帝は韓国の植民地化作業を段階的に施行していたことを主張した。

　安重根は、韓国の主権回復と「東洋平和維持」という「目的」を果たすため、「射殺」という「手段」を選択した。ここで哲学的な問題が立てられる。目的と手段の関係、すなわち「正当な目的達成のためならどのような手段・方法も正当化されることができるか」。

　ここで学生は
「すべての種類の暴力は悪いのだ。法律は正当防衛をどの程度認めているのか」
「日帝強占期の独立運動や解放以後の民主化運動も暴力を使ったが悪くないのか。アルカイダの9・11テロやイスラエル軍のパレスチナ侵攻も彼らの立場で見れば単純な暴力ではないのではないか」
「テロは戦争の一部分でその手段が違うだけなのに戦争は不可避なことと言いながら、合理化してテロは非難を浴びて当然だという論理は強大国が自分の立場を合理化するにすぎない」
「誰かを守るための、過ちを直すための暴力は暴力ではなく正義だと思う」「安重根は人間伊藤ではない伊藤という帝国主義看板を壊そうと思ったのかも知れない」
など多様な意見を出した。

　次に安重根の行為が当代にどのような影響を与えたのか調べるために、安重根の行為に対して肯定的な反応を見せた多様な民族運動勢力の反応・評価を、

否定的な反応として大韓帝国の皇室と政府、そして親日勢力の反応・評価をそれぞれよく見た。安重根が当時青年学生の崇慕の対象として、模範としなければならない独立運動の表象として、反日独立闘いの精神的支えとして位置していることを認識するようにした。ところが皇室の反応は安重根義挙に対しては否定的だったが、伊藤を韓国の恩人とほめたたえていることがわかる。親日勢力の反応はそうだったとしても、大韓帝国政府の素早い対策樹立と皇室の否定的反応に対して学生はどう思っただろうか。

教師：1907年の乙巳条約の不当性を国際社会に知らせるために高宗皇帝はどのような努力をしましたか。

学生：ハーグ特使派遣です。

教師：それではハーグ特使派遣はどのような結果をもたらしましたか。

学生：高宗の強制退位、軍隊解散。

教師：その他に何か思いつくことはありませんか。

学生：ああ〜安重根義挙を言い訳にして韓日併合を強要する。

教師：そうですね。実は当時韓国人たちは、高宗のハーグ特使派遣で韓日新協約（丁未七条約）を強制的に締結された経験があったので、安重根義挙で大韓帝国を併呑しないかと怖がったのです。しかし、日帝はもう1909年7月6日閣議で「韓国併合に関する件」を定めておいた状態だったということをもう説明しましたよね。このような恐ろしいことは当時皇室が安重根義挙を独立闘争と認識したのではなく皇室保存という観点からだったという事実が見られます。

安重根の行為は、以後の独立運動にどのような影響を及ぼしたか。

人　物	勢　力	影響／評価
金九	臨時政府韓人愛国団団長	「祠堂の戸主」に比喩して独立運動家の最高峰
申采浩	武装闘争	大韓帝国が併呑された以後真正な独立運動家は「安重根だけ」と力説。義烈団創立宣言文作成
金山（張志楽）	社会主義系列	ニム・ウェィルズの『アリランの歌』の主人公、安重根を「独立運動のモデル」にした
朝鮮遊撃隊	韓国光復軍に合流	1941年安重根を「朝鮮革命闘争史」の起源と設定
宋学先	アナーキスト	安重根の影響を受けて1926年斉藤実総督処断を試みた

このように安重根の行為は、以後路線と理念を去ってすべての系列の独立運動をかりたてる原動力として作用した。また安重根の義挙は、当時朝鮮人に独立運動なのか売国活動かという選択の道を提供したりした。

　また、安重根に対する後世の評価を調べるために、次のような「読み取り資料」を提示した。

＊韓国天主教会では安重根を韓国のモーゼ、韓国の使徒パウロと呼ぶ。すなわち、安重根を韓国天主教会ではモーゼの愛国心とパウロの信仰心を持ったクリスチャンと評価した。
＊高麗大学校史学科廬吉明（ノギルミョン）教授は安重根を篤いカトリック信仰と愛国心を調和させた人物と評した。
＊朝鮮民主主義人民共和国では「20世紀初めわが国の反日愛国活動家」「日帝の朝鮮侵略の元凶伊藤博文を処断した愛国烈士」と評価して北朝鮮の歴史書「朝鮮全史」に狙撃場面、きっかけなどを細かく紹介している。
＊大韓民国と朝鮮民主主義人民共和国は第15次南北長官級会談で「安重根義士遺骸発掘事業共同推進」に合意した。
＊安重根義士記念事業会は安重根義士国際平和賞を制定した。
＊安重根が自分を尊敬した日本人看守に残した「為国献身軍人本分」という一節は現在大韓民国国軍の標語の一つである。

　学生と一緒に読み上げた後、特に北韓でも安重根に対して高く評価していて、南北韓が「安重根義士遺骸発掘事業共同推進」に合意した事実を強調した。安重根義士遺骸発掘の努力が具体的な成果を出すことができない最大の理由は、正確な情報が不足だからだ。日本政府は1993年「旅順監獄で死刑執行後埋葬した」という内容以外に「関連記録を探すことができない」という答えで一貫している。南北共同の遺骸捜査は、「国権が回復したら私の骨を祖国に埋めてほしい」という安重根義士の遺言を守ることで、分断時代を生きている今の時代に、安重根が単純な独立運動家にとどまらず分断を乗り越え、統一に寄与する人物として正真正銘の平和のメッセンジャーになっている。

⑸より良い歴史的行為の選択（歴史的選択場面での主体的参加）

　最後の3時限を迎え、少し余裕のある気持ちを持って、学生と一緒に安重根義士殉国100周年を記念する意味で、「遺墨書き取り」活動を試みた。まず、安重根義士記念館ホームページを訪問して、安重根の遺墨の中で自分が気に入る遺墨を選定した。

　原文を縦に使って見るようにした後、読みかたもつけるようにして、何の意

味なのか、どのような状況で誰に与えた文なのか、所感などを発表するようにした。次に、最近社会的論点になった安重根呼称論争に対する立場選択と討論活動を誘導した。クラスを4〜5班に分けて、提示された資料を参考して班ごとの間の討論を経った後、「義士」あるいは「将軍」の中から安重根の呼称を選択してその根拠を発表するようにした。

大部分の学生は「義士」という呼称を選択した。ある班は安重根が正式な軍人ではなく、啓蒙活動家としての活動もしたし、急に「将軍」という呼称を使うようになれば、100年の間使って来た「義士」としての呼称と混乱するという理由で反対している。

他の班は、安重根義挙を単純な独立運動に限定してはいけないし、より広い人類の普遍的価値である「東洋平和ないし世界平和の首唱者」としての安重根を浮上させるために、「義士」の呼称を使わなければならないと主張した。

4．安重根に対する学生の考えをとりだす

遂行課題で提示した歴史書き込みを通じて現われた安重根に対する学生の認識を、何種類か類型化させてみよう。まず第一に際だった特徴は、ほとんど大多数の学生が安重根の選択・手段に反対していたという点である。安重根の選択に反対して学生は多様な代案を提示した。

学生は概して暴力的な方法の代りに平和的な方法を好み、「伊藤の部下になり、スパイをする」「伊藤と交渉するとか強大国に助けを要請する」「義兵活動をするとか啓蒙運動をして、東洋平和論を完成する」などの代案を提示した。

二番目の特徴は、安重根の行為目的に対する価値判断で、安重根の念願どおり我が国が独立したから世界平和のために努力しなければならないし、それは言葉で安重根の精神をまともに受け継ぐことだと主張した。しかし、イム・アルムのように「家族より祖国を選んだ」安重根の行為を批判する学生もいた。

三番目の特徴は、3時間の特別授業にもかかわらず、安重根という人物にこだわらず冷静な評価をする学生もいた。安重根義挙のため韓日併合が繰り上げられたという論理で、安重根の選択を「犠牲に比べて結果が良くなかった」と評価している。

４安重根義士殉国100周年記念授業と高校生の歴史認識　163

5．授業実践の心残り、しかし……

　安重根義士殉国100周年を迎えて3時間にわたり、「安重根は伊藤をなぜ撃ったのか」というテーマで記念授業を実践した。数カ月の間準備した授業実践を仕上げる時点で、ふり返ればとにかく終わらせたという安堵感とともに心残りもある。

　まず、安重根の獄中闘争と彼が残した著書『東洋平和論』を本格的に扱うことができなかった。安重根が逮捕されて以後の審問過程で、日本の検察官と法院長を相手に熾烈な論争をした。安重根のハルビン事件だけではなく、彼の思想や業績などを把握することができる良い資料がたくさん残っているが、時間の関係上、授業の流れ上あまり扱うことができなかった。

　二番目の心残りは、学生の水準、時間不足、教師の意欲などを言い訳に、学生の思考を刺激して促進する授業ができなかったという点である。一応安重根をテーマにして特定人物学習モデルに合わせて資料を準備し、学生をそこに連れて行くことに汲々とし、学生にも十分な機会を与えることができなかった。

　授業の前、安重根に対する学生の知識あるいは先行認識が授業過程や後にどのようなに動揺し、変化するのかに対する模索が不足だったという点が三番目の限界である。もちろんこの授業実践の目的が学生の認識変化に合わせられたのではなかったが、歴史の授業で学生の認識そのものとともに認識の変化も大切に扱わなければならない対象だ。

　最後に安重根の生き方に対する批判的吟味が足りなかった。歴史の授業で一人の人物を扱う時その人物の人間的な弱点や限界も全体歴史の中で同時に吟味されて評価されなければならない。安重根も時代を超越した完璧な人物ではなかった。東学に対する鎮圧を否定的な評価と見るように、彼は東学農民運動の歴史性を認識することができなかった。また、勤王主義者なのか共和主義者なのか論議はあるが、君主制の打破の問題を掲げなかった。ある学生の考えのように、「安重根、彼は勇ましくて力強い人だったがさびしくて恐怖感を持った人」だったために、むしろ個人的恨みではない独立回復と東洋（世界）平和という人類の普遍的価値を追い求めた彼のメッセージが、私たちの胸のなかに内面化させることができるだろう。

〔申振均〕

5

生徒が考える「明治初期の日本と朝鮮」の授業

——江華島事件をめぐって

1. はじめに

(1)生徒が考える授業を

　本校は大学附属校であり、90％近くの生徒が法政大学に進学することから、歴史の授業も大学受験の縛りを受けずに展開することができる。近現代史を重視しているのが特徴であり、高校1年で世界近代史（市民革命〜第二次世界大戦）、高校2年で日本近代史（幕末・維新〜アジア太平洋戦争）、高校3年で日本現代史（戦後史）を扱っている。様々な資料や映像を用いながら発言を促したり、時には意見・感想を書かせたりと、できる限り生徒に考えさせながら授業を展開するよう心がけている。しかし、基本的には講義主体であり、生徒も教師の「答え」をきき、一生懸命メモをとって、テストのために覚える、というのが実態ではないか。これが、私が本校で四年間教えてきた中で得ている正直な感触である。

　考えることなしに覚えることによって形成された歴史観は、ひとたび全く異なる歴史観にぶつかった時に容易に変容しかねない。史実を歪めて創られた、しかし、分かりやすく感情に訴えかける歴史物語に出会ったとき「ちょっと待てよ」と立ち止まれる力を育むには、少し時間をかけてでも生徒一人ひとりが考える授業をする必要があると考えていた。

　今年度、二人の教育実習生を担当することになり、彼らには年間の学習予定上、明治初期の外交を扱わせることにした。そのうち、征韓論争から江華島事件そして日朝修好条規（江華条約）締結に至るまでの、明治初期の日本と朝鮮の関係をテーマに、かつ生徒参加型の授業をつくることに決めた。

(2)江華島事件を扱う意義

　日本の高校において、江華島事件が深く扱われることは稀と言える。

しかし、江華島事件は明治政府による朝鮮進出の具体的な第一歩であり、その後の壬午軍乱・甲申事変、日清・日露戦争を経て植民地化に至る道、そして近代日本の対外意識や朝鮮観を考える材料となるテーマである。また、2つの報告書が存在する（詳細は後述）ことから、歴史がどのように「つくられていくか」という問題を考える材料にもなる。

2．授業の目標

①グループワークや発表、時間をかけた資料の読み込みを行なわせることで、生徒一人ひとりが主体的に考えることを促す。教師は知識の伝達や歴史観の押しつけにならないように、助言や論点整理、問題提起に留める。
②江華島事件の発端・経緯を示す資料を教師側が選んで生徒に提示、生徒は具体的な資料に基づき、グループ内での討議を経て歴史を叙述、かつグループ間での発表と質疑応答を行なうことで、実証的・多角的に考察することの重要性を認識させる。
③教師による教え込み型の授業ではなかなか表面に出てこない生徒の本音を引き出す。特に朝鮮観・アジア観、近代化に対する捉え方を浮き彫りにし、今後の植民地化の授業に活かしていく。

3．授業の内容、展開

　教育実習生と相談しながら、征韓論争から江華島事件および日朝修好条規までを範囲に、生徒が参加し、自ら考える、5時間分の授業づくりを行なった。
　まず［第1時］に征韓論争を実習生が講義主体で扱い、当時の政治状況や朝鮮観といった、事件を扱う上で前提となる知識をおさえさせた。そして［第2時］［第3時］に、実習生のアイデアにより、グループに分かれて江華島事件から日朝修好条規締結を題材とした新聞づくり及び発表・質疑応答を行なわせた。教師からの知識を受容するという通常とは異なる形態の授業を展開し、生徒一人ひとりの主体的な授業参加を促した。グループ内での相談や役割分担をしながら、教師の提示した江華島事件に関する複数の断片的な資料を読み比べ、取捨選択する中で記事を自ら考えながら作成させた。具体的な資料から事実をいかに捉えて叙述するかという経験をさせることをねらった。さらには発表と

質疑応答をすることで、資料の誤読や恣意的な資料の利用、記事全体として矛盾がないかを点検させた。

実習期間終了後の［第4時］に、軍艦雲揚艦長井上良馨の2つの報告書等の資料を比較しながら読ませ、今度は生徒一人ひとりに改めて江華島事件の経緯をまとめさせた。前時までの取り組みの上に、書き換えられる前と後の事件の報告書の読み込みを行なわせることで、事件が不平等条約を朝鮮に結ばせるための意図的なものであり、明治政府の侵略性が窺われる点、事実とは別に捏造される歴史があるといった点を認識させることをねらった。そして［第5時］に教師側が［第1時］〜［第4時］の内容・論点を整理して単元を終えた。

各時の具体的な内容・展開は次の通り。

（1）［第1時］〜［第3時］実習生による授業

［第1時］「書契問題」、「征韓論」、「征韓論争」を扱った。

［第2時］〜［第3時］グループ学習（複数の立場から記述された資料を読んでグループとして矛盾のない記事にする）

（2）［第4時］、［第5時］報告者による授業

［第4時］

1．グループワークと発表および質疑応答の中から出てきた論点と疑問点を以下のように整理した。

①軍艦雲揚は何のため朝鮮沿岸に近づいたのか

②朝鮮はなぜ不平等条約を締結したのか

③アメリカが日本にしたことを朝鮮にしたのか

④朝鮮は「遅れた国」だったのか

⑤日本の独立を保つために朝鮮支配は止むを得なかったのか

2．上記①を考えるための新たな資料を生徒に提示し、全体で資料の読み合わせを行なった上で、2つの報告書の内容の違いや矛盾、なぜ二つ存在するのかを考えながら、生徒一人ひとりに江華島事件の発端・経緯をまとめることを指示。配布プリントは以下の2枚。

①資料プリント（紙数の関係で【資料A】のみ示す、文末）

a．軍艦雲揚艦長井上良馨による事件報告書（9月29日付10月8日付）

b．米仏から入手した海図に関する井上艦長の後日談

⑤生徒が考える「明治初期の日本と朝鮮」の授業　　167

ｃ．事件前に井上艦長から海軍中央部にあてた意見書

　ｄ．報告書を書きかえたことを示唆する井上艦長の後日談

　②ワークシート

　３．これまで学んだことをふまえ、資料を読んでわかること、言えることを
まとめさせる。また、教育実習生の授業内容でわからなかった部分があれば記
入するよう指示。

　４．時間内にまとめきれなかった者は次回の授業の前までに提出することを
伝える。

［第5時］

　１．以下のプリントを配布し、征韓論について補った上で、江華島事件から
日朝修好条規締結および条規の内容について、第4時に書かせたワークシート
の教師の説明と板書により整理する。

　①征韓論と書契問題、江華島事件と日朝修好条規に関する文章プリント

　２．前時までの取り組み、資料プリントや教師の整理を総合して、前時に挙
げた論点の①～③について、考えさせる。④と⑤については2学期以降の授業
（壬午軍乱・甲申事変～日清・日露戦争～韓国併合）で考えていくことを予告。

4．5時間の授業を通じて

　［第2時］［第3時］のようなグループワークと発表形式の授業は多くの生徒
にとって、少なくとも高校に入ってからは初めてであり、今回の形式をとるに
あたっての事前準備やトレーニングを積んだわけではなかった。また、提示し
た資料の数も多く、内容も易しくはなかったので、生徒がどこまでできるか、
正直不安であった。実際、何をしてよいのか分からずに戸惑う生徒、とりあえ
ず教科書やプリントの記述を書き写すことに終始する生徒もいるなど、どうし
ても個人差やグループの差は出てしまったが、多くの生徒は通常の授業では教
師から伝えられる「答え」待ちではなく、自分の頭を使ってそれぞれ意欲的に
取り組んでおり、なかには自主的に「編集長」となって、資料の読み合わせを
し、全体の構成を考え、担当記事を割り振る生徒もいた。生徒の受け止めも概
ね好評であり、「またグループワークをしたいか」という問いに対して多くは
Yesと答えている。

江華島事件そのものに対する見方は、「編集後記」として書かせた事件の記事をまとめての感想に見られた。

　多くの生徒は当時の日本の軍事行動や不平等条約を押し付けたことに否定的な意見であった。日本が過去に起こした「ひどい行為」であっても真実として知り伝えていく必要があるという声や、それが現在の日韓関係にも影響を及ぼしているとする声のように、過去から現在をつなげて考えようとする生徒もいた。日本の行動を単純に否定するにとどまらず時代の制約との兼ね合いを考えねばならないと指摘する声もあった。こういった声の中には、後に挙げるような、結局は当時の日本の行動を正当化することにつなげるものも複数見られる。

　発表時の質疑応答では、短時間ではあったが疑問をぶつけ合い、なかには事件の評価について熱い議論を交わしていた。

　Ｈ「江華島事件から日朝修好条規締結までの流れは、朝鮮人にとっては暗黒の時代とも言える朝鮮支配のスタートでもあった。のちの歴史を探っていく上で、この事件は日本の朝鮮支配を考える上で非常に重要なことで、朝鮮人にとっては非常につらい出来事のスタートであったのかなと痛切に感じた。」

　Ｔ「朝鮮の人たちにとってはひどい歴史だったというけど、こういうことしなかったら日本が他の国に侵略されたかもしれないという可能性もあった。もし他にベストな方法があったとしてどういう方法があったと思う」

　Ｈ「暗黒の支配を受けたという朝鮮側に立って話をしたわけで、日本の側としてはもちろんＴ君のような意見もあるかもしれないけど、朝鮮人にとってはやっぱり苦痛は受けたわけであって、それで喜ぶわけはない、それはやっぱり辛い時代だったと思うよ」

　クラス「いいぞー、Ｈ」（拍手）

　ここまで議論が盛り上がったのは６クラスのうち１クラスのみであったが、記事の作成だけでなく発表と質疑応答を行わせたことで、生徒たちの本音、つまり歴史をどのように捉えているか、朝鮮に対してどのように認識しているかといった部分をある程度浮かび上がらせることができた。

　さらにその後、［第４時］で二つの報告書の読み比べを行なわせたのであるが、生徒はどのように考えたのか。生徒の思考順に述べると、

① 二つの報告書それぞれの意味をとりながら相違点や矛盾点を整理、新聞記事作成段階ではあいまいな部分を残した事実経過に対する理解が明確になってくる。

② どちらが本当なのかという疑問が生じ、さらに艦長の後日談など補足資料から、行動を正当化するために報告書が書きかえられた点に気づき、事件が偶発的なものではなく意図されたもの、つまり征韓論の主張していた武力による朝鮮の「開国」のための行動であったと理解する。

③ 日本側が報告書の改竄を行ない、武力によって強引に不平等条約を締結させたという点に気づく。実際にあった事実と異なる「歴史」がねつ造され、後世まで語られることがあるということを、具体的な事例によって知る。

5. 課　題

　生徒が主体的に考える授業にするというのがねらいであったが、生徒が考えるように導くという点にとどまった。中国や韓国・朝鮮との関係、近代史に興味を持つごく一部の生徒を除いて、今回の取り組みによって、自ら分からなかった部分を調べてみよう、考えてみようというところまではいかなかったのが現状である。

　［第2時］の記事作成のための資料は、教師の意図が見えぬように、1時間に扱う分量としては多くの材料を与えた。ねらいとしては悪くなかったと考えるが、資料の選択については実習生に委ねた結果、韓国側の資料、例えば韓国の教科書からの引用などがなかったといった問題点がある。与える資料によって生徒の受け止めが大きく変わってしまうので、より慎重な資料選びが必要だと感じた。また、先入観を持たせずに各資料を読ませたいというねらいから出典は記事作成時には明記しなかったのだが、情報の出所や信憑性について意識させるためにも同時に明記すべきであった。

　［第5時］の整理は、［第4時］で生徒が書いた事件のまとめや疑問を受けて行なったものではあったが、この部分を定期試験問題にも出したこともあり、考えさせると言っても結局は教師が「結論」を用意していたのではと生徒に受け取られていないかという疑念も残った。

そして何よりも大きな課題としては、浮かび上がらせた生徒の「本音」、つまり次のような認識をいかに克服させるかということである。

「何も準備をしなかった朝鮮が結局バカだったんです。もっと戦いにそなえるべきです」

「これ（資料に書いてあること）が事実かは不明だ。条約は両国が合意して結ばれた。今の価値観で判断するのはよくない」

「日本はここで弱気になっていたらすぐに欧米諸国に侵略されていたと思うので、良いことではないが、しようがなかったと思った」

当時の朝鮮を「遅れた国」「劣った国」とみなして「バカ」と表現する生徒、植民地支配や侵略的行為に対しては否定しながらも、当時の情勢下では「仕方がない」、「やらねばやられていた」と、具体的な根拠のない危機感に立脚して意見を述べる生徒も各クラスにおり、無自覚ながら「植民地主義」を内在させている生徒も少なからずいる。このような生徒の本音を現段階では浮かび上がらせただけに留まったが、今回の取り組みはそれだけでも大きな意味があったと考えている。これを今後どうするか。一方、次のような反応も見られた。

「私は、江華島事件は日本が悪いことだという先入観を持っていたので、他の班の発表を聞いて驚くことが多かった」

前述の議論を交わした一方の生徒のように、日本の植民地支配や侵略戦争を肯定する立場をとり、それを日常的に表明している生徒は、現在教えている高校2年生では複数いる。多くの生徒は、戦争や植民地支配、暴力は「悪」と認識しているが、今回の取り組みの中で、それが逆に揺さぶられる経験をする者もいたわけである。このような揺さぶりは歴史観を鍛える上で重要な経験である。揺さぶられてもなお否定する立場を保つことができるかどうかは、今後の学習に大きく左右されるであろう。

江華島事件と日朝修好条規締結がその後の日本による朝鮮植民地化に直結したわけではないが、近代日本の大国主義・膨張主義的な動きを、明治政府の立ち上がりの時期から見ていった上で、「韓国併合」や「十五年戦争」を学んでいく準備はできた。今後の取り組みの中でいかにして「植民地主義」を克服させるか、考えていかねばならない。

苦労しながらも細切れの資料から独自の記事を書き上げ、見出しやデザイン

に工夫をこらし、自分の言葉で発表をし、友人の質問に答え、二つの報告書の読み比べから歴史がどのように叙述され（場合によっては歪められ）ているかを追体験し、日本と朝鮮・韓国の過去と現在について考える。様々な点で課題を残すものの、生徒が「答え」を待って覚えるのではなく、自ら考える授業をやることの意義は大きいと、改めて実感した。今回の取り組みを今後、生徒一人ひとりが主体的に考えていくところまでつなげていきたい。特に「植民地」や「近代化」といった問題について多角的に考える力を養い、社会に送り出したい。

資料A「明治8年9月29日付け江華島事件報告書」(改竄前)と「明治8年10月8日付報告書」
(改竄後) の違い

	9月29日付	10月8日付
江華島接近の目的	測量および諸々のことを調べ、その上、朝鮮の官吏に面会し、あらゆることについて尋問しようとして、水兵や水夫に小銃を持たせ、艦長ら士官も同乗してボートで江華島へ向けて進んだ。	朝鮮東南西海岸から中国の牛荘付近までの航路研究時に、艦の飲料水が不足することが予想され、手持ちの海図に海の深さがある程度記載されていた江華島に、飲料水を求めるためにボートに乗り、河川をさかのぼった。
日時の記載(部分紹介)	◇9月19日午後4時32分朝鮮国京畿道サリー河口リュンチョン島東端の城を北西のぞむ月尾島に投錨。 ◇同月20日午前8時30分、抜錨。4時22分、江華島南端第三砲台前に到る。同時30分、砲台から発砲。5時、砲台からの発砲止む。9時、本艦に帰る。 ◇同月21日午前8時、国旗を掲げて分隊整列、「今日戦争を起こす理由は昨日ボートが攻撃され、このまま捨て置いては国辱になり、軍艦としての職務を欠くものであるから、砲台に向けその罪を攻める」。午前10時42分より12時40分まで戦争時間1時間58分。 ◇同月22日6時16分戦争の用意。7時39分、陸戦の用意。午後9時7分、城内及び砲台の武器を分捕る。午後9時59分、捕虜を放免。10時30分本艦に帰る。 ◇同月23日午前10時、昨日の積み残しの大砲を積み込む。 ◇同月24日、午前呑水を積む。 ◇同月28日午前10時49分、長崎に帰艦。	◇9月19日、月尾島に沿って投錨。 ◇翌日、同処抜錨。 ◇同月28日午前8時、長崎港に帰艦。

〔山田耕太〕

4. 子どもの現代認識と日韓関係の授業

1. 日本の子どもたちにアジアはあるのか

　子どもたちの現代認識を報告から探ると、日韓の子どもたちそれぞれに特徴的な側面を見ることができる。日本の子どもたちはアジア認識がほとんど形成されていないという特徴が報告されている。西村美智子「日韓の歴史と未来への道——総合学習"内側からの国際化"を考える」(小、2005 年) では、日本の子どもたちの世界認識を示す事例として、少々古いが「外国と言えば欧米の国々の名前が次々と出てきた」と書いている。子どもたちの外国という言葉のイメージは、現在でもさほど大きく変わってはいないのではないかと思える。三上真葵「朝鮮戦争を金聖七の日記から考える」(高、2015 年) でも、「世界と言えばヨーロッパやアメリカをイメージしている」と語っている。そうした認識の根底には西村が述べているように、子どもたちのアジア認識の希薄さが横たわり、さらに深刻なこととしてアジアの人々への偏見と差別意識が存在する。三上もまた「生徒たちはあまりアジアの国々には興味がなく、〜朝鮮半島の南北分断の理由について疑問を持つ生徒はおらず、歴史認識や竹島問題などの話題が出た時に韓国に対して攻撃的な発言をする生徒もいる」と書く。小学校・高校でアジア認識の希薄さが期せずして述べられている。中学校ではどうだろうか。大谷猛夫「中学生に日韓条約を授業する」(中、2007) では、さらに深刻な状況で「近年日本の学習指導要領では歴史は日本中心でということで、外国を背景に置くだけというようになってきた。教科書も日本史が中心になる。いきおい外国との関係で歴史を扱うことが少なくなっている」と述べている。近年の学習指導要領では世界史の中で日本を理解させる方向性を打ち出しているが、「世界と言えば欧米」という認識に大きな変化はない。子どもたちのアジア認識は依然として希薄であるといえる。

174　Ⅱ. 授業実践

各自の報告の趣旨を見ると、子どもたちのアジア認識を豊かにし世界史の中にしっかりと位置づける授業を実践することで、アジア認識あるいは隣国に対する偏見のない見方を育てたいという意図が強くに打ち出されている。

2．韓国近現代史の認識不足が不信を生む

韓国の子どもたちの現代認識はどのようなものなのだろうか。いずれも小学校の実践であるが、教師は子どもたちが自国の近現代史に関する理解が不足していると分析している。朴順天「平和教育をめざす韓国戦争の授業」（小、2012年）で、「子どもたちにとって韓国戦争は遠い昔の古い話でしかない」と言い、戦争相手であった「北韓」に対する認識は「否定的なイメージでいっぱいである」と述べている。羅勇虎「朝鮮人特攻隊員と韓国の子どもたち」（小、2008年）では、支配国であった日本のイメージは「北韓」同様に「悪い、嫌い、強い者に卑屈、弱い者に強い」など否定的なイメージであると述べている。韓国の子どもたちは自国の近現代史をよく理解していないばかりではなく、関わりの深い「北韓」や日本に対する理解も希薄であることがわかる。

日韓の子どもたちに共通した認識は、互いの国への否定的なイメージが強く、進んで理解しようとする姿勢が見られない点である。大谷が授業を進めている過程で、朝鮮民主主義人民共和国（以下、北朝鮮）が拉致問題などを起こす悪い国と考え「放射能に汚染されたゴミを北朝鮮へ廃棄すればいい」と不信感を露わに発言した生徒がいた。相互理解の無いところに友好的な関係は生まれないし、平和的な関係も築けない。日韓の子どもたちの現代認識・アジア認識を変えるために近現代史を題材に実践を行なった。授業の後に子どもたちはどのように変化したかを分析してみたい。

3．小学校に共通した共感を育てる実践

日韓の小学生に共通する授業方法として体験型あるいは共感型の方法がある。西村実践から一例を挙げるなら、①韓国料理づくり、②「キムの十字架」映画鑑賞、③韓国舞踏の観賞と踊り手キム先輩との質疑応答、④創作劇の脚本作りと「希望の礎」上演、⑤在日二世朴さんからの聞き取り、などである。こうし

4．子どもの現代認識と日韓関係の授業 ｜ 175

た傾向は韓国の小学校報告にも見られる。朴順天実践でも、①統一おばさんユ・エギョンさんの映像観賞とインタビュー、②絵本の読み聞かせ、③家族への聞き取り、④演劇台本づくりと発表、⑤韓国戦争の映像観賞、⑥戦争体験者の本読みと絵、⑦統一歌「セッセッセ」とゴム跳び歌づくりなど多彩な活動を行なっている。羅勇虎実践でも体験型の活動を行なっている。こうした授業によって授業前には見られなかった意見や感想が生まれていった。西村報告に記述された子どもたちの感想や意見を見ると、「日本の都合で朝鮮人の権利を奪う権利は、もともと日本にはなかったのだ」、「認めたくはないけれど事実を知らなくてはいけないと感じた」、「自分の国をもう一度見つめ直すことができてよかった」、「秀吉と植民地にしたことが韓国の人々の心を傷つけてしまいました。私たちはその傷を乗り越えて道をつくっていかなくてはならないと強く思いました」など、理解の深化とともに自国史を振り返り、日韓の関係の在り方への問題意識が生まれていることがわかる。

　羅勇虎実践と朴順天実践に記述された子どもたちの感想や意見から、どのように変化したのかを見てみたい。日本軍の神風特攻隊に参加して戦死した2名の若者に対して、子どもたちは無理やり連行されて仕方なく参加したと思い、自発的な参加と考える子どもたちはほとんどいなかった。そのため日本の特攻隊に参加して死んだ若者を「かわいそう」「生きるために仕方がなかった」と同情的に考える子どもたちが大多数だったが、「裏切り者」と表現する子どもがいた。色分けが単純で知識や思考力が深くない段階の感情的な反応である。しかし、授業を通してこうした単純な思考は少なくなり、「お金をたくさんやるといわれたから」「拒否できなくさせられてあまり考えずに」と、授業前より意見が多様化していった。授業の終末の感想では、3分の2の子どもたちが2人の立場を理解し「その時代にはそう生きるほかなかったので気の毒に思う」と、単純な同情とは違って時代状況を理解しながらの記述となった。その上で、慰霊碑建設に反対だった子どもたちは、「裏切り者」ではなく日帝強占期の犠牲者だと考え建設に賛成している。時代の見えない強制によって、死ななくてはならない状況に追い込まれた若者の姿を捉えることができたといえる。しかし、自国史についての理解は進んだが、日本に関連した授業が深められていないため否定的なイメージはそのまま残されるか、一層強められる結果になった

可能性がある。神風特攻隊に触れているのであれば、日本の若者も不条理な死、時代と状況に強制された死を受け入れざるを得なかった事実を伝えれば、変化したのではないかと思えた。

４．相互不信を越えるには

　朴順天実践で北朝鮮について「恐ろしい・背筋が寒くなる・哀れだ・残忍だ」と言っていた子どもたちは、「統一のために努力する人々がいるという事実に感動を受けた」と言い、北朝鮮国民の飢えに関連して「きちんと調べれば位の高い人々が悪い。住民たちは悪いことをしていなかったのに罰を受けてるみたい」と書いている。国家とそこに暮らす国民を一緒に断じるのではなく、立場の違いに着目して見ていこうとする目が生まれていることがわかる。最後に子どもたちは「授業前には北韓が大嫌いだった。米軍が好きだった。今は北韓に対する感情がよくなった」「韓国戦争を体験した彼らの苦痛を知るようになった」と書き、同じ民族が互いに争う悲しい戦争だったことがわかったと感想に書いている。事実を具体的に知っていくことが、思い込みを無くし相互不信を乗り越える力になることが理解できる。

５．日本の中・高の授業の特質と認識の変化

　大谷実践も三上実践も日本の子どもたちに希薄なアジア認識を育てることを目的にしている。大谷実践では日韓基本条約が締結されるまでの過程、条約が締結された理由、日韓両国民の反対運動の様子と反対の理由、在日の人々の帰属と民族対立の問題などを学習した後、生徒は次のような感想や意見を持った。「韓国とだけ条約を結ぶのはひどい」「アメリカの言いなりになっている」「あの時に北朝鮮を認めていたら、今の状況も少しは変わっていたのではないか」「ひどいことをしたのに謝罪も戦争への反省もないから条約を結んではいけない」など、韓国、北朝鮮の民衆の立場に立って意見を述べている。ある生徒は反対運動が起きたが国へ補償すればそれでいい、と書いているが、大谷は「日韓条約の授業をしなければ多くの生徒がこの意見を書いたと思う」と述べている。この言葉は、アジアの歴史と隣国の立場を理解することでしか相互不信を乗り越えることができないとの意味であろう。

４．子どもの現代認識と日韓関係の授業　　177

三上実践も生徒のアジア認識を深めたいとの思いから授業を進めた。金聖七の日記を使って兄弟が殺し合うかもしれない事態を読み取り、韓国戦争の過酷な状況を考えさせながら、休戦協定後の朝鮮の人々の気持ちを「同じ民族同士で殺し合わずにすむ」と評価している一方、「結果が出ていないので、またいつ戦争が始まるか安心できない」と情勢分析している生徒もいる。最後にサンフランシスコ講和条約は調印すべきかと問いかけていった。生徒たちは「日本に得することもあって、今の日本があるから結果オーライだと思う」「日本はたくさん損失し、お金も領土もなくなってしまうから調印すべきでなかった」など、賛成・反対にかかわらず自国中心で利害に基づいた意見を表明する一方で、国際社会に復帰できたことや占領状態を脱したことをプラス面と捉えている。

　生徒たちの現代認識とアジア認識を育てるには、小学生と違い多様な意見を表明し合って互いの認識の共通性や相違点を意識して、自分の認識を深める努力が大切であることが理解できる。　　　　　　　　　　　　　　　　〔遠藤　茂〕

178　Ⅱ．授業実践

❶

日韓の歴史と未来への道

──総合学習 "内側からの国際化" を考える

1. はじめに

　勤務校である啓明学園は、東京の西部に位置し、緑豊かな広大なキャンパスに初等学校・中学校・高等学校の児童・生徒がともに学んでいる私立学校である。戦時下の 1940 年に帰国子女 8 名からスタートし、創立時の理念「世界を心に入れた人を育てる」を継承して、以来 65 年、「民族・人種の違いを超え、互いの人権と一人ひとりの個性を尊重する」「世界市民としての品性を身につける」などを教育方針に掲げ、日常の教育活動に取り組んできた。現在、世界各地からの帰国生・留学生は約 400 名（初中高合わせて）在籍しており、その割合は、全校児童・生徒の約 4 割を占めている。

　そんな中で私がずっとこだわってきたものが、子どもたちのアジアの国々や人々に対するまなざしであった。20 年以上も前になるが、「外国」といえば子どもたちから欧米の国々の名前が次々と出てくるが、アジアの国々の名前は出てこない。同じ地域に住みながら、子どもたちのアジアの国々に対する知識・理解が乏しいことがわかってきた。また、いろいろな言語が飛び交い、国籍も肌の色もさまざまな子どもたちといっしょに生活しているにもかかわらず、明らかに欧米の人々への対応とは違うアジアの人々への偏見とさげすむような言動、これは根強い日本社会・日本人のアジア認識、差別意識が子どもたちに及んでいるのではないかと思った。

　そこで、あらゆる機会や授業を通して、アジアの国々への関心や理解を深め、正しい歴史認識をつちかいながら、どうすればアジアの国々と真の友好・信頼関係を築くことができるのか、そして、ともに生きる平和な世界をどのようにつくっていったらよいのかをたえず問いかけ、学んでいってほしいと考え実践してきた。

2.「総合学習」の取り組み

本校では数年前から「総合学習」を教育課程の中に位置づけて取り組んできている。バラバラの知識を結合させて、それらを“生きる力”に変えていく、それこそが総合学習のめざすものであると考え、多様な取り組みを試み、試行錯誤しながらも実践を積み重ねてきた。

学習テーマは、子どもたちの発達段階や学年の実態、子どもたちの興味関心、学ぶ必要・価値あるものを考慮しながら決めていく。低学年では、日常生活・生き物の観察・飼育・栽培・物づくりの中で、五感を存分に働かせて、感性を豊かに丁寧に育てていくことを大切に取り組んでいる。また中学年では、川や水、自然をテーマにした学習やカイコの飼育・綿の栽培から布を織るまでの学習に取り組む中で、興味関心を広げたり問題意識を高めていく学習をくり広げていく。高学年では、異文化理解・戦争と平和・環境問題・人権と共生など、現代社会における課題性を持つテーマに取り組み、探究的に学ぶ姿勢や思考を鍛えながら学びの世界を豊かに広げていく。

3．アジアの国々をもっと知ろう

(1)まずは隣の国から

2004 年は文化交流を背景とした“韓流ブーム”が巻き起こり、一気に韓国への関心が高まったが、この機会をとらえてぜひ隣の国のことを子どもたちに学ばせたいと思った。しかし、歴史的文脈から切り離された“国際化”は、いったん相手から拒否反応や批判を受けると、もろくもそれまでの友好関係は一瞬にしてくずれさり、偏狭なナショナリズムへと変貌する恐れがある。それは、昨夏のサッカーのアジアカップでの中国の人々の反日感情を露骨に受けた日本の若者の反応、拉致問題をめぐる北朝鮮への執拗なまでのバッシングを見ても明らかである。

一方、韓国有力紙の韓国人の意識調査で「もっとも嫌いな国」のナンバーワンが日本であったこと、また、「15 年戦争」や「靖国問題」「拉致問題」を通して相互の歴史観の違いや認識の隔たりを感じれば感じるほど、アジアの国々・隣国との関係はまだまだであり、真の相互理解・信頼関係を築いていくことの

180 Ⅱ．授業実践

大切さ・必要を強く感じる。

(2)韓国料理に挑戦

まず、子どもたちの最も関心の高かった韓国料理に挑戦することにした。韓国独特の食材や調理法を学びながら、"韓国"を体全体で味わわせたいと思った。当日は、韓国料理ではプロ級の腕前を持っている母親を講師として招き、韓国の料理を教えていただくことにした。その日の献立は、トック（雑煮）・キムパプ（海苔巻き）・カムジャジョン（じゃがいものお好み焼き）だった。家庭科室には、韓国の音楽が流れ、色鮮やかな韓服が何着も飾られ、韓国ムードが会場いっぱいに漂っていた。たくさんのお母さんたちも手伝いに来てくれ、にぎやかな調理実習となった。

今回の体験を通して、日本にも同じような料理はあるが、食材や調味料、味付けが日本と韓国とでは大きく違うということに気づかされたようだった。

〈子どもたちの感想〉

◎どうして韓国の料理は辛いのでしょう。時間があったら調べるつもりです。

◎私は細い唐辛子がたえられなかった。一口食べただけで、口の中に火がついたような……。となりの国なのに使うものや味が違っていて、不思議に思った。

(3)「キムの十字架」の鑑賞

この映画は、アジア・太平洋戦争末期に、朝鮮半島から強制的に連れてこられ、長野の松代の大地下壕を掘る労働に従事させられた人々の悲しみ苦しみを描くとともに、植民地支配の実態とはどういうものであったかを知ることのできる貴重な作品である。

〈子どもたちの感想〉

◎この映画を見て、私はとてもショックだった。となりの国の人々を奴れい
　のようにして扱って、こんなに残酷なことをしていたなんて信じられない。

◎日中戦争と太平洋戦争のときのできごとは忘れてはならないことだと思う、
　日本の都合で、朝鮮人の権利を奪う権利は、もともと日本にはなかったのだ。

◎豊臣秀吉が朝鮮を侵略したり、戦争中にこのような強制労働をさせたりし
　ていたので、朝鮮の人たちが反日感情をとても強く持ってるんだなあと
　思った。

◎日本が朝鮮にあんなひどいことをしていたなんて認めたくはないけれど、
　事実を知らなくてはいけないと感じた。

⑷浅川地下壕の見学

　浅川地下壕は、高尾駅南の金比羅山・高尾東山稜・初沢山の地下にある。第
2次世界大戦末期に陸軍浅川倉庫として掘られたもので、面積約2万4千平方
メートル、総延長は10キロメートルにも及ぶ。朝鮮人の方も約2000人動員さ
れた。この地下壕は、後に中島飛行機武蔵製作所浅川工場として、敗戦まで
4000人近くの人が、軍用飛行機のエンジンを作っていた。

〈子どもたちの見学のまとめから〉

◎地下壕は、ふつうの住宅地にあった。思っていたよりは幅も広く、奥も深
　そうだった。私には、人がつくっていたとは思えなかった。それほど大変
　で苦しい労働をさせていたことがわかり、日本は朝鮮の人々になんて悪い
　ことをしていたのだろうとつくづく思った。

◎ぼくはそもそも、なぜ戦争で子どもが殺されてしまうのだろうと不思議に
　思った。でも、当時はそんなこと当たり前だったのかもしれない。八王子
　城の戦いからアジア太平洋戦争にいたるまで、時代を超えて一つ言えるこ
　とは、一人ひとり、人間の命が尊いということです。

⑸韓国舞踊の鑑賞～在日の先輩キムさんとの出会い

　韓国の舞踊学校で学んで、現在世界各国に出かけて活躍している、在日三世
の卒業生と子どもたちを出会わせたいと思い、本校に来てもらった。

当日、彼女は美しい韓服で現れ、子どもたちを魅了した。そして静かな語り。韓国のことを学んだり、韓国・朝鮮のことを多少知っていたりしても、「在日」のことを聞くのは、子どもたちにとって初めての体験であった。彼女の話は、「わたしは100%韓国人です」ということばから始まった。そして、松代地下壕を歩く中で、先祖の悲しみを思い「自分は生かされている」と強く思い、日本で一生懸命生きている在日に自分が何かできたらいいなと思うようになったこと、そこで、自分は3歳の時から韓国舞踊をやっていたのでそれを生かそうと考え、在日のおばあさんやハンセン病患者のところで踊ったりしてきた体験を話した。

　子どもたちの質問に答える中では、「日本と韓国の違いは、植民地化されていたからだと思うが、『自分は韓国人である』という民族意識を強く持っている」、反日感情や差別については、「確かに過去の戦争や植民地にされていたことで日本のことをきらっている人たち・年代の方たちはいる。でも、その人自身が大事、何人であろうと出会うことで親しくなれるし仲よくなれる」と締めくくった。

　話のあとは、見事な韓国舞踊をステージで踊ってくれた。また、子どもたちにアリランの踊りを教えてくれ、子どもたちと輪になって楽しく踊ったり歌ったりする中で会場は大いに盛りあがった。

〈先輩キムさんと出会って〉

◎自分は韓国人、だけれども国籍は日本で、ときどきどちらかわからなくなるというキムさんのお話で、確かにそうだなあと思い納得しました。私ならどうかなあと考えてしまいます。しかし、私がキムさんだったら韓国人だと思います。いくら国籍が日本でも、お父さんとお母さんは韓国の人なのだから、韓国人であってほしいです。

◎今日のキムさんのお話のおかげで、韓国のこともちろんよくわかりましたが、自分の国をもう一度見つめ直すことができたのでよかったと思っています。

◎キムさんと出会って、もっともっと韓国を身近に感じました。巾着や扇子などをみて、とても細かい刺繍や絵があり、とても文化を感じました。アリランを実際に教えてくれたので、劇の中でもっと雰囲気が出るし、「戦争が終わったんだ」という、楽しく幸せな感じがよく出ていると思います。

1日韓の歴史と未来への道　183

キム先輩が、私たちがやる劇を見て、「感動した」と言ってくれて、とーっ
てもうれしかったです。リュウや労働者ががんばっている場面をみて、ウ
ルウル（なみだ目）になっていたことも、すっごくうれしかったです。な
んだかやる気が出てきました。

4．学芸会の取り組み〜「冬のソナタ」から強制労働の学びへ〜

⑴2年間「総合学習」で学んできたことを発表しよう

　子どもたちにとっては初等学校最後の学芸会。6年生は、この学芸会を5年
生からの2年間「総合学習」で学んできたことの"発表の場"として位置づけ
ていた。脚本をつくるにあたって、これまでどんな学習をしてきたか、その中
で何を学び、どんなことを伝えていきたいかについて、総合の時間に少しずつ
話し合ってきていた。5年生の時からふり返って、学んだことの数々が子ども
たちの中によみがえってきた。

　それらの学習の根底にある共通のテーマは何だろうかということで、子ども
たちが気づいたのは、命（いのち）、戦争と平和、生きる、理解し合うこと、共
生（ともに生きる）ということだった。そこで、そのようなテーマにふさわしい
劇をつくっていったらどうだろうかということになった。

⑵脚本をつくろう

　まずは脚本委員会を結成して、どんなものを題材にして、どのようなイメー
ジで脚本をつくっていったらいいか、みんなからアイデアを出し合った。たく
さんのアイデアをもとに、脚本委員会で話し合って、自分たちのオリジナルの
脚本をつくっていった。担任のアドバイスを受けながら、一生懸命考え、知恵
を寄せ合いながら、より良い脚本に仕上げていこうと日々話し合いを重ねて
いった。試行錯誤しながらも、ついに脚本はでき上がった。

⑶題決め〜創作劇「希望の礎」〜

　劇の題については、過去の歴史をしっかり胸に刻み、未来に向けて、今を生
きる私たちがしっかりと平和な世界の土台を築き、地球上のみんなが人間らし
く生きていける希望の道をつくっていきたいとの思いが込められていた。

184 　Ⅱ．授業実践

⑷裏方も自分たちの手で

　劇を演ずるにあたっての大切な仕事、監督・助監督・音響・照明・衣装・大道具・小道具等の仕事も、自分たちの手でやっていくことになった。

⑸学芸会本番に向けて
　　　〜自分たちが学んできたこと・考えたこと・体験したこと・未来への思いを伝えたい〜

　創作劇「希望の礎(いしじ)」の発表に向けて、前日まで全力で取り組んできた。5年生の時から「総合学習」で学んできた数々の学習を貫くテーマを念頭につくられた今回の脚本、一つひとつの台詞の背景・意味するもの、それをどう表現していくかなど、その都度みんなで話し合いながら、自分たちの学んだこと・考えたこと・思いを観客に伝えられるよう一生懸命練習に励んでいった。

　脚本から自分たちの手でつくり上げていく劇では、そのプロセスにとりわけたくさんの学びと貴重な価値があることを改めて感じた。

⑹学芸会終わる！〜みんなの力で立派にやり遂げた〜

　12月4日（土）に行なわれた学芸会は、成功裏に終わった。子どもたち自身、たくさんの学びと貴重な体験をすることができたことはもちろん、観客に大きな感動と希望を与えることができた。

　今回の学芸会の取り組みを通して子どもたちが学んだことが、これからの学習や生活にきっと何らかの形で生かされることだろう。過去の歴史を胸に刻み、

❶日韓の歴史と未来への道

未来に生きる自分たちが希望を持って道を切り拓いていこうとする熱い思いは、これから社会と自分との関わりを考えたり、世界の見方や自分の生き方を探っていくとき、自分を立ち止まらせたり、今一度深く自分を見つめ直し方向性を見いだすことにつながっていくことになるかもしれない。

〈学芸会を終えて〉〜子どもたちの作文から〜

◎ぼくの役は、リュウという朝鮮から無理やり連れてこられ、地下壕で働かされた14歳の子でした。壕ではしょっちゅう落盤事故が起きて、たくさんの労働者が死にました。ぼくは、死ぬ人の一人でした。病気でふらついて憲兵に蹴られたり、踏みつけられて倒れるのを演じるのは難しかったけれど、本番ではうまくできて良かったです。

◎私は、孫基禎がベルリンオリンピックで日本人として優勝したところをスクリーンで見て悲しむ朝鮮人の役を演じました。私にとって結構難しい役でした。なぜなら、私は国を奪われた朝鮮の人々の怒りや悲しみ、悔しさがわかりませんでした。でも、勉強したりチマチョゴリを着て練習したりしているうちに、そのような気持ちが少しわかったような気がしました。アリランを踊るとき、なぜか私は自然に歌を歌っていました。

〈保護者の感想から〉

◎国際関係をなくしては語れない日本を、外の立場で見て考えることはとても大切だと思います。そのようなことを考えるチャンスを与えてくれた先生達にも感謝したいと思います。こういった国際人として必要な知識を考え、それを得ること、外から日本を考えたりすることを今後も継続してください。

◎戦争や平和について過去をふり返るとき、日本が受けた苦しみを描くことが多かった中、今回のように朝鮮の人々が祖国を奪われ、深い憂いの中、生きていたということを表現したことはとても画期的だったし、私たち大人も、子どもたちの劇から考えさせられることが多く、印象に残る発表でした。どの子も主体的に取り組み、戦争によって自由を失い、言葉を失い、権利を失うことの恐ろしさを心から感じ伝えようとする姿に感動しました。

日々の学習の積み重ねがないと、ここまで仕上げることはできなかったと
思います。本当に素晴らしい学習をし、また体で表現することによって、
より深く命や平和について心に刻まれたのではないかと思います

5．在日二世パクさんとの授業

　学芸会を終えた後、以前担任した子どもの父親で、在日二世のパクさんを招
いて授業をしてもらった。

　学芸会を見て、パクさんから次のような感想をいただいた。「劇中 6 年生の
子どもたちが、悲しい辛い植民地時代の歴史を理解し、演じられた全員の姿を
直視できませんでした。なぜならば、今現在 66 万人いる在日コリアンが、父
母（在日一世）の歴史を理解していないからです。私たち二世・三世は、父母の
本当の歴史を父母からあまり聞いたことがありませんでした。これは、あま
りに日本で生きるということが、どれだけ大変であったかということが裏には
あったかと思われます。何しろ教育もろくに受けず、日本語も話せない父母は、
両手両足という手段のみで頑張り、私たちを育てたのだと思います。……現時
点での在日韓国人の流れとしては、帰化していく人々が年 1 万人以上いるとい
う事実があります。これは日本に同化していくことですが、人間生まれ持った
民族心は、いくら帰化・同化したとしても消すことは思っている以上に厳しい
と思います。これから日本の教育を受けている在日韓国人が生きる道としては、
隣人を心から受け入れ、隣人を理解していくことが必要かと感じます。……北
東アジア・アジア全体の歴史を表現・発表していただく子どもたちをまた見た
いと思いました」。

　授業に先立って、パクさんは在日一世の父親から聞き取りをしてくれていた。
授業は対話形式で行なわれ、パクさんは在日一世の父母の苦難の歴史、自分の
二世として生きてきたこれまでの体験、そして三世である娘さんのことなどを
話してくれるとともに、子どもたちに気軽に話しかけ、また質問に答えてくれた。

　最後に、パクさんは、これからは共生・共存の時代、何人であろうとも国籍
を超えて仲よく理解し合い、平等にさまざまな権利が保障され生活できる日本
社会であってほしいし、そういう社会をつくっていってほしい。「私はそれを、
未来を担う君たちにかけたい」と、熱く語ってくれた。

6．学習を終えて

◆子どもの意識の変容について

・日本という国や日本人に対していったんは落ち込むことがあっても、過去の事実を知ることによって感性や思考を大いに揺さぶられ、今、私たちが何をしていかねばならないか、未来に向けてどうしていったよいのかを真剣に考えていく子どもたちの姿が見られた。

・学芸会を終えた後の「感想」では、日韓の間の"負の歴史"を知ることで、自分たちがやったことでなくても同じ日本人として自国の行為を恥じ、相手の国の人々の苦しみ・悲しみに心を重ね、許してくれないかもしれないけれどあやまりたいと思っている子どもたちの思いが綴られていた。そして、事実を知ってよかった、つらいけれどもやはり事実は知らなくてはいけない、事実は事実として認め、それは忘れてはいけないんだ。事実を知ってこそ、より理解し合えるのではないか、事実を知ったからこそ、もう二度とくり返さないような未来を自分たちがつくっていかなければならない……と考えていることが述べられていた。

・子どもたちの多様な意見を引き出したり、それぞれ違う意見や考えをたたかわせて思考を鍛えていくという点において、教材の選び方や課題を工夫したり、子どもたちの考えをゆさぶる討論の場と時間を保障することが大切であると思った。今回の実践では、この点が不足していた。

◆保護者の反応について

・学芸会を観た1年生から6年生までの保護者の感想が300通以上寄せられた。おおかたの父母が、韓流ブームで舞い上がる社会風潮の中で6年生の子どもたちが日韓の過去の歴史を真剣に学び、現在を足元から見つめ直し、日韓の未来を希望を持って切り拓いていこうとする思いを創作劇という形で演じたことについて、高い評価を与えてくれていた。

・ここに至るまでの総合学習の取り組みにも理解が得られ、"総合学習"の内容や目的により関心を持ってもらうことができた。

・劇という形で体で表現することにより、より深く命や平和について心に刻まれたのではないかという感想が寄せられた。

・加害の事実を取り上げたことについて、歴史の事実を知ることの大切さ、事実を知ってこそ相互理解ができる、さらに学び続けて日韓の未来をつくっていってほしいとの熱い思いが寄せられた。

　子どもたちがアジアの国々のなかでも、とりわけ日本と歴史的・文化的に深いつながりのある韓国について学び、アジアの国々と協力・連帯してアジアの平和と安全について考えていくことは、今後の世界において大きな力になることと思う。

　また、多文化共生社会が現実となり、社会の国際化、国際理解教育の重要性が叫ばれる中、自国中心の歴史・文化の考え方から脱却し、外国から日本はどう見られているかというまなざしを敏感に受け止め、世界全体の視点から自国の事象をとらえていくことが今後一層求められるのではないだろうか。

〔西村美智子〕

❷

キムソンチル
朝鮮戦争を金聖七の日記から考える

1．勤務校のようす

中学校と高校が併設されている男女共学校で、「文武両道の進学校」が目標。4つのコースで編成されており、今回は全国大会に行くクラブの生徒が多く所属するコースの生徒に授業を行なった。

クラブ活動はサッカー部、バレー部、陸上部、吹奏楽部、太鼓部などが活発であり、生徒は行事に意欲的に参加している。

2．担当クラスの生徒の実態と単元についての理解

本実践は、「世界史A」（週2単位）の授業を受講していたコースの1年生（男子18人、女子23人、計41人）の授業である。クラスの雰囲気としては、部活動に所属している生徒たちの影響力が非常に強く、他の生徒はそのような生徒たちのようすを見ながら授業に参加していた。そのため、全員の発言を遍く引き出すことは難しく、これまでは感想文などを書かせ、通信に載せる形で意見の交流をしてきた。

生徒は、帝国主義時代から第二次世界大戦を学び、東西冷戦について学習をしてきた。アメリカは資本主義、ソ連は共産主義という路線を掲げ、東西ヨーロッパの分裂が深まっていくことになる。このような状況を理解するため、朝鮮戦争の授業までに東西ベルリンの分断について時間をかけて扱っている。市民の意志に関係なく、米ソがベルリンを互いに自国の陣営に取り込んでいくようすとその影響を実感させるため、双方の国が上映したプロパガンダ映画を見せたり、現在まで影響を及ぼしている東西ベルリンの経済格差や、当時スパイの容疑をかけられ投獄された人物のインタビュー記事を読ませたりした。

東西冷戦は、中華人民共和国の成立などをきっかけとして1949年以降、その影響はアジアにも波及した。とりわけ1950年に勃発した朝鮮戦争では、同

じ民族どうしの殺戮が繰り広げられ、冷戦の激化の象徴とされることが多い。

日本の朝鮮への植民地支配と侵略戦争は、朝鮮の戦後の分断の原因となっている。朝鮮戦争中には、在日米軍の出撃拠点・補給基地として、また戦争海域への掃海要員部隊の派遣など実質的な参戦が秘密裏に行なわれており、かかわりは深い。しかし、生徒たちはあまりアジアの国々には興味がなく、世界といえばヨーロッパやアメリカをイメージしている。朝鮮半島に関しても、南北分断の理由について疑問を持つ生徒はおらず、歴史認識や竹島問題などの話題が出たときには韓国に対して攻撃的な発言をする生徒もいる。

本時では、朝鮮戦争や東西冷戦についてのイメージを持ちづらい生徒たちに、①朝鮮に住んでいた人物の日記を通して、当時の市民の目線から同じ民族が殺しあった戦争の状況や経過について知り、朝鮮戦争に関する自分の考えを持つこと②朝鮮戦争と第二次世界大戦後の日本の復興とのかかわりを知り、資料から自分の考えを持たせることを目標とした。長い文章でもある程度読める生徒たちであったので、当時ソウル大学校教授だった金聖七の日記から、朝鮮戦争当時のソウルのようすを読みとらせ、この戦争について考えさせることにした。

3．朝鮮戦争

(1)授業の流れ

　A．「ソウルの西大門刑務所から釈放された政治犯たち」の写真
　→写真を見せてこのときの政治犯たちの気持ちを想像させた。

t：1945年8月16日。N君、8月16日って韓国の人にとってどんな日だと思う？
N：……クリスマス
N：記念日。
t：記念日、なるほど。実はこれある記念日の次の日なんだけど、何の記念日でしょうか。
N：終戦。
t：終戦ね。日本だと8月15日は終戦記念日といったりすることもあるんだけども、それは韓国

❷朝鮮戦争を金聖七の日記から考える

の人にとったらどういうこと？

s：8月16日やで…。

H：滅ぼされた。

t：滅ぼされた、うん、韓国は日本にいろいろとひどいこともたくさんされて
　いたという話はこれまででてきていたよね。

H：北と南に分かれた。

t：うん、このときはもうすでに北と南に分かれている段階なんだけれども、
　あとでそのことは見てみよう。実は、日本から支配をされていたところから
　独立した直後の状態です。プリントを見てください。この人の気持ちになり
　きって、1945年8月16日のときの気持ちを考えてください。

O：「やったー！」（多くの生徒笑う）

t：O君がもし囚人だったら「やったー」と思うんだね。確かにこんな言葉出
　てきそうだよね。

sI：（沈黙が続く）いやや…。……やったー。

t：Iさんも？　O君と一緒かな。この人も体で喜んでいるのを表現していると
　見たんだね。N君は。

N：日本は弱い。

t：なるほどね。ずっと支配されていたけど、大したことないなっていう感じ
　かな。N君言いたいことあるなら言ってみて。

N：よっしゃ写真とってもろたー！

t：いいところ言ってくれたね。日付が8月16日ってなっとるやろ。これ普通
　15日って言われやすいんだけど、15日って解放されました、って言われても、
　えっそうなのっていう感じで、実感がわかない。でも、16日になって解放
　されたって実感が湧いてきて、こういう写真が出てくるわけだ。

s：写真撮ってもらった……。

t：だから写真とってもらってよかったと思っている人もいるかもしれない。
　この後どうなっていくだろうね。

H：全員殺される。

t：うん。全員殺されるというわけではないんだけど、今H君が言ってくれた
　ようにお互いに殺し合うというような場面が出てくることになるんだよね。

192　　Ⅱ．授業実践

じゃあなぜそんなことになってしまったのかということを見ていきたいと思います。（地図を見ながら）北はどっち？　ちょっとさして。

s：地図の上のほう。

t：このあたりは、ソ連が入ってきていました。このときの、日本とソ連の関係ってどうだったかな？

t：日ソ中立条約を破ったのは？

s：ソ連。

t：ソ連だね。この間のテストでもみんなよくできていました。初めは、味方どうしだったけれども、ソ連が日ソ中立条約を破って最後は敵どうしになったんだったね。それでそのあと、日本が支配していたこのあたり（北）にソ連が入ってきていた。ソ連の当時の考え方はどうだったのかというと？

s：共産主義。

t：そうだね、共産主義。アメリカは当時資本主義の考え方を広めたいと思っていたから、ソ連がこのまま朝鮮全部を支配して共産主義の考えにしてしまうとまずいなというふうに思い始めるわけだね。そこで、ある会議が開かれました。朝鮮をこれからどうしようかという、モスクワ三国外相会議だね。

　B．「金聖七の日記（１）〜（４）」→日付を指し示し、プリントにして配布

（１）朝鮮戦争勃発時の大韓民国のようす（1950 年 6 月 26 日）

（２）朝鮮人民軍侵攻後のソウルの学生のようす（1950 年 7 月 8 日）

　＊（２）を読み終わった時点で授業の終了時間がきてしまったため、（3）以降は 2 日後の授業で扱った。

（３）韓国軍・国連軍がソウルに入ったとき（1950 年 10 月 5 日）

（４）国連軍のようす（1950 年 12 月 8 日）

　C．「朝鮮休戦協定」（1953 年 7 月）→内容を確認し、

（１）「朝鮮の人々は戦争終了後、何を感じていただろうか」

（２）「朝鮮の人々は納得していたと思うか」と発問して意見を書かせた。

⑵生徒の意見

〔1〕「戦争後の人々の気持ち」についての生徒の意見

①戦争が終わったことに安心している意見

・早く独立したい、でもこれで同じ民族どうしで殺しあわずにすむ。(Mm)

②戦争が無意味だったととらえている意見

・こんなに戦争したのに結局もとに戻っただけならやる意味はなかったんじゃないか。(T)

③休戦状態に不安を感じている意見

・戦いが一応終わったのは良かったけど、結果が出ていないということはまたいつか戦いが始まるから安心できない。(Z)

④アメリカ・ソ連への不信感を募らせている意見

・なぜ最後まで決着をつけないのか、なぜアメリカ軍に無差別に殺されなければならないのか(M)

〔2〕「休戦協定の内容に納得していただろうか」についての生徒の意見

A）納得していた

①危険を避けられることを理由とする意見

・全体的に中途半端で休戦になったのはタイミングが悪い。けど、国民は休戦だと少し落ち着く、死ぬことがなくなるから。(A)

②戦争自体に否定的な意見

・決着がつかないままで終わって、国は分かれたままやけど、同じ民族どうしで戦わないといけないなら戦争なんかしたくないから(Mo)

③休戦するなら戦争を終わらせるべきだという意見

・統一朝鮮でなく、分裂したまま戦争の休止のみであるのと、いつ戦争が再開するかわからない。できれば終戦してほしいと思っているのではないか。(K)

・これだけの犠牲者を出しといて、なのにこんな中途半端な終わり方、納得いかない！(N)

④休戦するなら決着がつくまで戦うべきだという意見

・せっかく解放されたってときに戦争が急に始まって多くの犠牲者が出たのに勝敗がつかないまま終わったのでは無意味だと感じると思うから。(Mo)

194 Ⅱ. 授業実践

・朝鮮半島を一つの国にしたかった。(Nm)

⑤他国の干渉に関して憤りを感じている意見

・最後まで決着をつけなかったのに疑問を感じたと思う。決着をつけなかったからアメリカ軍に支配されて殺されたりと、いろいろな生活面などでもアメリカにおびえながら暮らさないといけないと思った。(M)

・アメリカとソ連の意見の食い違いで犠牲者が増えた。今後どのような状況でまた朝鮮戦争が始まってしまうのか緊迫している。(S)

⑶生徒の意見の分析

〔1〕の「戦争後に朝鮮の人々が何を感じていただろうか」という発問に対する生徒の意見は①～④のように四つに分かれた。まず、①のMmのように同じ民族どうしの殺し合いを終わらせることができるという理由で停戦への安心感を記した生徒がいた。授業内では、金聖七の日記「（3）韓国軍・国連軍がソウルに入ったときのようす」で南北に別れて戦っている兄弟が誤って互いを殺そうとしたが、実際はそれ以上の残虐行為が行なわれているという状況が書かれた場面を読ませている。授業中に「これ、本当に（兄弟を）殺したん？殺してから気づいたん？」と驚いた表情で尋ねてきた生徒もおり、日記の（3）は、生徒にとって想像しやすい場面だったのではないか。③で示したように、戦争の再発に不安を感じていると書いた生徒も多くいた。日記の（3）の場面に影響され、このような意見を書いた生徒もいたのではないか。

〔2〕の「休戦協定に納得していたと思うか」という発問に対し、納得していると答えた生徒の意見では、それ以上の被害の拡大や、危険を避けられることを理由としているものが多かったが、少数派だった。

一方、休戦協定に納得していないと答えた生徒の意見は、①戦争自体に否定的な意見、②休戦するなら終戦を望む意見、③休戦するなら決着がつくまで戦争を継続すべきだという意見、④他国からの干渉による結果に憤りを感じている意見の四つに分かれた。①②では、納得していたと答えた生徒同様、MやMo、Nのように戦争継続による被害の拡大を不安に感じている感情的な意見が多かった。②の部分で示した生徒Nにはどうすれば納得するかについて意見を書いてもらったところ、「休戦協定は、この争いが完全に終わっていないので、

休戦ではなく、終戦にするほうがよい。休戦などと言って、またふたたび争いが始まるかもしれないという恐怖は与えてはいけないと思う」と書き、「だって、戦争続けたら、身内どうしとかでも死ぬ人増えるってことですよね」と呟いた。

④の戦い続けるべきであるという意見に関しては、MoやNmのように結果を出すまで戦い、南北朝鮮統一を最終目標とする必要があると主張するものが多く出た。⑤では、Mがアメリカ軍により無差別に殺されるということや、アメリカ軍による蛮行に怯えながら生活することへの不満をあげている。これは、日記の「（4）国連軍のようす」を読んだことで書かれたものであるといえるのではないか。

4．朝鮮戦争と日本

⑴使用した教材

A．日本の機雷撤去についての詳細

→日本が極秘に朝鮮戦争にかかわったこと、機雷撤去の作業中に死者が出たが、秘密にするように迫られた話を読ませた。

B．「日本企業と日本の復興」

→車の注文が飛躍的に伸び、会社の飛躍につながったトヨタの例をあげた。また、基地利用についての例をあげ、朝鮮戦争と米軍、日本との結びつきに注目させた。

C．「サンフランシスコ講和条約」（1951 年 9 月 8 日調印、52 年 4 月 28 日発効）

D．「日米安全保障条約」（1951 年 9 月 8 日調印、52 年 4 月 28 日発効）

→同じ日に調印、発効されたというところに注目させ、内容を確認した。その後、「日本はサンフランシスコ講和条約に調印するべきだったか」というテーマで意見を書かせた。

⑵生徒の意見

〔1〕「サンフランシスコ講和条約に調印するべきだったか」という発問に対する生徒の意見

A）調印すべきだった

①日本の国際社会復帰につながったことを理由とする意見

196　Ⅱ．授業実践

・日本にとってよいことばかりじゃないけれど、力の強いアメリカに対して、調印しておいてよかったんじゃないかと思った。それにこの調印で日本が国際社会への復帰を果たしたのでよかったんじゃないかと思った。(N)

②日本の平和につながったことを理由とする意見

・せっかくとった領土をなくすことになってしまったし、お金もたくさんはらわないとダメになったけれど、戦争をやめずに死者を出しまくることに比べたら、ずっといい。お金なんて頑張ればもとどおりにできるし、サンフランシスコ講和条約に調印すべきだったと僕は思う。(Og)

・撤退や賠償金はあったけど、連合国との戦争状態も終了するから良かったと思う。今、日本は割と平和なのは昔の選択がまちがっていない証だと思う。戦争状態が続いていたらどうなっていたかわからない。(Ha)

・唯一良かったと思ったのは、戦争を終了させ日本の国民は恐怖にかられることはなくなったから良いと思った。将来的に考えて調印するべきだった。(R)

③アメリカからの自立につながったことを理由とする意見

・アメリカに支配されているより独立して自分たちの意見を持つほうがいい。逆に調印しないメリットはあったのか。調印しなかったら今どうなっていたのか、と思う。(H)

④アメリカとの連携が深くなったことを理由とする意見

・条約の内容がアメリカばかりが有利だったらよくないが、他国から日本を守ったり、日本に得することもあって、今の日本があるから結果オーライだと思う。(M)

・基地とかでいろいろ問題になることは多いけれど、もしも戦争になったら有利に立てるからよかったと思う。他にも、日本のことを助けてくれたりするから、やっぱり調印するべきだった。(Fu)

B）調印するべきではなかった

①日本にとって不利な項目が多いことを理由とする意見

・戦争がなくなるのはよいと思ったが領土が狭くなりすぎだし、ほとんどアメリカに支配されているから。(t)

・朝鮮の独立を認めないといけない。日本は領土を放棄し、アメリカが沖縄

を管理する。連合国に賠償金を支払わなければならないから。（He）

　②アメリカなど他国との間で、問題を抱えることになったことを理由とする意見

　・その戦争に勝ったとしても日本に直接利益があるわけでもないし、第二次世界大戦で負けていたので戦争から離れたほうがよかった。今でも米軍基地の移設問題などいろんな問題があって、それは調印しなかったらなかった問題だから。（Ta）

　・戦後の日本が国際社会に復帰したが、領土を手放したことで、領土問題に発展したから。（Su）

⑶生徒の意見の分析

　講和条約の調印をするべきだったとする生徒の意見は、①～④のように四つに分かれた。多くの理由はNのように日本の国際社会復帰についてあげたものが多かった。このような意見は、「サンフランシスコ講和条約」の内容や、第二次世界大戦終結までの学習を振り返り、今の日本の状況も含めて考えて書かれている。OgやHaなど賠償の支払いや領土の放棄に関しては不満を表す生徒もいたが、戦後の復興にはかえられないとしている。一方、Rは、調印で朝鮮の独立を評価しつつも、日本の立場に立ったとき、賠償金や領土（朝鮮を含む）の損失にふれ、調印すべきだったのか判断に迷っている（Rは、朝鮮戦争の授業で、朝鮮の人々の立場に立ったときは日本からの解放への喜びを表していた。また、休戦協定の内容に関しては、南北を統一し決着をつけたいが、戦争が再開することは嫌だと書いた）。

　③④では、アメリカとの関係にふれて調印に肯定的な意見が見られた。③で示したHの意見では、占領軍の撤退により日本がアメリカから自立できると想定し、評価している。④はFuのように、米軍基地の問題をあげながらもアメリカと同盟関係を持つことで日本の安全が保たれることを評価する意見が多かった。

　一方、講和条約に調印すべきではなかったとする生徒の意見は、①②のように二つに分かれた。調印を支持しない生徒の多くは、①で示したように、日本にとって賠償支払いや領土を削減されたことなど不利な項目が多いことを理由

とするものであった。例えば He は、「朝鮮の独立を認めなければならないから。日本は領土を放棄するから」ということを反対の理由の一つにあげている。②であげた Su は日本の国際社会の復帰を評価しつつも、領土問題につながったとして条約調印を全面的に支持していないことがわかる。

　朝鮮戦争と第二次世界大戦後の日本の復興とのかかわりを知り、自分の考えを持たせることを目標としていたが、朝鮮戦争に日本がかかわっていたことに関する生徒の意見は一切見られなかった。

5．成果と課題

　成果としては、休戦協定に納得しているか否かについて自分の意見を持つことができる生徒が多かったことである。生徒は民族が分断され同族どうし殺し合う状況や、韓国軍を支援したとされる国連軍（日記ではアメリカ軍）の朝鮮戦争下のようすについて知ったので、意見を持ちやすかったということが考えられる。また、アメリカ軍の支配に対する嫌悪感から自分の立場を持った生徒が多くいた。

　課題としては、第一に、ほとんどの生徒の感想に金聖七の日記の内容があまり書かれていなかったことである。「休戦協定に納得したか」という発問に対しては、自分や家族が死なず、危険を避けられるということを理由にしているものが多かった。

　同じ民族どうしで対立を深めている場面は、日記（2）でとりあげている。共産主義を支持する学生たちが血なまぐさい歌を歌い、李承晩打倒を叫んでいる部分があり、このようなところから対立のようすは伝わってくるはずだが、学生たちのようすにふれて意見を書く生徒は誰もいなかった。生徒にとっては、政治デモは身近ではなかったためか、興味がわかず、想像もしにくかったのではないか。

　日記（4）を読む段階になると、興味のなさそうな生徒が増え始め、なかには突っ伏して寝始める生徒も出た。文章量がかなり多く、授業後に言葉の意味が難しいと言ってきた生徒もいたので、読ませる場面は短く、もっと生徒にとって状況がわかりやすいものにするべきであった。

　第二に、生徒に意見を持たせやすい発問を設定すべきだった。朝鮮の人々の

気持ちと休戦協定に関する意見を書かせたときに「何を書けばよいのか」「気持ちと意見のどちらを書けばよいのか」「誰の立場にたって書けばよいのか（北朝鮮の人か、南朝鮮の人か、李承晩か、など）」質問をしてくる生徒が何人もいた。また、生徒の意見を見ると、二つの発問に対して似たような答えを書く生徒が多くいた。また、「サンフランシスコ講和条約に調印すべきか否か」という三つ目の発問に関しては、生徒の意見を見ると、朝鮮戦争と日本とのつながりやアメリカなど他国との関係を考えるというよりも、賛成派も反対派も講和条約の内容を見て考えたと思われる理由が集中し、日本から見てどのような利益、不利益があるのか、を元にして結論づけているものが多かった。

　検討会では「自分なら"単独講和か全面講和か"という問いをたてる」という意見があった。東西の対立のなかでの朝鮮戦争やもっと意識させられるような発問をたてるべきだった。

　第三に、日本統治下の朝鮮の人々の気持ちや、終戦直後の日本の状況を想像できるような授業をする必要があった。導入から最後まで「朝鮮の人じゃないからわからない」「この時代の人じゃないから考えられない」と呟き、自分の意見を書くことができなかった生徒もいた。検討会では、朝鮮での日本統治時代について生徒の認識が浅く、突然解放されたという場面を与えられても実感がわかないのではないかというご意見を頂いた。朝鮮の人々がどのような思いで植民地時代を過ごしてきたのか、考えさせる場面設定はやはり不十分だった。

〔三上真葵〕

3

中学生に日韓条約を授業する

1．日本の中学校社会科教育の現状

　中学校の歴史教育では、近現代史がおろそかにされている。これは高校受験との関係で、近現代史の出題が多くないということで、ないがしろにされている。また古代史から始めるため、近現代史までいかないということもある。これは教師の中の意識としても近現代史を重視しようという意識が少ないことにも反映されている。全体として教科書はすべてすすんだとしても近代史がおろそかにされてしまっている。

　なかでも、とくに戦後史の部分では、教科書で世界についてはふれられることが少ない。もう戦後60年以上が経過し、大きな歴史の流れがあるが、ひとくくりに「日本が民主化をはたした」ということで終わりにしてしまう傾向が強い。本報告では、日本と韓国の戦後の歴史に焦点をあて、中学校の生徒とともに考えた授業のうち、「日韓条約はなぜ結ばれたか」の授業を報告する。

　この部分に関する歴史の教科書記述は次の通りである。

「国交の正常化が遅れていた韓国との間では、アメリカの強い後押しもあって、1965年に日韓基本条約が成立した。この条約によって、日本は韓国を朝鮮にあるただひとつの合法的政府として承認し、経済協力を約束したが、北朝鮮との間にはいまだに国交がひらかれていない」（日本書籍新社）

「1965（昭和40）年には、日本は韓国と日韓基本条約を国交を正常化し、有償2億ドル、無償3億ドルの経済協力を約束した」（扶桑社）

　本報告では、中学3年の最後、カリキュラムでは社会科「公民」の最後の部分「国際社会の中の日本」という項目のなかでとりあげた。義務教育最後にむかい、総仕上げという時期であり、現代社会の動向を勉強するという部分である。「日本と韓国、日本とアメリカ、日本と中国」というふうにとりあげたなかの1時間である。

201

この授業実践をしたのは2007年1月26日、次の日は都立高校の推薦入学の当日という日の実践であったため、気分的に落ち着きのない状態でもあった。緊張の余り、体調をくずして早退してしまう生徒もでる中での実践である。

　授業するクラスは3年4組、私が担任するクラス。クラス替えはあったが、3年間、私が引き続き社会科の授業を担当した生徒ばかりである。2年次の歴史学習も全体として近現代史を重視して授業を組んできた。朝鮮を植民地支配した歴史についても時間をとって指導してきた。韓国併合・植民地支配の実際・戦争末期の強制連行や「慰安婦」問題についてもとりあげてきている。戦後の分断の歴史についてもとりあげてきている。しかし、日本との関係での日韓条約についてはきちんととりあげてきてはいなかった。復習しながらのとりくみである。

2．授業の中味

　まず、韓国・朝鮮民主主義人民共和国（以下、北朝鮮）・日本の位置を地図で板書をして位置関係を確認する。南北の境界の軍事境界線ができた年を聞く。すぐ「1953年」という答が返ってくる。軍事境界線は朝鮮戦争の休戦ラインとしてできたことを確認する。その後の朝鮮半島がどうなっていったか、日本との関係はどうなっていったかが、今日の勉強であることを話してすすめる。

(1)条約の文言の理解

> 　　　　　　　日韓基本条約
> 日本国及び大韓民国は、
> 両国民間の関係の歴史的背景と、善隣関係及び主権の相互尊重の原則に基づく両国関係の正常化に対する相互の希望とを考慮し、両国の相互の福祉及び共通の利益の増進のため並びに国際の平和及び安全の維持のために……1951年9月8日サンフランシスコ市で署名された日本国との平和条約の関係規定……を想起し、……
> 第1条　両締約国間に外交及び領事関係が開設される。両締約国は、大使の資格を有する外交使節を遅滞なく交換するものとする。また、両締約国は、両国政府により合意される場所に領事館を設置する。
> 第2条　1910年8月22日以前に大日本帝国と大韓帝国との間で締結されたすべての条約および協定は、もはや無効であることが確認される。

202　Ⅱ．授業実践

第3条　大韓民国政府は、国際連合総会決議第195号に明らかに示されているとおりの朝鮮にある唯一の合法的な政府であることが確認される。
第4条
(a)両締約国は、相互の関係において、国際連合憲章の原則を指針とするものとする。
(b)両締約国は、その相互の福祉および共通の利益を増進するに当たって、国際連合憲章の原則に適合して協力するものとする。
第5条　両締約国は、その貿易、海運その他の通商の関係を安定した、かつ友好的な基礎の上に置くために、条約または協定を締結するための交渉を実行可能な限りすみやかに開始するものとする。
第6条　両締約国は、民間航空運送に関する協定を締結するための交渉を実行可能な限りすみやかに開始するものとする。
第7条　この条約は、批准されなければならない。批准書は、できる限りすみやかにソウルで交換されるものとする。この条約は、批准書の交換の日に効力を生ずる。

　日韓条約の条文のプリントを配る。教師が条約の文章を読む。

教師：わからない言葉はあるか。

生徒：善隣関係。

生徒：国際連合憲章の原則に適合して緊密に協力。

教師：(簡単に説明) 日韓条約の第1条に「日本と韓国が国交を正常化する」とあるが、国交正常化とはどういうこと。

生徒：大使館をおく。

教師：それまで大使館は。

生徒：なかった。

教師：それまで日本と韓国は。

生徒：仲良くなかった。

生徒：日本は植民地にしてきた。

生徒：日本は韓国を裏切った。

生徒：日本に都合がいいね。

教師：第2条には1910年8月以前の条約は無効と書かれているが、1910年の条約とは何。

生徒：韓国併合条約。

生徒：朝鮮を植民地にした条約。

生徒：すべて水に流して仲良くしようということ。

教師：そう。それを無効とした。もう植民地にはしない、ということを日本政

❸中学生に日韓条約を授業する　203

府がはっきりさせた。次の第3条には「韓国は朝鮮にある唯一の政府と認める」と書いてある。だれが認めたの。

生徒：日本政府。

生徒：北朝鮮を認めない、ということ。

教師：前文に戻るよ。1951年9月8日にサンフランシスコ市で署名された日本国との平和条約は何。

生徒：サンフランシスコ条約。

教師：何が書いてあったか。

生徒：日本が戦争でうばった領土は手放す。

生徒：朝鮮を手放す。

教師：日本が戦争で奪った領土を手放したことを確認した。

⑵なぜこの条約は結ばれたか考える

教師：それではここからが授業の本番。日本と韓国はこの時期（1965年）になぜ条約を結んだのだろうか。この条約を結ばれた1965年はどんな年か。朝鮮戦争が終わって何年。

生徒：12年。

教師：日本の戦争がおわってからは。

生徒：20年。

教師：そんな時にどうして日韓条約が結ばれたのだろうか。まず、韓国政府はどうしてこの条約を結ぶことにしたのか。

生徒：北朝鮮がこわい。

生徒：北と対立しているから、日本に守ってもらおうとした。

教師：日本は守れるの。

生徒：北も中国もソ連もこの地域はみな社会主義になっている。だから、少しでも味方がいたほうがいい。

生徒：日本がもう攻めてこないように……。

教師：それでは日本はなぜ、この条約を結んだのだろうか。

生徒：日本の物を買わせるためじゃないの。

教師：それは昔からそうじゃないのか。植民地の時も。

生徒：でも日本のものを買わせたいと思った。

生徒：アメリカが日本と韓国が組んで北朝鮮と対決させようとした。

生徒：そうだ。アメリカがしくんだ。

生徒：アメリカにいわれた。

生徒：ジャイアンとスネオみたいな関係。日本がジャイアンで韓国がスネオ、アメリカは隣町の中学生。

教師：それでは、この条約を結んだのは両国の外務大臣だけど、それで条約は決まるの？　この日韓条約の最後には「この条約は批准されなければならない」と書いてある。批准って何。

生徒：？

教師：条約は外務大臣が相談すればいいのか。

生徒：国民が認めないといけない。

教師：国民にはどうやって聞くの。

生徒：国会で話し合う。

教師：どうやって決まるの。

生徒：衆議院の優越。

⑶日韓両国民の反対運動

教師：大谷先生は今から42年前、18歳だった。その時はこの条約に反対して毎日国会に行きました。なぜ大谷先生はこの条約に反対したのでしようか。

生徒：そのころからませてたんじゃないの。

生徒：反抗期だったんだ。

教師：先生だけでなく、多くの日本の国民が反対していました。その理由は。

生徒：アメリカにやらされているのがいやだった。

生徒：北朝鮮が好きだったんじゃないの。

生徒：北を認めないのはいけないと思った。

教師：それでは韓国でも国民が大きな反対運動をおこしました。韓国の人たちはなぜ反対したのでしょうか。

生徒：日本がやった悪いことに対して反省がない。そんなことでごまかされるな、と思った。

❸中学生に日韓条約を授業する　｜　205

生徒：植民地の時に強制連行や「慰安婦」のことに償いをしていない。

教師：この日韓条約のあと、日本は韓国に製鉄所をつくったり、ソウルの地下
　　　鉄をつくったりして、援助をした。

生徒：それならいいんじゃないの。

生徒：それでも被害者たちには謝罪も補償もない。

⑷在日の人の話を聞く

教師：それではここで、今日授業を見にきた人の中で、在日朝鮮人の人がいま
　　　す。この人たちはどう思うか、聞いてみます。金幸樹^{キムヘンジュ}さん、前へ来て。

金幸樹：私は在日三世で金幸樹といいます。おじいさんが韓国の全羅南道から
　　　日本にきて、私のお父さんも私も日本で生まれました。

教師：金さんは日韓条約の時は生まれていなかったと思うけど、学校ではどう
　　　習いましたか。

金幸樹：私は小・中・高と朝鮮学校で勉強しました。その中では「この条約は
　　　民族のことを考えない屈辱的なものだ」と教わりました。

教師：今どう思っていますか。

金幸樹：植民地の時代にあった被害に対して補償はあったとしても、実際に被
　　　害にあった人への補償はありませんでしたし、そういう人のことを考えてい
　　　ない条約だと思います。さらに言えば、この条約があるために被害にあった
　　　人は訴えられないのです。「君たちの国はお金をもらったからもういいでしょ
　　　う」と。そこで苦しんでいる人がいっぱいいます。私たち在日の中にも北出
　　　身と南出身がいます。この条約で韓国だけが国と言われ、在日の中にも対立
　　　ができてしまい、悲しいです。

教師：ありがとうございました。それでは時間も少なくなってきました。この
　　　日韓条約が結ばれたあとも日本と韓国・北朝鮮のあいだでいろいろなことが
　　　起こりました。北朝鮮との関係でいえば、今から5年前の2002年に小泉首
　　　相が北朝鮮に行って何をむすんだんだっけ。

生徒：ピョンヤン宣言。

教師：このあと仲良くしようとしたけれども、拉致問題や核問題などで話し合
　　　いはどうなっている。

生徒：話し合いはない。

教師：日本と韓国・北朝鮮との関係をこれからも考えてください。

３．授業を終えて

　授業はいつも生徒が言いたいことを言いながらすすめていく。発言回数の多い子どもは当然偏っているが、発言しない子が何も考えていないというわけではない。あとで、この授業を終えて意見文を書いた。どの視点からでもよいというふうにしたが、「政府の立場」で意見を書いた子はいなかった。これは時間がとれなかったので、授業ではなく、「宿題」としたため、一部の子どもしか書いていない。

　まず、日本国民の反対運動について書いている子の意見……

①「北朝鮮を認めない」というのはおかしい。日本は朝鮮を植民地にした時、ひどいことをしたのに、その一部である北朝鮮を認めないというのはおかしいと思った。

②北朝鮮があるのに、韓国とだけ条約を結ぼうとするなんてひどいんじゃないかと思う。大谷先生も反対したのはよくわかる。

③韓国とだけ条約を結ぼうというのは、アメリカ言いなりになっているからだと思う。北朝鮮とも条約を結んだ方がよかった。

④あの時に北朝鮮を認めていたら、今の状況も少しは変わっていたのではないかと思う。

多くは韓国国民の反対運動に言及していた。韓国国民の思いに共感する意見である。

⑤昔、日本が朝鮮を植民地にしていた時にやった土地調査・朝鮮語の禁止・創氏改名などのひどいことに対して、日本側から謝罪や補償がまったくないことはおかしい。

⑥韓国の国民は、植民地の時のひどい扱いに対しての謝罪の言葉や補償がないことは許せないと怒ったのは当然のことだと思う。

⑦日本が朝鮮を植民地にしてひどいことをしたのに謝罪の言葉がないので、戦争への反省がないから、この条約は結んではいけないと思った。

この条約を肯定的にとらえている子もいる。

❸中学生に日韓条約を授業する　｜　207

⑧韓国の国民は個人への謝罪や補償がないと反対運動をおこしたが、国への補
　償をすればそれでいいと思う。韓国では日本からのお金で国内に便利なもの
　をたくさんつくればいいと思う。これ以上問題をおこさない方がいいと思う。
　⑧の子は現状追認派である。一般的にはこの方が多いのではないか。日韓条
約の授業をしなければ多くの生徒がこの意見を書いたと思う。マスコミの報道
姿勢の問題から言えば、結局現在の政府の見解を支持するような意見を持つよ
うになっている。しかし、授業の中で多くの子どもがお互いの国民の立場にたっ
て考え、日本の植民地支配の決着の仕方がよくないことを指摘していた。きち
んと償いをしてこれから仲良くしようという姿勢である。④の意見の子は「今
の状況の原因」という見方もしている。北朝鮮との関係を考える手がかりになっ
ている。とりくみはここまでである。義務教育最後の時期にこんなことを考え
たことが、いつか日本と韓国のお互いの国民の理解へつながる一助になればと
思う。　　　　　　　　　　　　　　　　　　　　　　　　　　　〔大谷猛夫〕

4

平和教育をめざす韓国戦争の授業

1. なぜ韓国戦争を授業テーマに選んだか

今年の私の挑戦課題は、誰でも容易にでき、してみたいと思える現代史の授業をすることである。最近、革新学習サークルで現代史を勉強したことがきっかけになって、毎年表面的で一過性の行事で終わっていた現代史の授業に関心を持つようになった。また、今回の発表会に参加した先生たちが「私でもできる」という感じを持ち、誰にでも一般化できる授業をしたかった。

現代史の中で特に韓国戦争を選んだ理由は、現代史の最も大きな傷が韓国戦争だと考えるからである。また、2012年現在、私たちの社会の当面する課題は分断克服と統一だと考える。最も重要であるが、無視したい大きな傷である韓国戦争を心を込めて勉強すれば、2学期の現代史授業に役立つと思った。

しかし、分断克服と統一の重要性にもかかわらず、子どもたちの分断や統一に対する関心も浅薄である。子どもたちにとっては韓国戦争は遠い昔の、おばあさん、おじいさんたちの古い話でしかない。それで「私たちは一民族であるから統一しなければならない」程度の深まりのない漠然とした統一意識を持っている。また、北韓のイメージは、マスコミの影響により、飢える人々、脱北者、原子爆弾、独裁政権などの否定的なイメージでいっぱいである。統一費用が多くかかって、韓国も北韓のように飢えるようになるかと思って恐ろしい。だから、あえて大変な統一をしたくない。韓半島が世界でただ一つ残った分断国家である。とても危険な状況にある現実が皮膚に届かない。今回の授業が子どもたちに分断克服と統一に対する関心を高めて、前世代の経験を真剣に学ぶ意志を少しでも持つきっかけになるように願いながら授業を準備した。

〈韓国戦争の原因〉

どの社会でも葛藤はある。すべての社会の葛藤は必ずしも戦争につながらない。では、1950年、この地になぜ戦争が起きたのだろうか。当時、生きていた人々

209

ははたして何をしたのだろうか。また、今この瞬間、私たちは前世代の人々の誤りを繰り返さないためにどんな努力をするべきか。

　私は8・15解放を迎えた人々の数多くの葛藤解決過程に焦点を合わせたい。当時生きていた人々は社会の多様な葛藤に賢く対応することができなかったのではないか。わかり合おうとする努力よりは、殺し合う政治の終末が韓国戦争ではなかったのだろうか。

〈小学生ができること〉

　それなら韓国戦争という悲劇を繰り返さないために小学生ができることは何だろうか。まず韓国戦争の素顔を生き生きと見ることだ。アメリカ9・11テロやイラク戦争がマスコミで報道されたとき、子どもたちは戦争を興味がわくコンピュータ・ゲーム程度に思うのを見て非常に驚いた。子どもたちは、戦争の犠牲の羊が「自分、または自分の家族」になることをあまり想像できなかった。韓国戦争の授業で子どもたちは、戦争を体験した人々の話を通して、戦争の暴力性に深く共感して平和の大切さを感じるようになる。次におじいさん、おばあさん（前世代）の痛みに共感し、わかり合う努力をするようになる。傷の多い前世代の人々よりも純粋な子どもたちのほうがはるかに心を開きやすい。子どもがまず心を開いて学ぼうとする意志を持つことが重要である。

〈戦争の暴力性に共感〉

　子どもたちは戦争体験者でも多様な階層の生々しい戦争の話を通して、戦争の素顔に出会うようになる。しかし、あまりにも暗くて残忍な内容は戦争の恐れだけを心に残し、戦争に目を向けまいとする結果をもたらす。したがって、戦争の悲劇とともにその中でも平和を守ろうと努めた人々の話を扱ってバランスが取れた歴史意識を育てなければならない。

〈学習目標〉

（1）戦争の暴力性に深く共感する。

（2）前世代の痛みを共感し、わかり合おうとする意志を持つ。

（3）統一のため具体的な実践を行なって、統一の義兵として責任感と自負心を持つ。

２．授業の流れ（約１０時間）

（１）統一運動に関心を持ち、北韓について感じたことを話し合う。

①統一おばさん「ユ・エギョンさん」の映像を見る（質疑応答）

②「北韓」と言えば思い浮かぶこと、または感じたことを粘土で表現する。

③１次質問用紙書き取り

（２－３）統一おばさん「ユ・エギョンさん」へのインタビュー

「良い友だち」映像（約２０分）を見る（質疑応答）［「良い友だち」は統一運動の市民団体―訳者］

　最も記憶に残ったこと、勉強の後の自分の気持ちを感想文に書き、発表

（４）韓国戦争紹介

①絵本『オニャン』（ソン・アンナ（文）、キム・ヨンマン（絵）『オニャン―興南撤収作戦最後の避難船の物語』泉、2010）の読み聞かせ

②韓国戦争について調べたいこと、知りたいことを三つ以上書く

③文を書く課題：家族に統一おばさん「ユ・エギョンさん」を紹介した後、統一や韓国戦争について聞き書きをする。

（５－６）韓国戦争の原因と展開過程

①家族への聞き書きの感想を紹介し合う（５～６人）。

②単語カード年表で韓国戦争の展開過程を整理する。

③韓国戦争の原因と展開過程をグループ別に演劇発表

（プリント―イ・グァンヒ『特ダネ20世紀韓国史　第３巻――解放と韓国戦争』ハンソルス・ブック、2011）

④グループ別に演劇台本発表（約25分程度）

（７）韓国戦争の映像を見る

①第６時から出た子どもたちの質問を中心につくったワークシート（嘘を探せ）

②映像「韓国戦争と子ども」（14分41秒）を見て、印象深い場面を話し合う。

（８）韓国戦争を体験した人々

①グループ別に多様な人々が体験した話の読み取り資料

（９・10）統一セッセッセの歌、またはゴムとび歌づくり大会

①絵本『とうさんと私でつくった花畑に』（イ・サンギョ（文）、ハン・ジャヨン（絵）

4平和教育をめざす韓国戦争の授業　211

『とうさんと私でつくった花畑に』ポムボム出版社、2011）の読み聞かせ

②先生が国民学校のときに歌った反共歌を聞く：打ち破れ、共産党〜（紹介の後、教室に入りながら、ゴムとびをしながら歌う）

③統一歌の歌詞を変える、発表

④統一歌と遊び種まき運動提案→私たちのクラス共同目標を決めるゴムとび遊びを教える。

（１１）授業のまとめ

①全体授業映像を見る（統一おばさん—朝鮮戦争体験した人々—統一歌と遊び）

②質問用紙を書く

・北韓、統一、韓国戦争で思い浮かぶこと

・韓国戦争を体験したおばあさん、おじいさんに会って必ず尋ねたいこと

・２学期にさらに勉強したいこと

・韓国戦争の集中探究授業後に変わったこと

3．授業日記と整理後の感想に見られる子どもたちの学び

⑴第１時の授業日記：統一運動に関心を持ち、北韓に対する初発の感想の話し合い

　子どもたちは映像を見て、寒い日に光化門でなぜお辞儀をするのかとても興味を持った。最初、音声なしにしばらく画面を見せた後「なぜこの人はお辞儀をするの」と質問をして、音声をつけて見せると子どもたちの集中は高まった。映像の延坪島砲撃事件と韓国戦争の映像にも大きな関心を見せた。映像で二人の息子がいるユ・エギョンさんは延坪島を訪問して「北韓の故郷へ帰るのが死ぬ前の願い」という離散家族のおじいさんの声になることを決心して、戦争を経験した前世代の人々が生きているときに解決しなければならないという切実な心でお辞儀をするようになったといわれる。映像を見た後「ユ・エギョンさんに会ってみたいか」と尋ねると26人全員が熱烈に歓迎した。「北韓」と言えば思い浮かぶこと、または感じたことを粘土づくりで表現することは多少散漫に進んだ。子どもたちが主につくったのは崩れた建物、核爆弾、戦争、銃、涙などだった。北韓については「恐ろしい」「背筋が寒くなる」「哀れだ」「残忍」などが多かった。そしてユ・エギョンさんに会って知りたいのは、統一と北韓

についてだった。

子どもたちの反応
①「北韓」と言えば思い浮かぶこと：爆弾4、核爆弾3、戦争2、銃2、人共旗2、白頭山2、
剣、白馬、真っ赤なスカーフ、平壌冷麺、ハート、統一、兵士、拷問、表情、崩れた建物
②北韓に対する感じ：恐ろしい7、哀れ5、残忍3、悲しい2、統一したい2、悪い、私たち
の敵、利己的だ、苦しい。
③品の題名（理由）：ハート（統一のために）、涙（戦うばかりで）、爆弾（延坪島事件）4、拷問、
目つき、子犬（延坪島で主人を失うこと）、崩れた建物2、核爆弾2、銃、人共旗2、平壌冷麺、
剣（拷問をよくするから）、白馬、爆発する白頭山
④子どもたちがユ・エギョンさんに聞きたいこと
ア．統一
誰も神経を使わない統一のために、なぜ、お辞儀をするんですか（8）／いつからこういう
活動をしているのですか（2）／どうして統一しならなければならないのですか（3）／統
一したら何をしたいですか（7）
イ．戦争
もし戦争が起きたらどうするのですか（2）／戦争とは何ですか
ウ．北韓
もし北韓指導者に会ったらどういう話をしたいですか／北韓に行ったら何をしたいですか／
北韓はどんな存在だとおもっていますか／北韓の大人たちを許せるんですか

⑵第2～3時　統一おばさん「ユ・エギョン」さんへのインタビュー

　ユ・エギョンさんは臨津閣で統一の明け方礼拝をして光化門で祈禱をした後、
お昼に教室に来てくれた。初めてユ・エギョンさんと会った子どもたちは歓声
を上げた。ユ・エギョンさんと楽しいリズム体操をしながら「ピングル」（お
たまじゃくの歌）を歌った後、昼食を食べた。子どもたちはとても興奮していた。

　しかし、5時間目の授業が始まって、「良い友だち」の映像も熱心に見て、
質問もよくした。映像で法輪僧侶が飢死していく北韓の子どもを助けること
ができなかったのは分断のためだった。「良い友だち」がした統一運動事例（100
万署名運動、募金、キャンペーン、断食、統一リレー祈禱、統一体育祝典）を見て子ども
たちは統一のためにこのように努める人々がいるという事実に感動を受けた。

　ユ・エギョンさんに光化門でお辞儀をする理由を尋ねると、ユ・エギョンさ
んは次のように答えた。「北韓の政治をする人は飢死にせず、私たちと同じ国
民が飢えて死んでいます。北韓を助けても貧しい人々の自尊心は助けなければ
と考えます。北韓が憎くても子どもたちには食糧を送ってください。もう戦争
はいけません。私から許しを乞う気持ちでお辞儀をして、大統領に知らせたかっ

たのです」。また、「北韓はお金を与えれば武器を買うのに、どうするんですか」という質問には次のように答えた。「私たちが食糧をたくさん支援すれば食糧価格が落ちる。そうすれば一般国民が食べる食糧価格が安くなる。武器を買う軍備競争にお金がたくさんいる。そして腹がへったときに助ける人は絶対に憎むことはできない。私たちが助けてこそ戦争の危険も低くなる」。最後に統一したら北韓に行って飢える子どもたちにご飯を食べさせたいと言われた。

　次に感想文を書いて列ごとに感想を言った。みな真剣に参加した。ユ・エギョンさんも子どもたちが活気に満ちて集中ができているとほめた。ところが授業が終わった後、芸能人に会ったときのように、誰も彼もサインをもらおうと列をつくった。他のクラスまで噂になって、ユ・エギョンさんは子どもたちが願う「南北統一」「平和統一」などとずっとサインをした。

> ユ・エギョンさんへのインタビュー後の子どもたちの感想
>
> (シン＊＊) 突然北韓に対する同情心ができ、なぜか北韓を助けたくなった。北韓が苦しいことはわかったが、あんなふうにひどく飢えて死ぬ状況だとは知らなかった。きちんと調べれば金正恩など位が高い人々が悪いのでしょう。北韓に暮らす住民たちは悪いこともしなかったのに罰を受けるみたいです。
>
> (コォン＊＊) 今までの授業の中で最も貴重で一番おもしろかった。私も1年に一回ずつする「生活困難者助け合い」に参加して「生活困難者助け合い貯金箱」に一日に500ウォン〜1000ウォン以上を入れて、北韓を助け、統一を成し遂げたい。
>
> (イ＊＊) 心が暖かくなって切実さを感じた。これから私たちが統一のために努力しなければならない。また、ユ・エギョン先生を見習いたい。良いことを教えてくれて本当に感謝した。栄養失調で死んでいく北韓の子どもたちを見たので、胸が痛かった。早く北韓の子どもたちを助けたい。またユ・エギョン先生は本当にすごい。これから私たちが努力して、私たちの子どもたちが北韓と統一されたそのような幸福で楽しい国に暮らせたらいいな。
>
> (キム＊＊) 最初は、「良い友だち」が何をする所なのかも知らなかったけれど、私たちの統一のために働く良い団体だということを知った。当時の北韓を見る冷たい視線を克服してそのように北韓の人たちのために奉仕したとのことが本当にすごい。私も将来先生になったら子どもたちに北韓をしっかり教え、助けるようにしたいな。

(3)第4時　韓国戦争の紹介

　絵本『オニャン』の表紙を見せながら、子どもと船はどんな関係があるか。なぜ船に乗ったのか。質問をやり取りした。そして中間に母親が船に乗ろうとする場面で、もし君が母親ならばと質問し、本を皆読んで、もしオニャンに会ったら何が気になるか尋ねたが、子どもたちは気乗り薄だった。韓国戦争が

子どもたちの人生とどんな関連があるのかまったく関心がないような態度だった。授業を終えながら、週末課題として家族に「ユ・エギョン」さんを紹介して、統一や韓国戦争の聞き書きを課題にした。

　月曜日に17人の子どもたちが課題を提出した。大部分の両親が真剣に子どもたちと統一と北韓に関する話をしてくれた。両親の反応は平和統一が必要で、北韓の飢える人々を助けるべきである。熱心に統一運動をする人々に対する感謝などが大部分だった。また統一に反対する人々は統一過程で社会・経済的混乱が恐ろしいからという返事もあった。3～4名の文には韓国戦争を体験したおばあさん、おじいさんの話が出てきた。とにかく、文を書く課題を通して、子どもたちは韓国戦争に対する関心が高まった。

⑷第5～6時　韓国戦争の原因と展開過程

　前時の授業が終わった後、韓国戦争の原因と過程をどれだけ伝えられるのかはっきりしなかった。そうするうちに児童書『特ダネ20世紀韓国史　第3巻』を発見し、その本の演劇台本で授業をすることにした。

　まず、家族からの聞き書きの感想を5、6人で話し合った後、単語カード年表で韓国戦争の過程を簡単に整理した。そして演劇台本のコピーをグループ別に分けた後、発表をした。5分ほど感想を書いた後、先に書いた人から発表をした。数人の子どもたちが知りたいことを発表した。「韓国戦争で功績を立てた人は」「韓国戦争で被害をこうむった文化財は」「朝鮮戦争に派兵された国連軍、中国共産軍兵力は」「国連軍はなぜ北韓ではなく韓国の肩を持って参戦をしたのか」などだった。この友人たちの疑問を各自調べて、次の社会時間に発表することにした。

⑸第7時　韓国戦争の映像を見る

　前時の演劇台本の読み取りでは不足していたようなので「韓国戦争と子ども──14分41秒」という映像を見せた。この映像は子どもの視線から見た韓国戦争だ。子どもたちが韓国戦争を深く理解するのに役に立った。この映像を見た後、韓国戦争を体験したおばあさん、おじいさんにしたい話を尋ねてみると「苦労されました。ごめんなさい」という返事が出てきた。

4平和教育をめざす韓国戦争の授業　│　215

(6)第 8 時　韓国戦争を体験した人々の話の絵を描く

　第 6 時に書いたハンソルス・ブックをコピーしてグループ別に絵を描いた。韓国戦争を体験した江原道の少女の日記と韓国戦争の中でも平和を守ろうと努めた 3 人の話だった（八万大蔵経を守った金英煥大佐、興南撤収作戦の韓国人シンドラー玄鳳学、済州 4・3 焦土化作戦を拒否した金益烈大佐、江原道の少女の日記―私をおいて行くのか、北から来たお客さん、西洋人の米軍が入ってきた日、戻ってきた私たちの家族）。

　子どもたちは真剣に絵を描いた。授業の後、子どもたちが描いた絵をスキャナーでコピーして、映像を編集をした。最後の授業にこの映像を見せようと思う。

(7)第 9 ～ 10 時　統一セッセッセまたはゴムとび歌づくり

　まず、絵本『とうさんと私でつくった花畑に』を読み聞かせた。この歌が韓国戦争当時、釜山に避難した人がつくった歌だと紹介した。そして、「薯童謡」で善化公主を得ようと百済武王が歌を広めたように、私たちも統一歌を広める運動をしようと提案をした。子どもたちは喜びながら、グループ別にセッセッセとゴムとび歌の歌詞をつくった。発表も楽しく参加した。

(8)第 11 時授業のまとめ

　第 8 時に子どもたちが描いた絵を映像に編集して見せた。自分たちが描いた絵だからなのかよく見る。そして何度もまた見せてくれと言った。映像を見た後、子どもたちに授業の後、自分に変化があったことを書きなさいと言って授業を終えた。

子どもたちの感想
○韓国戦争に対する関心がさらにできた。
○北韓に親近感が生まれた。授業前には北韓が大嫌いだった。米軍が好きだったし、もし大統領になったら北侵もしたかった。だけど、いまは北韓に対する感情がよくなった。
○韓国戦争が長い間続いたことや、アメリカが私たちを助けたことがわかった。韓国戦争を体験した彼らの苦痛を知るようになったし、これ以上韓国戦争が起きなかったらよい。
○韓国戦争が悲しい戦争だということがわかった。

216　Ⅱ．授業実践

5．成果と課題

　子どもたちは韓国戦争を体験した人々の苦痛を知り、これ以上戦争がこの地に起きてはいけないということに共感をした。統一のための実践意志も少し生まれた。しかし、戦争を体験していない子どもたちにとって分断や離散家族の痛み、そして統一の必要性を切実にしようとするには、どのような接近が必要だろうか。授業の中間で子どもたちに韓国戦争の授業の必要性を感じさせるのは少し大変だった。

〔朴順天〕

5

朝鮮人特攻隊員と韓国の子どもたち

1. はじめに

　歴史を愛する初等教師の会に入ることになった最大の理由は、授業が上手になりたいということだった。どの科目よりも社会科を教えるのは本当に大変だった。他の見方をすれば「私」を取りまく社会を学ぶ科目だから最もおもしろくなくてはいけないが、大部分の子どもたち（特に高学年の子どもたち）にとっては、一番嫌いな科目の算数についで二番目に嫌いなのが社会科だ。

　それだけに教えるのも並大抵のことではない。自分自身とかけ離れた話なのでつまらないという子どもたちに、覚えるために学ぶのではなく自分自身が生きていくとき考えることができるように社会科を教えるということは、それだけ教師の立場としてもかなり難しいということでもある。そこで歴史を愛する初等教師の会に入った。

　今回の授業は、子どもたちが「覚えなければならない歴史」という枠組みから抜け出して、子どもたち一人ひとりの生き方を通して歴史を考えられればよいという気持ちで進めた。そのように子どもたち一人ひとりの人生の中で歴史を受け入れるには、人物を中心に歴史を勉強させたかった。

　日帝強占期［日本による植民地支配の時代―訳注］を生きた人たちはなぜそのように生きなければならなかったかを子どもたちが探求しながら、その時代を本当に「理解」できることを願った。そこで思案の末に選択した人物が「朴東薫^{バクトン}」と「卓庚鉉^{タクキョンヒョン}」だった。

　日帝強制支配期に日本式の名前を持ち、天皇のために命を捧げた神風特攻隊として死んだ朝鮮人を取り上げ、話し合ってみたかったのは、「私の父母のようにその時代にただ順応し、生きたような人々が日帝強占期にはどのような人生を送ったのか」だった。私の周辺によくいるような人々を通して子どもたちが日帝強占期の先祖の苦痛をより身近に感じ、理解できることを願った。簡単

218 Ⅱ. 授業実践

な授業計画は以下の通りだ。

2．授業計画

（1）第1時
①導入：日本についての自分の考えをふり返る。
・日本について知っていることは
・日本をどう思うか
②展開：この人は誰だろう
・卓庚鉉、朴東薫の写真を見せて推測する。
・朝鮮人神風特攻隊の事実を知らせ、どのような人か考える。
③気になったことを話し合う。
・気になったことをまとめ、調査課題にする。
（2）第2、3時
①調べてきた内容を発表する。
②『それが知りたい』を20分視聴
③新たに気になったことを発表し、調査課題にする。
（3）第4、5時
①新しく調べてきた内容を発表する。
②子どもたちの調査内容に補充説明をする。
（4）第6、7時
①卓庚鉉の人生を役割劇にする。
②7つの場面を見せて、その場面に合う脚本を書き、役割劇をする。
（5）第8時
　卓庚鉉や朴東薫に手紙を書く。

3．授業進行記録

⑴第1時
　とりあえず、子どもたちの反応が知りたかった。子どもたちにまずパワーポイントでどのような単語が思い浮かぶかを話し合わせた。数字の4（四つの島）、桜の花、原爆の写真、日の丸を見せた。桜の花から多くの子どもたちが日本を

イメージした。

　提示された単語の他に日本について思いつくことを上げなさいという質問には、理科の時間に学んだ地震、火山の話が出たし、漫画を思い浮かべる子もたくさんいた。日本と言えばどのような感じがするかと質問すると、子どもたちは「嫌いだ」「悪い」「卑屈だ」「汚い」など、主によくないイメージだった。

　そして、子どもたちにパワーポイントで「卓庚鉉」と「朴東薫」の写真を提示し、どのような人か質問した。最も多い回答は独立軍だった。日帝強占期の頃の授業だからそう考えたようだった。子どもたちに、この人は独立軍ではなく、朝鮮人だが、日本の名前を持ち、日本軍として太平洋戦争に参加した軍人だと話をした。

　子どもたちに日本軍として太平洋戦争に参加した朝鮮人のこの人はどのような人かと聞いたところ、意外にも、子どもたちがすぐに関心を持ったのは「その人が無理に連行されたか」だった。『はだしのゲン』を幾度も読んだからだろうか。多くの子どもたちは、彼らは戦争に自発的に参加しなかったと推測した。かわいそうだ、生きるためだった、などの同情的な答えが大多数だった。だが、「裏切り者」という単語も出された。

　子どもたちに、日本軍として太平洋戦争に参加した朝鮮人の慰霊塔を私たちの町に建てるということになったら、賛成するか反対するかと質問してみた。大多数の女子は「望まない戦争で亡くなった方たちを慰めるのは当然だ、賛成」と答え、男子は半分が同じ理由で賛成したが、半分の子どもたちは「望んだにしろ、望まなかったにしろ、とにかく日本のための戦争で死んだのに、なぜその慰霊碑をわが国に建てなきゃならないのかわからない」と、反対を表明した。そのうえ、そんなものをつくれば家の値段が下がるという子もいた。気がかりなこと、知りたいことを考えようと言った後、質問を班別にまとめて2つくらい発表するようにした。重複するものを除いて質問を7つにまとめた。

　①無理に連行されたのか、自分の意志だったか。

　②なぜ神風特攻隊を拒否しなかったのだろうか。

　③なぜ若い人々を集めたのだろうか。

　④神風特攻隊とは。

　⑤太平洋戦争とは。

⑥なぜ日本に留学して飛行士になったのだろうか。

⑦卓庚鉉と朴東薫は生前には知り合いだったか。

そして、この質問を一つずつ班での調査課題とした。

子どもたちが戦争に参加した彼らを個人の痛みとしてすでに認識しているようすから、授業の方向を見失ったような感じを受けた。私は今でも卓庚鉉慰霊碑建立について多くの部分で葛藤を感じるのだが、子どもたちはむしろ直観的に判断しているという気がした。

そこで反対に考えることにした。私が子どもたちを導くというよりは、この子どもたちと戦争という集団の暴力とその中で崩れる個人の平和について深く話し合うため、互いの考えを理解し合う過程をつくっていかなければならないと考えるようになった。

⑵第2、3時

大部分の子どもたちが調査課題をがんばってやってきた。まず、黒板に私たちが前の時間に提起した質問を全部書いてから、1番から点検していった。

1班の発表は、無理に連行されたか、自分の意志だったかであった。「かっこいいと思ったので志願した」「軍人が足りなかったので無理に連行された」「金をくれると思って行った」「あまり考えず軍隊に行ったが、神風特攻隊に抜擢された」などの意見が出された。1班は、若い人々はみな軍隊に行った時代だから軍隊に行って、神風特攻隊にさせられた、という発表をした。1班の発表後、『それが知りたい』で朴東薫の弟が、兄が志願した日を回想する場面を見せた。つまり、飛行機の操縦士という夢のために飛行兵を志願したが、自殺特攻隊を志願したことはない、ということを見せた。

2班の発表は、なぜ神風特攻隊を拒否しなかったかである。「脅迫し、拒否できなくさせた」という意見、「家族に金をたくさんやると言われたからだ」という意見が出された。発表した子どもはインターネットで靖国神社に祀られることにどのような意味があるかを「ネイバー知識人」［インターネットサイト名―訳注］で調べて発表した。つまり、靖国神社に祀られることによって自分と家族を高めることができるという考えが彼らを死に向かって自ら歩ませた、という意見だった。こういう発表もあったので、『それが知りたい』の靖国神社

関連部分を見せた。

　3班の発表は、なぜ若い人々を集めたかである。子どもたちはあたりまえの
ことではないかと言い、若い人は力が強いから大変なことをさせようとすれ
ば、若者を連れていかなければならない、と言った。そこで「では日帝強占期
には若者を連行して無理やり働かせたということだね。そうなの」と聞くと、
そうだと言った。子どもたちがTVや周りで聞いた強制徴用の話を切り出した。
子どもたちに、「そうやって連行してどんなことをしたかわかるか」と聞くと、
子どもたちはよく知らなかった。そこで「そんなに辛いことをしなければなら
なかったので男だけ連行したのだろうか」という質問をした。するとソンギョ
ンが慰安婦の話を切り出した。「前に本で読みましたが、女性を連行して、男
の性奴隷にしました」と話した。子どもたちは何の話かよく理解できないよう
だった。そこで、これも追加課題に書き込んだ。

　4班と5班の「神風特攻隊とは」と「太平洋戦争とは」であったが、間違っ
ていたり、内容が短かすぎたので、次時までにもう一度調べてくることにした。

　6班の「なぜ日本に行って飛行士になったのだろうか」という質問には、推
測の意見や発表をした子どもたちが、わが国では飛行機の操縦は勉強できな
かったから、とした。

　7班の卓庚鉉と朴東薫については、発表することができなかった。関連資料
を探すことができなかったからだった。この班の子どもたちは、その当時日本
で神風特攻隊で死んだ朝鮮人の数字だけを調べてきたが、彼らが朝鮮人だと明
らかにして交流をしていたのか、を話した。多くの子どもたちは、彼らが朝鮮
人だということを知らずに最後まで生きていたという意見を述べた。なぜかと
いう質問には、日帝強占期の日本では朝鮮人だということを明らかにしてもよ
いことはなかったと、いうのである。もう少し具体的な発表が必要だと思い、
これもやはり追加課題に書き入れた。4、5班の不十分だった課題と今回新た
に持った疑問について子どもたちに調査課題を出した。

　1班・7班…徴用、徴兵の歴史

　2班…従軍慰安婦

　3班…神風特攻隊について

　4班…太平洋戦争について

5班…なぜ朝鮮人という事実を隠さなければならなかったのだろうか

6班…靖国神社について

⑶第4、5時

　子どもたちが自ら調査課題を調べ、勉強していく最後の時間だった。前の時間に調べてきた質問が「こうではなかったか」という推測にすぎない答えだったのに対して、今回は言葉通り調べれば答えられる質問項目だけだったので、子どもたちに質問を投げかけず、すぐに調べてきた資料を発表させた。

　徴用の歴史では、子どもたちの調査が少し足りなかったが、1班のイナが準備してきた統計資料で、多くの朝鮮人が日本に徴用されたという事実を知った。他の2～3人の子どもたちは、徴用で建てられた建物と炭鉱で徴用されて働いた記録を簡単に調べてきて発表をした。多くの朝鮮の若者が連行されたことに怒る子どもたちが多かった。これといっしょに、福岡県筑豊岡の村共同墓地のことを子どもたちに話した。故郷に戻れなかった遺体を持ち帰るべきではないかという子どもたちの質問に、「なぜ迎えないか、その理由を君たちが考えてごらん」と問い直した。ユンジは「連れ帰る人がいないから」と答えた。「じゃあ、迎えるべき責任があるのは誰だろうか」とまた問い直すと、息子、娘だと答えた子どもいたが、ソンギョンは「日本政府とわが国の政府です。」と答えた。子どもたちは両国政府の無関心がこのように彼らを放置していることを知るようになった。

　従軍慰安婦の問題は、少しは用心深く扱った。子どもたちが性に関心が強いこの時期に性的搾取をどう説明するか、ちょっと困った。発表する子どもたちも深く調べて発表できず、どんなに多くの人が連行されたのか、そして従軍慰安婦という用語の解説に終わっていた。そこで、私が慰安婦ハルモニ（おばあさん）の証言資料を読んでやった。淡々と初めからずうっと読み、子どもたちは自分よりちょっと大きい子どもがそんな目にあったことに大きな衝撃を受けていた。多くの女子がハルモニに関心を見せた。

　次に、太平洋戦争についてまず発表をさせた。戦争が勃発した背景と展開について比較的詳細に発表したが、理解ができなかったようなので、黒板に世界地図を貼ってもう一度説明をした。戦争に関心が強い子どもがいたし、ぞっと

するような戦争をおもしろいと受け入れる子どもたちもいた。

　神風特攻隊についての子どもたちの調査は、前の時間に視聴した内容を土台にどれほどたくさんの人が死んだのかを中心に調べてきた。何人かの男子の中には、国家のために自殺するのはすばらしいという子どもがいた。大部分の子どもたちはそれがばかなことだと考えていたため、しばらく子どもたち同士で論争があった。子どもたちは論理が不足していたので論争はすぐ終わった。すばらしいと考える子どもたちがいるということに本当に困った。

　なぜ朝鮮人だということを隠したのだろうかについては、子どもたちは、植民地国家の国民は差別を受けるほかなかったと話した。具体的な差別の事例は提示できなかった。そこで、私があらかじめ準備した資料で、朝鮮内でも日本人居住地域と朝鮮人居住地域が違い、その地域のようすを比べてどう違っていたのか話してやった。

　靖国神社について調べてきた班は、靖国神社が建てられたきっかけや天皇が直接祭祀を主管した事実などを調べてきて発表した。子どもたちは、天皇のために死ねば神になることや、そのような神が数万人を超える事実を理解することができなかった。クラスの子どもたちの半分程度は宗教がなく、残りの半分はプロテスタントとカトリックという状況で、子どもたちの大半は神は唯一神という概念のため紛らわしいと言った。そこで、多くの子どもたちが見ている日本漫画の『ドラゴンボール』の登場人物を例にあげながら、日本の神についての観念を簡単に説明した。日本では誰でも一定の要件だけ整えば神になるという概念について私がわかる限りの説明をした。

⑷第6、7時

　かなり悩んだ末に、計画どおり子どもたちと「卓庚鉉、朴東薫になってみる」ための状況劇をすることにした。子どもたちに7場面を提示した。①小さいとき飛行機について走る場面（映画「青燕」［2005年―訳注］から抜粋）、②歌を聞きながら故郷を懐かしがる場面（以下映画「ホタル」［2001年、東宝映画―訳注］から抜粋）、③朝鮮人であることを明らかにする場面、④飛び立つ前日、蛍館でアリランを歌う場面、⑤同僚に遺言を残す場面、⑥出撃する場面、⑦アメリカの戦艦に体当たりを試みる場面だった。班別に一つずつ選んでこの場面に合う台詞と動作

224　Ⅱ. 授業実践

をつくらせた。

約30分の時間を与えてから小講堂に移動した。マイクと照明を使い、集中度を高めるためだった。最初の場面チームから出てきて順番に準備した劇を行なった。すべての班が私の期待とは違って非現実的な状況を演出し始めた。

まず、内容をつくるにあたって子どもたちが今までの授業をよく理解してきたのか疑いを持った。私は子どもたちが卓庚鉉と朴東薫がその戦争に参加するにあたってどのような気持ちだったかを感じたと思ったが、子どもたちは笑わせる演劇に執着して2人の主人公を戯画化することに集中した。

⑸第8時

子どもたちの劇については、その当日も、次の時間も特別なコメントをしなかった。そのまま紙を配って卓庚鉉と朴東薫に手紙を書いてみなさいと伝えた。私たちが今まで勉強したことに基づいて考えて書けば、よい内容の手紙を書けるという簡単な話だけした。

作文を読むと、私はさらに大きな混乱に陥った。前回の劇に照らすと、子どもたちがとんでもない文章を書くと思ったのに、3分の2程度の子どもたちが卓庚鉉と朴東薫の立場を理解し、その時代にはそう生きるほかなかったので気の毒に思うという文章を書いた。

文章を書き終えてから、子どもたちに朴東薫氏の録音資料*1を聞かせてもう一度聞いてみた。私たちの町に彼らの慰霊碑を建てるとしたら君たちは賛成するの、反対するの。みな建ててもよいと言った。なぜそう考えるのかと聞くと、子どもたちは彼らも日帝強占期の犠牲者だからよいと言った（文章として書かせ、残さなかったのが残念だった）。そこで子どもたちに、では朝鮮人として日本の名前を持ち、勉強をがんばって公務員になって高官になった人々は犠牲者かと聞いてみた。子どもたちはとても混乱していた。子どもたちは質問が難しすぎると言った。そこで、こういう質問に答えることが本当の歴史の勉強だと言

＊1　録音内容―戦闘に出ていくことが胸いっぱいになり一言も出てきません。今、特攻隊に選ばれ名誉に思う気持ちをうまく表現できません。敵艦に突撃して彼らを粉砕してみせます。歴史を守る同胞たちよ、一人ひとりがみな特攻隊になってこの歴史を永遠に守れ。これが若者が進むべき道だと思え。父さん、母さん、お元気で。ご心配をおかけすることは不孝であり、申し訳なく思います。私、正明［朴東薫の創氏名は大河正明―訳注］をお許しくださることを信じ、粛々と征きます

いながら終えた。私の心情としては、誰までが犠牲者なのか、なぜ私たちはこういうことを悩むほかないのか、聞いてみたかったが、子どもたちにとってはあまりにも難しいという気がした。子どもたちがこれをきっかけに本当に歴史を勉強するということがどのようなものかわかってくれたらよいと思った。

3. 授業を終えて

「授業が上手だ」ということは「子どもたちとコミュニケーションがうまく取れる」ということであり、そのコミュニケーションのためには、私が自らしようと思う授業で確固たる「哲学」と豊富な「背景知識」が必要なのである。すなわち、私がもっとたくさん勉強しなければならないということである。

　まだ問題が多い授業だが、それでも今回の授業で得たこと、自ら成果だと考えることがあるとすれば、社会科の学習で人物を調べ、探求していく過程の中で子どもたちがその時代をもう少しよく理解でき、6年生はそのような形の授業が可能だということである。そのために今回の人物探求授業をたどりながらクラスの子どもたちは断片的な「事実を知る」ことを越えて、もう少し深くその時代を探求し、わずかではあるが時代を「理解」したと考える。「慰霊碑を建てるのか」という質問に子どもたちは建てるべき理由を考えるとき「戦争で死んだのだからかわいそう」という最初の考えから授業を経て「戦争に参加するほかない状況に生きたことがかわいそう」という考えに変わった。この結果を見たとき、クラスの子どもたちが卓庚鉉や朴東薫の死をその一人ひとりの苦痛として見ることを越えて、日帝強占期という時代が生んだ悲劇として見ているのかと問えば、返事は「はて、どうだろうか」である。

　今回の授業が高まりながら、絶えず政治的選択という岐路に立たされる子どもたちが国家という枠組み中で、いつも正しい選択とは何かを念頭に置いて悩まなければならず、これが結果的に歴史的な流れにおいて誤った選択という結果になりうるということ、だがそれでもこの誤りが個人の誤りとして片付けてなければならないのかということを、今後も着実に苦悩する端緒になればと希望する。

子どもたちの手紙

朴東薫さんへ　　ソ・イナ

　こんにちは。私はソ・イナです。私は朴東薫さんの人生を調べて驚きました。単に飛行機が好きで日本に留学に行ったのに戦争に参加して17歳で死んだというから……理解もできず、かわいそうだと思いました。朴東薫さんはなぜ神風特攻隊になったのか知りたいです。自殺特攻隊であることを知りながら死んだというので、私に理解ができません。飛行士が夢ならばそのまま飛行士になるのに、なぜ自殺特攻隊になったでしょうか。家族が悲しむのに……私も両親が大好きです。だけど靖国神社に祀られて、家族の位牌をあげることができません。私は死なないで家族と幸せに暮らすほうがよいと思いますが……なぜ神風特攻隊になろうとしたんですか。私の考えでは、朴東薫さんの家族は朴東薫さんが神風特攻隊で死んで靖国神社に祀られることより、幸せにいっしょに暮らすことを望んだでしょう。私が朴東薫さんの家族だったらそう思ったでしょう。私は朝鮮人がこのように日本人の戦争で死ぬのは嫌です。他国のために死ぬのは嫌です。だけど私は朴東薫さんが家族のために死ぬ勇気自体はすごいと思います。そのような勇気を見習いたいです。

卓庚鉉さんに送る　　ウン・ジヨン

　こんにちは。私は13歳のウン・ジヨンです。私と4～5歳しか違わないのに戦争のために軍人になったり、両親が朝鮮人であるために差別を受けないようにしようと神風特攻隊になられたのですか。私は今回社会科の調査課題をしながら多くのことがわかりました。

　卓庚鉉さんが神風特攻隊で死ぬ前日にアリランを歌われたのですか。

　結局、おじさんも朝鮮人として朝鮮で死にたかったと思います。おじさんが朝鮮人ということを秘密にしたのは当然だと思いました。今日の発表で聞いたことですが、日本人が私たちを支配して、わが国は日本に差別されたのではないのですか。それでおじさんが朝鮮人だということを隠したと思います。おじさんは朝鮮人でありながら、死んでも日本でずっと神として残っていなければならないというのがとてもかわいそうでした。天皇のために死ぬと、靖国で神になる……。つまり、両親は神の両親となる。そういうのを本当に信じるかわからないけど、とにかくいつかは朝鮮、今は大韓民国の祖国に戻ってください。

慰安婦ハルモニへ　　パク・イェリン

　こんにちは。私は初等学校に通っている6年パク・イェリンです。私は最初に慰安婦って何かも知らず、気にもかけませんでしたが、今は知っています。軍需工場に金を儲けにいくと思ったのに、日本で軍人のおもちゃにされるために連行されたことを知ってとても悲しく、恐ろしかったです。ご飯も与えられず、同じ女性としてなぜ日本は今でも従軍慰安婦として連行したハルモニたちを認めてくれないのか理解できません。そうかといっても、ハルモニが被った被害がなくなるものでもありません。率直に言って苛立ちます。

　なぜ私たちがこんな辛い歴史を持たなければならないのでしょうか。国どおしは親しくしなければなりませんか。あー、考えてみると互いに自分の立場があるのでそうはなりません。

　それでもひるまず、がんばっているので幸いです。日本がハルモニのことを認めるその日まで熱心に運動し、元気でいてください。

〔羅勇虎〕

5. 東アジア前近代史のなかで日韓の歴史を学ぶ

　日本と韓国の前近代史を学習することは、国と国を相対化してみる見方を育てるのに適していると思う。近代国家以前はそもそも「国」という概念がそれほど発展していなかった。江戸時代、多くの住民にとって自分たちの住む地域は「播磨の国」、「相模の国」程度の範囲であった。関誠の「日本の中学生は中世東アジアをどうとらえたか」(2014年) は「中世までの東アジア海域には『国境』など意に介せず行き来していた人びともいた」という問題意識から実践にとりくんでいる。日本・韓国という国家の概念は住民にとって大事ではなかった。関実践は「このような人びとの姿を授業で浮かび上がらせたい」と期待しているのである。

　このようなスタンスから関実践は対馬をとりあげる。対馬の住民にとって江戸時代以前は朝鮮との交易が江戸幕府との関係より重要であった。自分たちの生活にかかわる問題だったからである。関誠の「日本の中学生は中世東アジアをどうとらえたか」と安炳甲（アンビョンガプ）の「三浦（サムポ）と対馬を通してみた韓日関係史」(中、2000年)、石井建夫の「対馬から考える『秀吉の朝鮮侵略』の授業づくり」(中、2000年) は、日本と韓国の境界地に視点を置いて歴史を考える実践になっている。この3本の実践は、くしくも対馬に視点をあてて日本と朝鮮の中世の関係を考えるものとなっている。関実践と安実践はともに倭寇期をとりあげ、対馬住民の生活から考えるものとなっている。日本の室町時代から戦国時代にかけて、朝鮮半島・中国の沿岸を荒らし回った海賊を倭寇と呼んでいる。倭寇の出自については、議論があるが、その出撃地になっていたのは五島列島や対馬であることは明らかである。関実践は対馬住民の意識を考えさせ、安実践は韓国側の対応を生徒に考えさせている。山地が広がる対馬の島民は海に乗り出して生活を立てるしかない。魚を捕って売り、その銭で自分たちの食料を手に入れる。交易をしなければならない。距離的に遠い九州より近い朝鮮半島とより積

極的な交易をおこなわなければならない。対馬島民が生活していく上で最小限必要なことは朝鮮半島の人びととの交流であった。窮乏した島民が倭寇となって、朝鮮半島の住民をおびやかすこともあった。対馬島民が暮らしていけるように、と考えることが関実践の中心である。関実践の生徒は「対馬の人は自分たちを何人と考えていたのか」を考える。日本人・韓国人という枠組みでないものを想像していく。それに対して安実践は、朝鮮半島の立場にたって、倭寇を武力弾圧するのでなく、港を開いて、対馬住民を受け入れることによって、倭寇の被害をなくそうとする朝鮮王朝の対応を考えさせていく。

　石井実践は、対馬の住民の立場にたって、生徒に秀吉の朝鮮侵略を考えさせる授業実践である。特に秀吉の朝鮮侵略時には、侵略の先兵の役割を担わされる。しかし、その後の江戸幕府の国書改竄事件を対馬住民の立場にたって子どもたちに考えさせている。幕府の命に従わなければならない対馬藩は、自分たちの生活の安定を願って国書を偽造する。結果的にこれが江戸時代ずっと続く朝鮮通信使となっていくのであるが、国書偽造は日朝の平和的な交流への願いがその根底にあることに子どもたちの考えは広がっていく。安実践も「日本の中央政府が倭寇を助長した」と考えていた生徒の考えをゆさぶっていく。朝鮮王朝が朝鮮の港を開いて日本人との交流をすすめようとしたことも平和的な解決方法だったと韓国の生徒は気づいていく。関実践の生徒は「今みたいな国境争いをしていなかった。今よりも全然平和だった」と指摘するのである。関も安も子どもたちに日本と韓国の歴史を学び、未来の友好・親善を願っている。その大きな布石としての2実践である。

　また、石井実践を含め、この3実践はみな中学校の実践である。中学生のみずみずしい感性がレポートの随所にでてくることも注目したい。関は、対馬島民から朝鮮王朝への要望書を書かせている。そのなかには「貿易を増やしてほしい」、「食料の支援を」、「職人をよこして」など対馬島民の立場にたった切実な要求は何かを生徒は考えている。韓国の中学生は率直である。「日本は嫌いだけど、歴史を学んでこれからの日韓関係を改善していかなければ」、「三浦を開放して倭寇問題を解決しようとしたことを見習って今の日本とも平和的で友好的に交易し、交流すべきだ」と答えている。

　これに対して鄭 勃 任「円仁から見た新羅人」（高、2002年）は円仁をとりあ

げている。前の3実践をかなり遡り、9世紀のできごとをとりあげている。日本の平安時代、韓国では新羅の時代である。唐に留学した円仁が新羅人に助けられて目的に果たし、日本に帰国し、仏教の布教をすすめる。古代の歴史の中でも日本人と韓国人が助け合った、という事実を教材にしている。この時代、それこそ「国」という意識がどれだけあったのだろうか。すぐれた仏教の教えを学びに中国の寺に行った円仁はさまざまな困難の中で、新羅の人たちに助けられる。ともに中国の地にあって、異国人という共通の境遇の中で、助け合った人たちがいた、という事実を子どもたちは学ぶ。鄭実践は、困っていた日本人を韓国人が助けた、というスタンスを生徒に示している。生徒ももともと持っていた「反日」の感情をこれによって和らげている。ちょうどこの実践にとりくんだ時期は2002年、サッカーの日韓ワールドカップの共催がおこなわれていた時期とも重なる。時宜を得ていたということでもある。鄭実践の生徒は「韓日ワールドカップで8強に進出できなかった日本が8強に進出した韓国の善戦を願って応援するとき、何よりも私はそれをさらに骨身にしみるほど感じた。それは円仁の記録の中の新羅人の話がいつか日本の歴史教科書に書かれるようになるとき、それを見て感動する日本人の感情と同じだろう。いつか歴史的問題をめぐっても両国が明るく笑うことができるその日が来るだろうと固く信じる」と書いている。円仁をとりあげる授業を日本の学校でどれだけつくりあげられているか心許ないが、この生徒の期待に応える意味でも、日本の学校で今後の実践がすすめられることを期待したい。

　前近代を授業でとりあげるとき、どのような資料に基づいて、どのような教材を提示できるかもポイントになる。そういう点で円仁の日記は興味深いものといえる。遣唐使の学習はどこでもやっているが、新羅とのかかわりでとりくんだ実践は日本ではあるのだろうか。教材という点では、対馬をとりあげる時も偽造された国書も面白い。安実践でとりあげたジャパンタウンの映像、関実践で示された『海東諸国記』も良いかもしれない。

　この鄭実践の報告をした時のシンポジウムでコメントをした韓国の教師申振<ruby>均<rt>ギュン</rt></ruby><ruby>申振<rt>シンジン</rt></ruby>は「鄭実践は、過去の歴史の中で共存の姿を探すものであり、『古代の円仁を通じてみた日韓交流』というテーマの方がよかった。授業の焦点が円仁を通じた交流よりは円仁を助けた新羅人に焦点があたり、学生は古代の韓国が日本

に優秀な文化を伝えたという、もうひとつの証拠を発見したということになる。日本はどうしてこのような事実を教科書に載せないのか、という反日感情というか惜しいような感情がより増すと言う気がしないでもない」とも述べていた。

また、日本と韓国の生徒の反応の違いもみられる。日本の生徒は「歴史だと信長、秀吉ばかりが目についてしまうけど、対馬の人々をはじめ、もっと奥から歴史を見つめる方が面白いと思う。朝鮮進出の本当の姿は対馬の人々のようすだと思う」、「対馬は、少し独立だった。……一つひとつの島々にも国は目を向けねばならないと思う」と書き、歴史学習の面白さそのものに言及している。これに対して、韓国の生徒は「率直にいって私は本当に日本を嫌っている。血が好きな野蛮人だと思う。だけど昔のことだからもう少し良い関係がつくれればよい。開放されていなかった日本文化が開放されたこの場で過去のことを思い、こんなちっちゃいことはバカみたいだし、もう少し文化的にも政治的にも往来したらと思う」、「円仁の日記にはどれひとつ新羅人に助けられないことがなかった。不法滞留者だった彼を唐で引き続き勉強できるように手助けし、滞在する間も物心両面で助け、そのうえ帰国まで新羅の船舶や新羅人の助けで無事に日本に到着できた。今回の世界史の授業を受けた後、私は自分たちが歴史を正しく理解していないというのが残念で、……このような事実を両国は互いに記述して人々に知らせ、互いが打開を理解するのに良いこやしとなれば、という気がする」と書き、日本と韓国の前近代史を学んで現在の日韓交流に言及している。

前近代を扱っても、今の課題に結びつけることは授業者が意図しなくても生徒は、しっかり日本と韓国の今の関係を考えるてがかりとなることはこれらの生徒の声を拾うだけでも証明となる。

また、日本の二つの実践のうち、石井実践は日本から対馬を見ている。関実践は東アジアの視点で対馬をとらえている。これは石井実践が2000年、関実践が2014年という実践の蓄積の積み重ねを経た日本の状況がそうしているのかもしれない。

石井実践の生徒のなかに「この授業は対馬の誰から見たものなのか。農民から見たものなのか、宗氏から見たものか、武士から見たものか、全部違うと思う」という指摘があった。するどい指摘である。地域をひとからげにするので

5. 東アジア前近代史のなかで日韓の歴史を学ぶ　231

なく、階層の違いを問題にしている。このような指摘に答える授業を今後期待したい。

〔大谷猛夫〕

❶

日本の中学生は中世東アジアをどうとらえたか

1. はじめに

とにもかくにも、世間ではやれ「竹島は日本だ！　尖閣は日本だ！」と騒がしい。現在のようなバウンダリーとしての「国境」が引かれたのは、人類史のなかではつい昨日のことである。少なくとも中世までの東アジア海域には、「国境」など意に介せず行き来した人々もいたわけである。そのような人々の姿を授業で立ち上がらせたい。

私は当初「倭寇の授業」と銘打ったものを構想した。しかし、民間の研究会等で検討してもらった結果、対馬という視点を定めることにした。可能なかぎり生徒を中世の対馬の人びとの視点に立たせられるような具体的な教材を探そうと考えた。倭寇からストーリーをたてることを避け、当時の対馬の人々の生活や活動を見ていくなかで、明や朝鮮王朝によって、倭寇とよばれた人々やその活動が、立ち上がってくるように構成しようと考えた。

この授業は3年生対象にテーマ学習としておこなったものである。中世は既習の事項である。

2. 授業のねらい

・対馬がどんな島であるか、あったかを見つめさせることで、中世、そこに生きた人々が陸で、海でどのように生活を成り立たせていたかを理解させる。

・「和語」を話していた対馬が、明や朝鮮とどのような関係を持っていたかを知ることで、生徒が自明のもののように思っている「国家」や「国境」というもののとらえ方をあらためて考える機会とさせる。

3．授業の実際

○はプレゼンテーションソフトで作成したスライドを提示した。

【1時間目】

〈『海東諸国記』(1471) にある対馬島図を見せ……〉

T：これは朝鮮で1471年（日本では応仁の乱のころ）に描かれた日本のある島の絵。
　　この島の人は何をして生計をたてていたと思う？

S：漁業、農業、栽培、採集、海賊、貿易、狩り、狩猟、林業

〈「日本國對馬島之図」と書いてあるのを提示し、〉

T：読める？　　　　　　　　　　　　S：つしま

T：対馬ってどこ？　　　　　　　　　S：対馬海流……

　　○『海東諸国記』の著者である朝鮮の役人申叔舟の対馬についての記述「煮塩、捕魚、販売をして生活している」

T：塩づくりや漁、そしてそれらの販売は対馬の人々の生活にとって大切な営みだったようだ。対馬とはどんな島なのだろう？

〈対馬の写真2枚を提示し〉

T：どんなところ？　　　　　　　　　S：山が多い。リアス式海岸、きれい

　　○南北82km、東西18kmの島で、島の89%が山。現在耕地は3%しかない。

T：この島の人たちは、農業をしていなかったのか？

S：耕地が3%しかないのでは無理。山ばかりだからダメ

T：していたと思う人？　していなかったと思う人？

していた2／3　していない1／3程度

T：山だからこそできる農業もあったのでは？　　　　　　　S：焼畑

（地理の日本地誌は焼畑から学習を始めた）

　　○対馬に残る焼き畑の記録。1年目の7月下旬から8月初旬にかけて、樹木・草木の伐採が始まる（コバナギ）。数ヶ月待って、11月までに枯れ野に火がかけられる。すぐに鋤をかける（コバックリ）。麦をまくと冬をこえて春5月下旬には実る。2年目以降はソバあるいは粟が植えられ、輪作の最後の年に豆類が作付けされる。2・3年ほどでその畑を放棄して別の森を焼く。

T：なんで輪作するの？　　　　　　　S：連作障害がおこる。

T：なぜ数年で別の森を焼くの？　　　S：土の栄養がなくなる。
　〇17世紀、対馬の豆酘（つつ）という集落では、年貢の5分の4は米ではなく、麦などの雑穀であった。土地利用については、56％が木庭（焼畑）で40％が畠地、4％に満たない水田であった。
T：現在、耕地は3％しかないが、昔は大きく異なっていたようだ。しかし、対馬を訪れたことのある朝鮮の役人姜勧善（カングォンソン）が「対馬は人居がまばらで、土地が狭く、土地がやせていて農業ができず、飢饉から逃れることはできない」と書いているのを見ると、農業で余裕のある暮らしができるようなところではなかったようだ。
　対馬ってどんなところにあるのだろうか。地図で確認しよう。
〈南北が逆さま、中国大陸側から日本列島を見た地図を提示し〉
T：この地図、何か変わっているね？
S：向きが逆さま
〈対馬が日本列島から見て、朝鮮や中国に飛び出した位置にあることを意識させるため〉
T：対馬ってどんなところにある？
S：釜山（プサン）の近く、中国の近く　　S：中間
T：どこの？　　　　　　　S：朝鮮、長崎、日本、韓国、台湾
　〇対馬島の北端から朝鮮半島まで49.5キロ。対馬の中心地厳原（いづはら）から博多までは147キロ

T：この立地を利用して、あなたなら何をしますか？
S：海賊、貿易、中継ぎ貿易
〈『海東諸国記』にある「海東諸国総図」を見せ〉
T：何かおかしくない？
S：（対馬が）でかい
T：他に現実ばなれして大きいのは？
S：沖縄
T：琉球・対馬は当時の朝鮮の人々にとって、なぜこんなに大きく見えたの？
S：大切だから、貿易してたから

海東諸国総図

T：当時、琉球王国といえば何で栄えたんだった？　　S：貿易、中継貿易

T：対馬も琉球と同じくらい大きく描かれたということは？

S：対馬も中継ぎ貿易をやっていた

T：対馬も貿易をしていたようだ。対馬の人々、どんな貿易をしていたのだろう？

　　当時、日本では朝鮮やさらにその先にある中国のどのような品物を求めていたのかな？

S：シルク、茶、海産物、金、アヘン、銅鏡

　　○1561年に明の僧若曽が書いた『日本図纂』にある「倭好」を紹介

　・生糸…中国の10倍の価格で売れる。

　・（綿）布…日本には綿花がないため

　・水銀…銅器をメッキするのに用いる。価格は中国の10倍

　・鉄鍋…大鍋は日本では手に入らない。一鍋の価格は銀一両

　・磁器…花模様のものが使用される。

　・古文銭…日本には自国の銭がないため。

　・古名画…もっとも喜ばれる。

　・古書…古医書を見つければ必ず購入する。医を重んじている。

〈皇帝の着た織物（レプリカ）の写真を見せ〉

T：この模様はどう出したと思う？

S：塗る、刺繍、藍染め、焼く、描く

〈すべて織りで出していると説明すると〉

S：スゲー　　　T：磁器って何？　　　　S：磁石

〈磁器の写真を見せ〉

T：何で高級なんだと思う？　　　　S：白いから

T：土を焼いたら、普通は何色になる？　　　　S：赤、茶

T：何で白くなるの？　　　S：染めた

T：染めたんじゃないんだよ　　　〈カオリンや景徳鎮の話をした〉

　　○朝鮮からの輸入品は木綿が中心であった。

　　○日本からの輸出は、銅・錫・鉛などの金属が主。1530年代以降、石見銀山の開発により、銀の輸出が急増。その銀の精錬方法は朝鮮から伝わった技術

236　　Ⅱ．授業実践

である。（石見銀山は当時の世界の産出量の3分の1も占めたこと。それが世界遺産に登録される意味であることにも触れた）

T：対馬が貿易にかかわるようになったのはかなり古いことのようで、3世紀に書かれた『魏志倭人伝』には「漁と交易で生計をたて、1000余戸の住人が暮らす」とある。

S：えっ！？　3世紀？

T：誰のことが書かれていたっけ？　　　　S：卑弥呼、聖徳太子

T：対馬の人々は、どのようなことをして生活してきたか、まとめよう。
　　生徒に文章でまとめさせた。

【2時間目】

T：前回は、対馬の人々がどのように生活してきたかを見てきた。どんなことをしてきたかな？　　　　S：漁業、焼畑、貿易、農業、塩

T：今日は貿易の面に注目してみたい。当時、日本で売られていた朝鮮や中国の物産とは何だっけ？　　　　S：絹織物、磁器、水墨画

T：なかには、中国の10倍の価格で取引されるものもあった。

S：生糸、水銀

〈『倭寇図巻』（16世紀）の倭寇の絵を見せ〉

T：どちらかが対馬など日本の人で、どちらかが明の人を描いている。どちらが対馬や日本の人だと思う？

S：右　　T：なぜ？　　　S：色が日本っぽい、船が日本っぽい

T：右が対馬や日本の人たち。左側の船は明の軍。何をしている？

S：戦ってる、弓

T：対馬の人たちは貿易に向かおうとしているのだろうと思われるが、明軍はなぜそれを妨げるのだろう？

S：明がもうあげるものがなくなったから、対馬には貿易をやらせず明が貿易をしたい、倭寇と勘違いした？（朝貢体制や明の海禁政策、倭寇についても授業で触れたことがある）

T：倭寇って何？　　　S：海賊のような……

T：明や朝鮮は、この人たちのことを倭寇とよんだ

1日本の中学生は中世東アジアをどうとらえたか　237

○倭寇とは、14世紀南北朝の争乱期から義満のころ、16世紀応仁の乱のころから秀吉による全国統一のころまで、朝鮮半島沿岸や中国沿岸で活動した。

○倭寇は村々を襲い、米や財産を奪い、人を殺したり連れ去ったりし、家々を焼き払った。

T：なんで米奪うの？　　　　S：食べたいから、あまり食べるものがないから

T：なんで人を連れ去るの？　　　　S：奴隷にする、売る

〈遠く琉球にまで売り飛ばされた記録が残っていることを紹介する〉

○元を北方に追いやり、1368年明を建国した朱元璋は、人々が海に乗り出し自由に貿易することを禁止した。

T：何政策といった？　　　　S：海禁政策

○朝貢してきた室町幕府には、倭寇のとりしまりを要求し、勘合を使った貿易のみを認めた。

○1392年朝鮮王朝をつくった李成桂（イソンゲ）も、日本に倭寇の取り締まりを求め、幕府や有力な守護大名との貿易が始まった。

○明や朝鮮は、倭寇にかなり苦しめられた。対馬はその根拠地と見られていた。1419年、倭寇の船団が明に向かったすきに、朝鮮は227隻・17285人の大軍で対馬を襲撃。129の船を焼却、民家1939戸を焼き、114の首をとり、21人を生け捕り、田畑の作物を刈り取った。倭寇にとらえられていた154人を救出した。

T：この事件によって、対馬はかなりの被害を被ったようだ。

T：みんなが当時の対馬にいたとしたら、どうなったら倭寇をしないでも暮らしていけるようになるかな？　明や朝鮮の皇帝・王に要望書を出そう

【班活動】倭寇をしないでも暮らせるように、明や朝鮮の皇帝・王に要望書をだそう

　・要望タイトル、　　・要望の内容

　・その要望が受入れられたら、なぜ倭寇をしないでも暮らせるようになるのか

【3時間目】

2時間目の班活動をもとに各班に、要望書を発表させた。それとともに、現

238 ｜ Ⅱ．授業実践

実に明や朝鮮がとった対馬への対応を生徒の発表に即して紹介していく。

・2班①（2・3班は2つ案を考えた）金がほしい

S：金が入ったら、それでものが買えるから。

・1班：貿易内容を増やしてくれ。

S：貿易品に食糧を増やしてもらう。暮らしがよくなって倭寇をしなくてすむ。

T：食糧をわけてくれ、というものですね。実際に朝鮮も次のような対策をしたようです。

　〇対馬島主宗氏は、朝鮮から毎年米・大豆計200石を与えられる特権を得た。

　〇向化倭〈朝鮮に帰化した者〉・投下倭〈降伏した者〉。1396・97年、倭寇の首領 疚六は60隻の船を引き連れて朝鮮に投降、米30石、豆20石、米豆50石を与えられている。

T：このような政策は朝鮮を財政的にかなり圧迫したようです。

・2班②：貿易させろ！！　　　・5班：貿易して利益を得たい

・6班：自由になりたい

S：対馬との貿易をもっとしてほしい。貿易したら食料が手に入って村を襲うことはしない。

T：この要望書を書いた班が一番多かったです。朝鮮も一部、対馬の人々に貿易を許可したようです。

　〇対馬には朝鮮との交易を許可されている者が25人いた。対馬島主とその長子、対馬の軍主や郡代官、倭寇首早田氏の一族など。

　〇宗氏は1443年の取決で、1年に50艘の船を派遣することが認められた。倭寇情報を提供するなど朝鮮に対して功績がある者に対して毎年1回船を派遣してよい。朝鮮から官職を与えられると毎年1回船を派遣してよいと決められた。

・3班①：職人ちょーだい

S：織物や磁器など、日本がほしい物をつくれるように職人を日本に来させろ。また、つくり方を教えてもらう。貿易しなくてももうかるから。

T：このような対策は記録に残っていないが、日本で磁器が焼かれるようになるのは、朝鮮と大きな関わりがある。日本で有名な焼き物の産地といえば？

S：有田　　〈朝鮮出兵における朝鮮人陶工の連行の話をする〉

■日本の中学生は中世東アジアをどうとらえたか　239

・4班：さよなら対馬

S：対馬を捨てて、明にいく。対馬は貧しいし、焼畑にも限界があるから、明
　に行って豊かになりたい。

T：実際に対馬から移住した人たちもいたようだよ

　○恒居倭。朝鮮が日本施設や商船に開いていた三浦〈富山浦（釜山）・乃而浦
（昌原）・塩浦（蔚山）〉に居住した人々。耕地に乏しい対馬の人が多かった。最
大で500戸・3000人いた。

T：これ以外にも明や朝鮮は、このようなこともやった。

　○対馬の漁民は三浦周辺に出漁することが認められていた。対馬の有力者は
さらに巨文島海域への出漁を朝鮮王朝に願い出た。なかなか認められなかった
が、認められる結果に。

T：3時間にわたって、対馬の人々がどのような暮らしをしていたかを見てきた。
　対馬ってどこの国なの？　　　　S：日本、朝鮮

T：当時の対馬の人々が何語をしゃべっていたかというと、和語をしゃべって
　いたらしい。今回、日本の歴史の話は出てきたかな？

S：ほとんど出てこない。　　　　　　T：では、どこの歴史が多かった？

S：明、朝鮮

T：当時の対馬の人たちは、自分たちのことを何だと思っていたのだろう？

S：中国人、朝鮮人、対馬人

T：3時間の授業で、当時の対馬の人々が、どのように生活していたのか、ど
　のような活動をしていたのか、そして、それを取り巻いていた状況はどうだっ
　たかを見てきた。みんなはどんな感想を持ったかな？

〈生徒に3時間の授業感想を書かせた〉

4．授業をふりかえって

　生徒が書いた授業シートをもとに授業をふりかえった。

　まず、1時間目を終えた段階で「対馬の人々は、どのようなことをして生活
をしてきたのだろう？　自分なりにまとめよう」という課題を提示してある。
これについては、ほとんどの生徒が「農業（焼畑）と貿易」というまとめをし
ている。そこに「漁業」を加えている生徒も相当数いた。そういう意味では、

中世対馬の人々の陸と海両方の生業を理解させるというねらいは、おおかたの
ところで達成できたと見てよいだろう。

「漁業をやっているのはなんとなく想像できたけど焼畑は意外だった」、「農業
はやっていないと思っていた。また、リアス式海岸がたくさんあって、漁業が
さかんだったと思う」などの感想が見られた。2・3時間目の展開を考えれば、
舞台は海に偏っていかざるをえないので、1時間目の学習で陸上生活の場とし
ての対馬を描いておけたのはよかったのではないかと思われる。

　一方で「交易を3世紀には始めていたなんて、すごい早いと思った」とか「中
継貿易をしていた。←3世紀から！！！」という記述をした生徒もいた。かな
り古くから海上交通が広がっていたことは、明らかにされてきていることでは
あるが、生徒の認識としてはそのような歴史像を持ち合わせてはいないことも
垣間見えた。

「中国の技術力などは昔から、日本や欧米を圧倒していた」や「中国のものは
日本で10倍で売れることもわかった」、「いろいろな国々は中国に憧れていた」
などの記述をした生徒が全体の4分の1程度おり、対馬の人々（倭寇）が東ア
ジア海域に乗り出す必然性をある程度描き出せたのではないだろうか。それに
ついては、2時間目の「なぜ明軍は対馬の人々が貿易に向かおうとしているの
を妨げるのだろう？」という問いに対して「明が日本と直接したいから」、「明
がもうけたいから、対馬にはやらせない」式の回答が半数を超えたことからも
うかがえる。たしかに明や朝鮮王朝の海禁政策は、倭寇に苦しめられた王朝が、
その取りしまりのために施策したという側面が大きいわけであり、その結果と
しての海上交通の統制や貿易の独占を、この生徒のような受け止めになってよ
いのかは検討を要すると思われる。

　さて、もう1点、陸上の生業を入り口として授業を始めてよかったと思わ
れるのが、「明や朝鮮の皇帝・王に何を要望する？」との問いに対する回答に、
海からの視点以外のものが多く見られたことである。「対馬の山を切り開いて
農地にするのを協力してほしい」、「農業に必要な道具をよこせ」、「農業ができ
る土地を分けて下さい」などがそうである。さらに「移民をゆるしてもらう」、「対
馬はもちろん、明、朝鮮周辺の漁業権をくれたら、倭寇をやめる」など多様な
発想が出てきたことはよかった。

3時間の授業の最後に「対馬の人々の生活や活動、そしてそれを取りまいていた状況について、どんな感想を持ったか」と感想を書かせた。「農業があまりできなくて、主に貿易で利益を出していた」、「対馬は明との貿易をすることで、貧しさをおぎなっていてよく考えたなと思った」などが少数あった。また「倭寇というものをはじめて理解でき、その状況に立って感じ取ることができた」などというものも見られた。

　ほぼ半数を占めたものが以下のような感想である。

「同じ日本でもいろいろなことがあったなと思い、興味が湧きました」

「日本なのに明や朝鮮みたいになっていた」

「対馬は日本の歴史より朝鮮との歴史の方が多いから不思議だった」

「今みたいな国境争いをしていなかった。今よりも全然平和だった」

「昔は、今よりも、国の境がてきとうだった」

「対馬の人は和語を話していても自分たちで貿易をおこなったりしていたので、対馬の人たちは日本人でも明の人でもなく、対馬という国だと思っていたと思う」

「対馬は、少し独立だった。……一つひとつの島々にも国は目を向けねばならないと思う」

　この生徒たちは、自明としていたであろう「国家」や「国境」が揺さぶられたことによって「不思議」という感覚を持ったり「対馬の人々は自分たちのことを何人だと思っていたかが気になる」という疑問を持ったりしている。さらに「今みたいな国境争いをしていなかった」、「昔は国の境がてきとう」など明確に「国家」や「国境」像が揺らいだことを自覚し表現している生徒もいた。

〔関　誠〕

2

三浦と対馬を通してみた韓日関係史

　授業は 2 時間分として準備した。授業の大きい流れは「三浦と対馬を通してみた韓日関係史―朝鮮前期を中心に―」という大きい主題で、第 1 時の主題は「鎮海にジャパンタウンがあった」で、第 2 時は「その島が知りたい、対馬！」に決めた。第 1 時と第 2 時のつながりの輪として三浦のうち、「齊浦」を韓日交流史の連結の輪として対馬と定めたのである。学校がある昌原と齊浦があった鎮海は同一生活圏にあることから、地域史を通した授業が可能なのだった。

1．どんな内容を教えるか

　⑴中心になる思考のまとまり

　1）朝鮮前期の対日外交政策の特徴

　2）三浦開港の意味

　3）齊浦の位置の確認及び定着した倭人たちの生活のようす把握

　4）対馬の自然条件とその中の人々の生活のやり方理解

　5）望ましい韓日関係に対する考えを整理

　⑵朝鮮、そして対馬

　朝鮮初期、日本との関係で最も大きい問題は倭寇への統制であった。しかし、当時の日本の事情は幕府政権による地方統制が完全になされた状態ではなかった。朝鮮と明との関係が中央政府間の一元的な関係でなされたのとは異なり、朝鮮と日本との関係は多元的で階層的な構造の中で、倭寇ないし倭寇に影響力がある、あらゆる勢力と多様な形でなされざるを得なかった。こうした構造的な特徴は朝日関係にあって、常に中間勢力の存在を不可避にさせ、交隣体制が確立されて以後も朝日関係を「朝鮮国王―幕府将軍、朝鮮国王―中間勢力」という二重構造に特徴づけられていったのである。

　すなわち、朝鮮政府は外交の交渉対象を、将軍をはじめとして九州探題、対

243

馬島守などの地方豪族など多元化し、将軍とは対等な交隣外交を、対馬島守を
はじめとする地方豪族とは羈縻関係の外交体制という二重構造をとっていた。
ここで「羈縻」とは馬のおもがいと牛の手綱を示す言葉で、牛や馬のように牽
制するという意味であり、これは中国が漢代以後周辺の異民族に対してとった
対外政策の基本方針だった。

　朝鮮政府はどのように対馬を羈縻関係の外交体制の中に編入していったのだ
ろうか。朝鮮と日本の間に善隣関係が成立したものの、それで倭寇が鎮圧され
たのではなかった。1418年に飢饉が対馬を巻き込むと、食糧不足で困難に直
面した島の人々が船団を組んで忠清道沿岸を荒らすようになり、世宗は対馬
から海賊が出てこられないようにという条件で、「文引」［渡航証明の一種…訳注］
発行権を対馬島主宗氏にあたえる。以後朝鮮政府は通交者の増加による治安、
経済上の負担などで日本からの通交者を制限する制度を整備し始め、これを通
じて対馬を羈縻関係の外交秩序の中に編入しようとしたのである。

　こうした外交政策の一姿として登場するのが、三浦の運営だった。三浦は日
本から渡航する倭船の停泊場所を限定する「浦所の制限」で1407年に興利倭
人［交易のために渡航してきた倭人…訳注］が停泊できる場所を釜山浦と齊浦に制
限することから始まった。その後浦所の制限は興利倭人ばかりか、朝鮮に渡航
するあらゆる通交者にまで拡大された。1436年には塩浦を追加して、いわゆ
る「三浦」を開港し、1510年三浦倭乱によって閉鎖されるまで、三浦は倭船
の停泊場所、倭人たちの居住、接待、貿易の場所としての機能を担った。

⑶齊浦倭館について

　齊浦倭館は朝鮮時代倭人たちが交易をした貿易処で、斉徳土城と斉徳洞ケ
ジョン村の間にあり、今でも「カント」［官の場所—訳者］と呼ばれている。倭
館は宿泊と接待を兼ねた所で、高麗中葉以後倭寇の略奪行為が深刻になると、
朝鮮時代に入り国防力を強化する一方、彼らを平和的な通交者に転換させるた
め交隣政策をおこない、1407年に他の入り江には貿易倭船の停泊を禁じ、慶
尚左右道の都万戸［帰化した女真人に都万戸という軍職を与えた—訳者］が駐屯する
釜山浦と齊浦にだけ停泊するように貿易港を開港した。その後1418年には塩
浦と加背梁（巨済）を追加開港したが、1426年にはじめて釜山浦、塩浦及びこ

244　Ⅱ. 授業実践

こ齊浦の三浦を開港した。

　癸亥条約（1443年）で恒居倭人を60人に制限し、倭館外部には木柵を張り巡らし（『世宗実録』巻80世宗20年正月壬辰条)、また外に城を築き民と接触を防止した。一般的に倭館には対馬島守の駐在員が常駐し、政府官吏の監視の下、毎月6回（五日市）の交易がなされた。

　齊浦の開港と倭館が設置されて以後、対日貿易と倭人たちの往来が増え、頻繁な摩擦とあつれきが生じたが、1510年には三浦の恒居倭人たちが対馬倭人たちの支援を受けて倭船1千余隻を動員して不意に来襲し、齊浦僉使金世均がとらわれて対馬に連れていかれ、熊川県監韓倫は城を捨てて金海に逃げてしまい、齊浦鎮城と熊川邑城が陥落し、兵船は悉く燃やされた。軍民を虐殺し、民家を焼き尽くすなどさまざまな横暴をおこなったのが、いわゆる三浦倭乱である。

　この急報が中央に伝えられると、黄衡を左道防衛使に、柳聘年を右道防衛使として兵士を動員して水陸から倭兵を攻撃し、倭将宗盛弘を射殺して、これを平定した後、三浦を閉鎖して、倭との通交を断絶した。この時熊川都護府が齊浦に移り、齊浦僉使は永登浦に移った。1512年に壬申条約を結び、齊浦僉使を置いて齊浦だけを開港したが、1541年に倭人らがまた無法な振る舞いを起こしたので、翌年右水営を加徳島に移し、齊浦鎮を万戸鎮に降格して加徳鎮に隷属させ、齊浦に居住していた倭人を追い出して倭館を釜山に移した。最近、齊徳湾の埋め立て現場で、鎮海文化研究所によって、海底の干潟で木柵が発見されたが、貿易船の停泊と係留のために設置した施設か、倭館と関連した防柵と推定される。

⑷対馬について

　対馬は韓半島と日本本土の中間に位置した島で、距離からいって日本よりは韓国にはるかに近く位置している。また、対馬はその面積が巨済島の1.8倍ほどにしかならない、とても小さな島であり、島の90％ほどが農業ができない山地に囲まれ、不足した食糧や生活必需品を島外で調達しなければならなかった。こうした地理的な位置と自然環境によって、対馬は古来より韓半島に存在したいろいろな国と密接な関連を結び、韓半島文化の日本伝播ばかりか、韓日

間の外交関係でも重要な役割を担った。特に、朝鮮前期の対日関係で対馬は他の時期よりも両国関係の形成に重要な役割を果たした。すなわち、対馬は対日外交の窓口としての役割と朝鮮の南の番兵としての役割、朝日貿易の仲介者としての役割、そして対馬及び日本の国内情勢の情報収集場所としての役割を遂行した。

2. どんな方法で教えるか

授業環境：慶尚南道昌原市慶原中学校（授業対象は3年生）

学校規模：全校生1010人（23学級：1年8学級、2年8学級、3年7学級）

学級人員：平均45人（男女共学や合級で運営されていない）

教室環境：学校が開校してから20年が過ぎ、教室の内部環境は遅れたほうだが、最近コンピュータ、大型TV、実物画像機など授業器機が普及した。教室の平均学生数が45人程度で多様な授業モデルを適用するには隘路多し。

周辺環境：昌原教育団地内に位置し、周辺に古い樹木が多く、子どもたちに心理的安定感を与えている。学校の裏に道立昌原図書館があり、多様な授業資料と容易に接することができる。

事実の上で言及した内容面での中心主題を、中学生の歴史的思考レベルで、制限された授業時間内にみな応える計画を立てることは容易ではなかった。欲張ると授業を壊してしまうこともあると考えて、授業の内容を若干縮める代わりに、興味を誘発できる方法を模索しようとした。授業の全体モデルは、生徒中心のいくつかの質問を示し、それを解決していく問題解決方式授業モデルとし、時間の計画は第1時の踏査と第2時の教室授業とした。

第1時はまず中心主題として、昌原の隣の鎮海に「朝鮮時代ジャパンタウンがあった」とした。生徒の生活の根となる「地域の歴史」という点で、生徒に充分好感を与えることができるだろうと考えた。そして、第1時の主題の意味を探すことができるいくつかの質問*1を踏査報告書の調査項目形式で示したので、生徒は授業前にこれらの問題を解決する踏査をしなければならなかった。

---

*1　主要質問内容は「朝鮮時代の鎮海の名称、過去の鎮海の中心地、この中心のそばのもう一つの日本人が居住する空間について、彼らの正体（どこの人で、何をする人）、貿易をしたというが、どんなものを買い入れ、売ったのか、朝鮮政府が彼らの定着を許した目的は、日本本土との関係は……」などである。

Ⅱ. 授業実践

ここで示した質問は大きく踏査コース中の鎮海市立博物館で解決すべきものと、齊浦遺跡地で解決しなければならないものなど、そして帰ってきて図書館や家で解決すべきものなどに分けて示した。

　第1時の授業は、準備した踏査報告書が作成された状態で進行する。本時では、授業開始とともに、生徒に異国的な風景の朝鮮前期齊浦（鎮海）の映像が含まれている VTR 資料（KBS 歴史スペシャル「世宗の時代、ジャパンタウンがあった」の導入部分）を見せる。この場面を通じて生徒は倭人らが鎮海（齊浦）に定着した事実を知り、さらになぜ彼らがここに来ていたのかという疑問を持って授業に臨むようになる。以後、斑討議と発表で齊浦のさまざまな姿への疑問事項を一つずつ解いていく。ここで、朝鮮前期の三浦開港の意味と対日外交政策の枠組みを説明する。開港 100 余年経った韓日共存の空間として順調に運営されていた三浦が、以後さまざまな問題が入り乱れ、三浦倭乱に発展するようになり、あげく、三浦閉鎖という極端な措置にまで発展したことを説明する。

　ここでまた教師は三浦閉鎖後、壬辰倭乱までの朝鮮、日本の状況を説明し、三浦の意味をもう一度指摘して授業をしめくくる。次の時間の課題として韓国と対馬または日本と関係することや対馬の自然環境を調べてくるよう言う。

　第2時の授業は、第1時の斑活動で示された「彼らは誰か」という疑問の答え、すなわち齊浦の対馬人を連結の輪に授業を始める。導入部分では、対馬で思いつく像を絵または文で表現させる。発表された対馬や日本のイメージは漠然としていた。あまりにも抽象的だったり、または否定的な内容を含んでいることを指摘し、本授業が漠然とした距離感を補う授業であることを明らかにする。

　インターネットで紹介されている対馬旅行観光サイトを紹介する。私たちの生活の中に対馬が苦痛を与える対象ではなく、友人としてますます近づいてきていることを確認し、過去にはどんな姿だったのかを生徒の発表を通じて探る。生徒の発表で特に倭寇の問題を重点的に浮かび上がらせ、彼らの本拠地が対馬であることを確認し、彼らがなぜ私たちを収奪の対象とみなさなければならなかったのかを考えさせる。しばらくして、また生徒が調べてきた対馬の自然環境を発表する。ここで重要な問題点の一つを確認する。対馬の自然環境的条件が、人間の生活でどう見ても最も重要な「食べる問題」を解決するのに決して有利ではないという事実である。すなわち、島全体の 80％以上が山岳地系で、

自給自足的農耕だけでは食糧問題を解決できないのである。この問題の解決には、視線を外に転ずるしかなかっただろう。対馬の多くの人は漁業、でなければ貿易、特に韓国と中国、日本との貿易を通じて生計を維持したのである。

　だが、私たちの歴史で対馬がこうした倭寇として良くない姿でだけ位置づくのではないことについて写真資料を通じて説明し、私たちと日本をつなぐ文化的飛び石として、政治的中継者としての役割を果たしたことを説明する。

　授業の結論部分では、授業で感じたことを土台に、今後の韓日関係がどのように打ち立てられるべきかを各自書かせることにした。

３．授業指導案

第1時

単元：Ⅶ.　両班社会の成立　４．国土の拡張（女真、日本との関係）
主題：三浦と対馬を通して見た韓日関係 　　　鎮海にジャパンタウンがあった
学習目標：・朝鮮前期の対日外交政策の特徴が説明できる 　　　　　・薺浦の現場踏査を通じて、薺浦設置の意味が説明できる
事前踏査の報告書作成
01　あいさつ
02　動機誘発：歴史スペシャル（日本のにおいがぷんぷんする村の全景） 　ここは日本のある村ではなく、昌原に近い鎮海の過去の様子だ。今日の授業はこの疑問の村から始めようと思う。なぜ日本人がここ鎮海に来ていたか。
03　授業目標設定：私たちはこの時間に三浦を通じて朝鮮前期の対外政策の特徴を見て、日本との関係の中で対馬の歴史的意味を探ってみようと思う。
04　写真資料：薺浦、塩浦、釜山浦の地図（『海東諸国紀』） 　この地図は朝鮮時代領議政として対外政策を担当した申叔舟が使った海東諸国紀の一部分から選んだものだ。ここで薺浦は今の鎮海、塩浦は蔚山、釜山浦は釜山の東來だ。この地図を輪として、昔の朝鮮時代の薺浦に戻ってみよう。 　VTR資料：歴史スペシャル（薺浦の入り江風景、忙しい倭人村のようす）
05　班活動：疑問1 →どの時期のようすか 　　　　　　疑問2 →彼らは誰か 　　　　　　疑問3 →なぜここに来ているのか？　仕事は？　主に取引される品目は？ 　　　　　　疑問4 →朝鮮政府は彼らの定着をなぜ許したのか？ 　　　　　　疑問5 →日本との関係は？
06　小結論：高麗末から猛威を振るう倭寇問題は朝鮮政府において必ず解決しなければならない重要な問題であった。となりの明のばあい「海禁」という極端なやり方で倭寇を防止しようとしたが、朝鮮の場合、三浦という緩衝地域をおくことで倭寇問題をより柔軟に解決しようとしたのである。すなわち、交隣政策のひとつの姿……。
07　ところが、このように繁栄した倭人村は1510年4月歴史の中で消える。何のためか？

二つの文化がであう接点としての倭人村の問題点は？

倭人村の行き過ぎた拡大による朝鮮政府の悩みは？

齊浦近くの加徳島の朝鮮人被殺事件、全羅道甫吉島での済州島公馬輸送船襲撃事件などで倭人に対する抑圧が深刻になると、三浦の倭人らは対馬と組んで乱を計画するようになる。

08　1510年4月4日三浦倭乱勃発、熊川城が陥落して朝鮮人272人が殺され、民家800余戸が燃やされた。

4月19日、朝鮮鎮定軍の総攻撃で熊川城が奪還される。300余人の倭軍が惨殺され、三浦倭乱は半月ぶりに鎮圧される。倭乱鎮圧はまもなく、三浦閉鎖につながった。朝鮮政府は1407年以来100余年余り運営してきた貿易港三浦の門を閉め、対馬との断交を宣言する。

09　どんな結果をうむか？　ささいな問題で騒ぐには騒いだが、朝鮮は100年間三浦をよく運営した。おかげで、朝鮮の海岸は平和を維持できた。ところが、中宗の時代の抑制政策とその反発による三浦倭乱、つづく三浦閉鎖、そして国交断絶。その選択が私たちの歴史に及ぼした影響は途方もないものだった。　朝鮮が日本との国交を完全に打ち切ってしまったのが1545年。壬辰倭乱が起こったのが1592年。50年にもならない間に朝鮮と日本は戦争という極端な姿の歴史として現れるようになる。

第2時

学習目標：・対馬の自然環境と生活のようすをつなげて説明できる。
・望ましい韓日関係の姿について自分の立場をうちたてられる。

01　あいさつ

02　動機誘発：第1時の斑活動の「彼らは誰か」という疑問への答えは？

ほとんど対馬人と日本の西部海岸地域の人々、特に対馬の人々が多数。対馬といえばどんなことを思いつくか？　文または絵で表現してみよう。

〈思ったより漠然としている〉

03　学習目標の確認

この時間には、このように漠然としてしか知らない対馬について調べ、歴史でどんな位置でどんな役割を果たしてきたのか、そして今後の歴史でどんな役割が期待できるかについて調べる。

04　対馬観光サイト紹介：昨年7月14日釜山と対馬をつなぐ定期航路が開通して以来、現在対馬が観光商品として開発されるほど私たちと密接な関係を持つようになった。それならば過去にどんな姿で私たちに迫ったのだろうか？

05　斑活動：歴史に対馬はどんな姿で登場するのか？

　　　斑発表→倭寇、対馬征伐、三浦倭乱、朝鮮通信使……

06　このように見ると、対馬は高麗末期・朝鮮初期の倭寇の姿につながり、私たちには良くない姿と思われてきた。それはなぜか？

07　その答えを対馬の自然環境とつなげて探そう。

08　斑発表（個別プリント確認）

　　　対馬の位置確認、対馬の自然環境／社会環境調査の発表

09　小結論1：対馬は全面積の70％ほどが山岳地形で、食べる問題を農業にだけ依存するには困難が多い。ゆえに対馬の多くの人々が漁業、でなければ貿易、特にわが国と中国、日本などとの貿易を通じて生計を維持したのだ。そして、それが思い通りにならない場合、倭寇の姿で登場するようになった。

2 三浦と対馬を通してみた韓日関係史　　**249**

10 　だから、歴史に対馬がこのようによくない姿で登場する。
　　　対馬の位置を確認すると韓国と日本の中間地点にあることがわかる。
　　　私たちと日本、その間の接点としての文化的連結の輪の役割を果たした。
11 　ここで写真資料を見る。
〈韓国の南方、日本の辺境！　それで対馬はそこだけの独特の文化が現れた〉
○小船越。小さな舟が出入りする道となったところだ。交通の要所だったここは外部から入る文化の最初の寄着地となる。6世紀ごろ百済から日本に伝えられた仏教が最初に日本の地に定着した所がまさにここである。
○日本最初の仏教遺跡梅林寺。ここは日本で最初に仏像と教典を祀った寺である。太宗の時代から朝鮮朝廷から送った大蔵経の一部がここに保管されているし、高さ10cmほどの高麗誕生仏もここにある。
○土地がやせている島。対馬で種もみを植え、刈り入れる農耕文化が始まったのは紀元前3世紀ころである。対馬最初の米である赤米は神の畑とよばれる神田で栽培され、神聖視されている。
○鳥居をたてた和多都美神社。ここの鳥居は日本本土とは正反対の西側に作られている。彼らが使えている神が西側から来たと信じられているからである。西側とはどこを意味するか？
○百済城。西暦667年百済人がここ対馬に渡ってきて城を築く。海抜297m城山に築かれた、長さ3.7kmの壮大な山城。この山城には百済人の恨と叫びが渦巻いている。羅唐連合軍の侵攻に備えて日本に亡命してきた百済人が、故国の山野に向かって築かなければならなかった数奇なため息がたちこめているのである。しかし、この山城は対馬に水準の高い建築文化を伝えた決定的なきっかけとなる。長方形に石を積み、排水口に出せる飛び抜けた築造技術は当時の労働力を提供した対馬人に途方もない衝撃を与えただろう。
○対馬の伝統舟・帯船。この船は韓半島の文化が対馬に渡っていき、定着することを示す良い例である。まず櫓を漕ぐやり方が韓国の伝統方式と同一である。主に近海に出て海草を採る時使われたという点も最近までの共通点である。
○西山寺の階段。朝鮮通信使の宿舎に使われたりした西山寺は日本政府の立場を代表する僧侶が輪番制でやってきて、朝鮮との外交文書を点検する場所でもあった。ここで朝鮮と日本の国書が偽造されたりするが……。二国の外交の緩衝地帯として、自己の運命を決定するにあたって、常時両国の顔色をうかがわなければならなかったのである。
12 　小結論2：領土のはしが重なった対馬。対馬は私たちと日本の歴史と文化が流れる通路の役割を果たしたことがわかる。私たちの歴史の中で対馬は倭寇という場面で登場するが、私たちと日本をつなぐ中間の輪としての役割をはたしたことがわかる。今後の韓日関係にも飛び石の役割を果たすと思う。
13 　整理：個別プリント　今後の望ましい韓日関係について考え、発表する。

　　生徒の発表文→今後の私たちと日本との関係

・これまで日本に敵愾心だけを持っていた韓国人は、このように良くない歴史よりはこれまで日本と交流しながら、文化も伝わり、また輸入や輸出をしてきた親善関係を考えなくちゃいけない。そして、平和な方法で暮らしていた先祖を模範としなければならない。食べるものがなくて盗賊行為をしたことがわか

250 　Ⅱ．授業実践

り、「三浦」を開放して倭寇問題を解決しようとしたんだ。このことを見習っ
て今の日本とも平和的で友好的に交易し、交流すべきだ（チョン・ウンシク）。
・率直にいって私は本当に日本を嫌っている。血が好きな野蛮人だと思う。だ
けど昔のことだからもう少し良い関係がつくれればよい。開放されていなかっ
た日本文化が開放されたこの場で過去のことを思い、こんなちっちゃいことは
バカみたいだし、もう少し文化的にも政治的にも往来したらと思う（キム・アヨン）。
・過去のことをよく理解し、これからは過去の悪い歴史をくりかえさないよう
に努力する姿勢を学んで、歴史の中にある事件が起きるには、自然環境がどう
かとか、位置なんかによってきっかけが変わることも多いことがわかった。こ
れからは日本と 2002 年ワールドカップを共同開催して、世界中に善意の競争
相手としてもっと発展した歴史をつくっていく方がいいと思う（キム・ジノン）。
・私たちは日本に必要以上の劣等感を持っている。サッカー競技をしていても
日本に絶対負けちゃいけないという考えで反則してまで、競技する選手が見ら
れる。どうして私たちは他の文化は早く開放しながら、日本の文化開放は用心
深く今ごろ開放したのか？　前によくなかった記憶から私たちの子孫までも私
たちのように生きていくんじゃ話しにもならない。これから私たちは心の扉を
開いて日本を受け入れるべきだろう（イ・ミョン）。

　生徒の考えは大きく二つにわかれる。一つは相変わらず漠然とした距離感な
いし敵愾心を持っていて多分に感情的に表現されている考えと、もう一つは、
過去の歴史に過度に執着せず、日本を今後の歴史発展の同伴者として位置づけ
るという考えである。ここで考えられる部分は生徒の思考がまだ過去の歴史に
登場する「否定的な姿の日本」から自由ではないということである。見方を変
えれば、この部分が今後の韓日関係を解いていくのにまず解決されるべき部分
なのである。

4．授業で得ようとしたことと得たこと

　今回の授業の目的は大きく見みれば二つである。一つは地域史である齊浦倭
館ととなりの島の対馬を通して、朝鮮前期の韓日関係を理解することで、二つ
目はさらに今回の授業をきっかけに生徒が今後の望ましい韓日関係を再度真剣

に考えさせることにあった。

　序でも明らかにしたように、短い2時間の授業で、この部分を欲張って盛り
こんだのは容易ではなかった。だが、授業を通じて少なからざるものを得た。
個人的にこれまで「外交関係史」で漠然としか考えられなかった概念や事実を
少しは具体的に接近するきっかけとなった。東アジア史の対外関係を理解する
にあたって、もっとも中心になる概念の「事大と交隣」の意味、それが実在と
して朝鮮においてどのように適用されたのか、三浦が持つ意味、歴史上対馬の
位置などを再度確認する時間となった。

　二つ目に、地域史研究の必要性を感じた。いろいろな本や論文で、歴史教育
の出発点として地域史授業の重要性を聞いてきたが、実際に授業に適用してみ
た経験はなかった。その理由は、根本的には地域に対する無知にあり、結果的
に怠けに起因したものであった。自ら周りの歴史を見直すきっかけとなった。

　三つ目は、まだ、私自身も答えを正確に探しえていない、いや答えは知って
いても、どのようにその答えに接近していくべきか明確に打ち立てられていな
い部分である。「今後の望ましい韓日関係」について、さらに真剣に考えてみ
る時間になったのである。

　韓国と日本の関係を語る時、多く表現される言葉が「近くて遠い国」という。
この言葉は地理的にはとても近いが、とても遠いことを意味する。こうした意
識を克服すべき課題は、両国の歴史の正しい定立にあると信じる。現在まで私
たちと日本の歴史教科書や教育を見れば、多くの部分において相手の歴史を歪
曲したり、でなければ自国の歴史に対するコンプレックスが極端な民族主義ま
たは自文化中心主義の形で現れている。そして、これはこれからの主役である
子どもたちにそのまま移入され、歪曲された意識の悪循環を繰り返す結果を産
んでいる。私たちはこうした悪循環の輪をそのまま維持するのか、でなければ
断ち切るべきなのかの答えをあまりにも明確に知っている。問題は「どんな内
容で、どんな方法ですべきなのか」にあるだろう。

　微弱ではあったが、今回の授業事例がこうした悩みを解いていくのに少しは
役立ったという期待をもっている。少し飛躍した考えかもしれないが、朝鮮前
期、決してよいばかりではない国際関係の問題を「三浦」という開放的空間を
通じて解決しようとした先祖の姿を思ってみる。これは結局互いの本当の理解

が前提にならずには不可能だっただろう。互いを屈折なく見つめること、現在を生きていく私たちもそうすべきなのではないだろうか。そして、こうした真実の姿を探すことにわが交流会が重要な基石として位置づくと信じる。

〔安炳甲〕

❸

対馬から考える「秀吉の朝鮮侵略」の授業づくり

1．これまでの実践に学ぶ

　ここでは少し授業づくりについて触れる。研究授業や個人研究で授業づくりを考える時、最初に調べるのが先行実践＝いろいろな方々の実践である。今度実践したい単元や指導計画などについて先人の実践記録や雑誌などで紹介されている先行実践を読む。私が所属している歴史教育者協議会では、雑誌『歴史地理教育』が執筆者、分野別の総目録が作成されているので大変便利である。

⑴『歴史地理教育』におけるこれまでの実践

　歴史教育者協議会の機関紙『歴史地理教育』の 600 号までで秀吉の朝鮮侵略に係わる実践、論文を調べてみると次の通りである。

122 号	秀吉の朝鮮侵略について	花田　　久
125 号	「元寇」と「秀吉の朝鮮侵略」	藤野　達善
	秀吉の朝鮮侵略について	李　　進熙
317 号	豊臣秀吉の朝鮮侵略	北島　万次
	朝鮮側から見た秀吉軍の侵略	琴　　乗洞
	対馬島民と秀吉の朝鮮侵略	杉原　　敏
	卒業記念加藤清正像建立をめぐって	田中千勇子・岩崎輝子
364 号	京都「耳塚民衆法要」参加の記	苗村　和正
413 号	朝鮮から見た「文禄・慶長の役」	横田　安司
	「秀吉の平和」によせて	藤久　志木
	秀吉の朝鮮出兵を日朝民衆史で学習する	中里　紀元
432 号	豊臣秀吉と朝鮮侵略	北島　万次
490 号	李舜臣と亀甲船	石井　郁男
	韓国歴史教育における「壬辰倭乱」	申　　丙澈
	世界史上の壬辰倭乱	岡　百合子
	秀吉の朝鮮侵略	谷口　尚之
525 号	朝鮮出兵と李参平	重松　　隆
538 号	虎を食った秀吉	大石慎三郎
550 号	韓国の倭城を訪ねて	井原今朝男
565 号	秀吉の天下統一と朝鮮侵略	遠藤　　繁
596 号	降倭将沙弥可を通して学ぶ秀吉の朝鮮侵略	三橋　広夫

254　Ⅱ．授業実践

手にいれた実践記録はコピーをして「秀吉の朝鮮侵略」ファイルにする。これらの実践を読むと知らなかったことがたくさん出てくる。

卒業記念加藤清正像建立をめぐって

このタイトルにひかれた。この文章は熊本の小学校教師の田中・岩崎両氏と研究者の琴氏との小学校に加藤清正像の建立をめぐる往復書簡である。1980年、田中・岩崎両氏が勤務する小学校の70周年記念として玄関前に加藤清正像が建立された。このことに疑問を持っていた両氏は秀吉の朝鮮侵略、加藤清正などについて調べ、この過程で琴さんの研究に触れ、手紙を交換することになった。清正の批判は熊本ではしにくい状況のなかで、二人はいろいろ調べ職員会議で発言していく。研究は清正のことだけでなく、熊本の代表的な土産物である「朝鮮飴」のしおりに以前は「朝鮮征伐」・「征韓」という言葉が入っていたが批判を受け、変えられていたことや藤崎宮の祭りのなかで「ボシタ、ボシタ」（滅ぼした、滅ぼした）という馬追の掛け声が「わっしょい、わっしょい」に変えられたことなどもわかった。

倭将沙也加について

沙也加のことは三橋広夫氏の実践を読む前から知っていた。NHK・TV『歴史発見・朝鮮出兵400年——秀吉に反逆した日本武将』1992年10月30日放映）が特集を組んだのを見、また貫井正之の『秀吉が勝てなかった朝鮮武将』（同時代社）も読んでいた。秀吉軍のなかに投降して、朝鮮の人たちと秀吉の侵略と戦った沙也加たちの行動には、ホッとした。それと同時に、なぜ沙也加たちはこのような行動をとったのか興味を持った。韓国では、子どもたちに尊敬されている人物の多くが安重根、李舜臣など日本の侵略に抵抗した人々である。その中で沙也加たちの行動は、日韓（日朝）民衆史にとっては心を温めてくれる。

対馬島民と秀吉の「朝鮮侵略」

私の授業づくりで一番影響を受けたのが杉原敏氏の研究・実践である。この実践に触れなかったら私の実践はなかった。杉原氏は当時長崎県の中学社会科教師である。

杉原氏は、秀吉の朝鮮侵略と対馬の関係について

・朝鮮半島とわずか50kmの距離、対馬自身が持つ食糧自給にも事欠くという地理的、社会的条件をぬきに考えることはできない。

・朝鮮半島との関係の深い対馬にとって、急速に進展する朝鮮侵略行動は生存を脅かすものであった。対馬の動きは、秀吉の外交に微妙に影響を及ぼした。

・戦争回避を目指した苦心の工作は失敗し、対馬は準戦場として、歴史の大きな流れの中に巻き込まれていった。動員された軍と島民のトラブル、将兵の乱行など対馬は島ぐるみ戦争に参加させられていった。

・戦後、対馬はただちに朝鮮国交の修復に多大の犠牲を払って取り組んだ。涙ぐましい努力が国交回復につながった。

しかし、杉原氏は、対馬を悲劇の島というだけで見てはいない。「対馬は、その意志と関係なく、常に中央に翻弄されてきたのである。一方、こうした歴史の動きに自ら参加した対馬の姿勢も注視されなければならない」と対馬自身が持っている歴史への主体性を問いかけている。このことも私たち自身の生き方に振り返って考えていくと「過去のこと」、「他人事」と思えない。

杉原氏は、このような研究をもとに授業「朝鮮出兵と対馬」を実践した。その目標は次の通りである。

・秀吉の基本的な対外政策の内容を理解させる。

・朝鮮出兵の原因・経過と出兵が生んだ影響を理解させる。

・対馬の朝鮮出兵に対する立場と、出兵の対馬に与えた影響を理解させる。

以上のように先行実践からいろいろな知識、刺激を受け授業づくりをイメージしていくことができる。何を中心に授業をつくっていくのか、このことが授業づくりの楽しみとなる。

2．数社の教科書を研究する

教科書研究は授業づくりに欠かせない。検定とはいえ執筆者の方々がいろいろな工夫をしている。学校で使用している社だけでなく、数社を比較してみることが教科書研究を授業づくりに生かすポイントだと思う。2000 年度使用している教科書の秀吉の朝鮮侵略の強調点は次の通りである。各社に共通していることは、耳塚などに代表される加害・被害の問題と李舜臣に代表される抵抗の問題である。さらに、連行された陶工たちによるやきもの技術の伝播もある。数社の教科書を調べると授業づくりの構想が具体的になる。また、現行本だけでなく、戦前の国定教科書、戦後の『くにのあゆみ』などの教科書記述や韓国

256　Ⅱ．授業実践

の中学校国史教科書を調べ、教科書研究を縦に横に広げることにより、より授業づくりが豊かになると思う。

教科書会社名	内容	ページ数
大阪書籍	李舜臣　亀甲船（模型）	
	釜山城の戦い（絵）	1
東京書籍	李舜臣　耳塚（写真）	
	有田焼と李参平碑（コラムと写真）	2
日本書籍	朝鮮の水軍（李舜臣・イラスト付き）	
	日本軍の進路と朝鮮義勇軍（地図）	1
教育出版	李舜臣　耳塚　亀甲船	1
帝国書院	李舜臣　李参平　金海	
	朝鮮侵略の進路（地図）釜山城の戦い	
	染錦花篭文八角大壺（写真）	
	韓国の教科書にみる朝鮮侵略（コラム）	2
清水書院	李舜臣　秀吉の朝鮮侵略地図	2/3

3．歴史の匂いをかぐ－楽しみながら調べる－

趣味と資料・教材集めの実益もかねて歴史散歩に出かけることも楽しみな教材研究で、多くの社会科教師が経験していることである。

(1)名護屋城を訪ねる（佐賀県呼子町）

呼子は、海路で壱岐・対馬を経て朝鮮に渡るには北九州で一番近い所に位置している。秀吉はここに名護屋城をつくり朝鮮侵略の出兵基地にした。名護屋城は秀吉、最後の晴れ舞台だったのだ。

ひるがえって、あの大争乱は一体何だったのか。朝鮮を焦土と化し、明軍とも交戦し、ほかならぬ豊臣家の衰亡も招く。なんらの戦果をあげるでもなく、日本軍兵士も5万人が死んだ。侵略の深い爪あとは今も朝鮮に残り、韓国の人々は「壬辰倭乱」（文禄の役）と称して決して忘れない。昔の一権力者の狂気とだけ言って片づけられない。呼子は小さな町だ。しばし港にいても行き交う小船はまばらだ。呼子大橋から見る港や玄界灘はとてもきれいである。ここに十数万人が集まったことなどとても考えられないぐらい静かな町だ。

(2)名護屋城博物館

名護屋城跡に佐賀県立名護屋城博物館がある。ここでの展示は、秀吉の朝鮮侵略の「反省にたって、名護屋城を日本列島と朝鮮半島との長い交流の中でとらえ、今後の双方の友好交流をすすめていくこと」を目的に展示がおこなわれている。展示室は1室「名護屋城以前」、2室「歴史の中の名護屋城」、3室「名護屋城以後」、4室「特別史跡名護屋城跡並びに陣跡」の4室から成り、2室が秀吉の朝鮮侵略とかかわっている。侵略の反省にたって新たな交流を模索している展示は、授業づくりの参考になる。

4．なぜ対馬にこだわるのか

京都（秀吉）と朝鮮からだけでなく対馬を入れることによりどのような歴史学習が可能になるだろうか。対馬から考える意味を中学校での歴史学習の可能性と係わって考えてみた。対馬から考える朝鮮侵略の授業を、①教育内容にとっての意味、②中学生にとっての歴史学習における意味の2点から考える。

(1)教育内容にとっての意味

①日本と朝鮮の交流、友好、対立の関係が地理的、歴史的にわかる。
・地理的な位置、日常的なつながり　　・倭館など歴史的交流など
②戦争状態になると島ぐるみ動員される。生死を左右するものとなる。国境の島から歴史を見つめることにより歴史事象が切実なものとなる。
③対立、戦争とは、今までの関係を断ち切ることであることがわかる。
④戦後処理問題を考えることができる。戦後、為政者間では国交断絶の状態で済むが、対馬にとっては日常生活上、一刻も早く国交再開が求められている。戦後処理問題も切実である。国交回復の努力が朝鮮通信使などの両国改善につながったことがわかる。
⑤これらを通して戦争、対立を日常生活の延長線上でとらえ、考える歴史学習を可能にする。

(2)中学生の歴史学習にとっての意味

中学生の歴史学習では朝鮮と日本（秀吉）という一元的な関係だけでなく、

当事者以外の国の意見や朝鮮、日本内においても為政者とは異なる意見などをも紹介し、多角的に歴史事象をとらえることを大切にしたいと考えていく。ここでは、朝鮮と日本（秀吉）の間に対馬を入れることにより、いろいろな立場から重層的な歴史学習が可能になると考えてみた。このような学習はどのテーマでもできることではないが、できるところで実践したい。

5．対馬の人々の苦悩と秀吉の朝鮮侵略の授業

１．授業のねらい

日本と朝鮮が戦争状態になると、日本で一番影響を受けた対馬から秀吉の朝鮮侵略を見つめさせ、歴史事象について多角的に考えさせる。

２．学習計画〈3時間扱い〉

（１）重大事件の発生　　　　　　　　　1時間
（２）年表の中の「へんなの」とは　　　1時間
（３）戦後　2つの国書と日朝の国交回復　1時間

３．学習の構想

⑴対馬って知っていますか

Ｔ：「対馬」…どのように読みますか。知っていることは？

Ｓ：対馬海流…あとはあまり聞いたことがない

Ｔ：地図を見て調べてみよう

対馬は九州と朝鮮半島の間に位置している。博多までは壱岐を経て147キロですが、韓国の釜山までは約48キロの所にある。対馬は国境の島として大陸の文化、経済、軍事上重要な役割を持っていた。

・『魏志倭人伝』にも対馬が記述されている。……狗邪韓国から1000余里の海を渡ると対馬国に到着する。そこの代官を卑狗と呼び、副官を卑奴母離と呼ぶ。住んでいるところは絶海の孤島で、面積は4000余平方里で、土地は山が険しく、深林が多く、道路は鳥や鹿の通る道しかない。そこには1000余の家があるが、良田はなく、海産物をとって食糧とし、自活生活を送っている。島民は、船に乗って貿易をしている、と記述されている。

・大和政権時には、朝鮮半島進出の前進基地、白村江以降は防衛基地として

❸対馬から考える「秀吉の朝鮮侵略」の授業づくり｜259

防人もおかれた。

・その後も蒙古軍の侵入、倭寇をめぐる朝鮮との対立など文化交流の架け橋だけでなく、対外関係の影響を強く受けてきた。

地形は、山がちな島で耕地は4%程度であり、多くは林野である。人々は海を船で渡り入り江から入り江へと行き来している。16世紀ごろまでは、ほとんど焼畑農業が営まれていた。結局、主産業としては交易を通じての生活だった。交易の対象は、博多より近い朝鮮だった。穀物などは朝鮮から買わなければ生活できない状態であった。朝鮮にとっても対馬は外貨獲得にとって重要な位置を占めていた。室町時代に朝鮮に設けられた倭館（朝鮮に設けられた日本人の接客のための建物）には、対馬の人々が多く出入りしていた。

②秀吉から「朝鮮を攻めるから先頭にたて」と命令がきた。

秀吉は、1585年関白に就任した頃から東アジアの征服計画を抱いていた。同年9月、腹心の一柳末安に征服計画を述べる。また1586年にはイエズス会宣教師らに明・朝鮮の征服の意図を告げている。そして、1587年秀吉は島津氏を服属させ、九州を押さえたのを契機にこの征服計画を具体化していった。

T：秀吉から「明・朝鮮を攻めるぞ。対馬の人々は朝鮮のことをよく知っているのだから、戦いの先頭に立て。対馬を戦争の前進基地にするぞ」という命令がきた。藩主・宗氏はこの命令に対してどのような行動をとればよいだろうか。

S：朝鮮の方が対馬にとって秀吉より大切である。友情を裏切ることはできない。朝鮮人と一緒に秀吉と戦う

S：オレは島を捨てて逃げる

T：どこへ…島の人々は？

S：連れて行く

S：秀吉の命令には従いたくない。だけど秀吉の力が強いのでやむを得ない。

逃亡説、朝鮮と共に秀吉と戦う友情は大切、秀吉の権力をじっくり考え、従わざるを得ないという意見など、どの意見もわかるものだった。いろいろな感情を持ちつつ、藩主宗氏は秀吉の命令に従わざるを得ないだろうと感じつつも「何かしたのではないだろうか」と思いながら、歴史を見つめていった。

260　Ⅱ. 授業実践

⑵年表の中に「へんなの」がある。これはなんだろうか。

〈秀吉の朝鮮侵略年表〉
① 1587 年 6 月、秀吉、対馬藩主・宗義調に朝鮮出兵の心得を伝えた
② 1587 年 9 月、宗氏は家臣の油谷康弘を「日本国王使」として派遣し、今度秀吉が国王になったので、「通信使」を派遣することを朝鮮に要請した。
③ 1589 年 3 月、秀吉は朝鮮国王の秀吉への挨拶がないことを怒り、直接、宗氏が朝鮮に出向き朝鮮国王を京都に連れてくることを命令した。
　宗氏は、僧である玄蘇を日本国使の正使に、自分を副使として渡海し、秀吉の日本統一を祝賀する通信使を派遣するよう重ねて要請した。
　宗氏は、秀吉の日本統一を祝賀する使いを出させ、それをもって秀吉が命令している服従使節だとつくろおうとした。
④その結果、1589 年 11 月、黄允吉（正使）金誠①（副使）ら 200 余名の通信使が来日した。翌年秀吉と会い、秀吉は服従使節だと思いこんでいたので、黄らに「征明嚮導」（明を征服するので、私たちの先頭にたって案内すること）を命令した。
⑤宗氏はこれを聞いてびっくりして「征明嚮導」を「仮道入明」（明を征服したいので、通り道を貸してくれ）にすりかえ、朝鮮と交渉をすすめた。
⑥これに対して朝鮮は「日本とは友であるが、明は父である。父である明を裏切ることは道理に反してできない」と秀吉の要求を断った。宗氏はその後も交渉を続けた。
⑦その後、秀吉は肥前に名護屋城を造り、約 16 万人の兵力を結集させた。1592 年 4 月、宗氏らの第一陣が釜山に上陸し「仮導入明」を求めたが返事がないので、釜山城を攻撃した。第一次朝鮮侵略が始まった。

　秀吉は 1592（文禄元）年と 1597（慶長 2）年に朝鮮を侵略した。第 1 回の 1592 年の侵略までの経過を上の年表にして示した。

（北島万次「秀吉の朝鮮侵略」、『歴史地理教育』1981 年 2 月号より作成）

T：これが朝鮮侵略までの経過です。この年表を見て「どうなっているのだろうか」ということはありませんか？

S：秀吉の命令と宗氏の交渉が違う。

S：秀吉は、自分に服従を誓う使節（できれば朝鮮国王が来ること）を求めたのに、宗氏は日本統一を祝賀する通信使の派遣を求めている。

T：そうだね。なぜ宗氏は秀吉の命令と違うことを交渉したのだろうか。後で考えてみよう。その他にありますか。

S：秀吉の「征明嚮導」を「仮道入明」として交渉した。

T：どう違うの？

S：「征明嚮導」は、子分だから従えという感じ。「仮道入明」は道を貸してくださいと協力を求める感じ。

❸対馬から考える「秀吉の朝鮮侵略」の授業づくり　　261

T：なぜ、宗氏は秀吉の命令と違うことを要求したのだろうか？

S：宗氏は朝鮮のことをよく知っていたから秀吉の命令ではうまくいかないと思った。

T：どんなことが？

S：秀吉は朝鮮を子分だと思っていたが、朝鮮は日本は友だちで明を父母だと思っていたことを宗氏は知っていた。

S：秀吉の言っていることはそのままでは通用しない。

S：宗氏は朝鮮のことを一つの外国として対等の関係だと思っていた。貿易をしていたのだし……。

S：服従使節など出しっこないことを知っていた。

　年表の中の「へんなの」探しとそれの謎解きは、秀吉と宗氏や対馬の人々との朝鮮・東アジア認識の違いであったことがわかってきた。

　宗氏のすりかえ交渉は、実を結ばず戦争状態に突入した。しかし、生徒の中に何かほっとしたものを感じた。ただ強い秀吉の命令に従ったのでなく「やっぱり何かのアクションを起こしていた」ということへの共感というものだ。戦争が開始され、戦場は朝鮮だった。対馬を通過した秀吉軍は、文禄で15万8千人、慶長で14万余人にのぼった。対馬からも他の大名よりはるかに多い兵が動員された（文禄＝5000人、慶長＝1000人）。それだけではない。その他の兵員の輸送、飯たきなど島中の老若男女が動員され、まさに島ぐるみの戦いとなった。

　その後秀吉軍の侵略の様子（耳塚のことなど）、朝鮮の抵抗（李舜臣など）、沙也加のことなどにも触れるが、ここでは省略する。

⑶二つの国書と日朝の国交回復

　戦争は終わった。秀吉軍は、朝鮮から引き下がった。しかし、両国のしこりが残った。対馬の地理的、経済的状況は変化なしである。変わりようもない。

T：このような状況でも対馬にとって朝鮮との交流は、生活のために必要であった。対馬の人々はどうしたのだろうか。

S：他の藩も被害にあっただろうが、その後はあまり朝鮮とかかわりなくても生活していくことができた。対馬は朝鮮との貿易ができないと困ってしまう

状況にあり、戦後も苦しみが続いた。

S：朝鮮から相当恨まれた。裏切りものといわれたと思う。当然かもしれない。信頼を取り戻すのには、相当犠牲や時間がかかると思う。米や食料を買わないと困る。何度も謝りに行ったのではないか。

S：そんなにうまく話しはすすまない。勝手にせめておいて「ごめんなさい」ですむものではないだろう。

友情、信頼、友だち関係に敏感な生徒は裏切りに関しては大変手厳しい。

T：朝鮮との交易が死活問題である対馬は国交を求めて何回も使者を派遣した。何人かの使者は朝鮮の人々の疑惑のうちに殺されたり、捕まったりもした。

秀吉に代わって指導的地位についた家康が、積極的に善隣・通商外交を進めようとしていたことは、対馬にとって大変良いことであった。家康は宗氏に朝鮮との新たな関係を樹立するよう求めた。その結果、1609年に己酉条約を結ぶことができた。しかし、この間にもいろいろな出来事が起こった。朝鮮は新たな国交を結ぶにあたって、①家康の謝罪の国書、②先王の墓などを荒らした罪人を引き渡すことなどを要求してきた。宗氏は、本土の朝鮮人捕虜を送還し、

江戸幕府に届けられた国書

　朝鮮国王李昖は書を日本国殿下に奉る。（中略）壬辰（文禄元年＝1592）の変において貴国はゆえなく兵を動かし、禍をかまえ、惨事をきわめた。ことに日本兵はわが先王の墓を荒らした。わが国の君臣は痛憤骨を切られる思いがする。貴国とはともに天を戴くことはできない。6、7年来対馬から講和を請うてきているが、貴国との交渉はわが国の恥とするところである。ところが聞くところによると、今貴国は前代の非を改め旧交の通をおこなおうとしているという。かくのごとくであれば、これは両国民にとって幸福というべきだ。ゆえに使者を馳せ、和好の験（しるし）とする。

対馬藩に残っている国書

　朝鮮国王李昖は返書を日本国殿下に奉る。（中略）壬辰（文禄元年＝1592）の変において貴国はゆえなく兵を動かし、禍をかまえ、惨事をきわめた。ことに日本兵はわが先王の墓を荒らした。わが国の君臣は痛憤骨を切られる思いがする。貴国とはともに天を戴くことはできない。6、7年来対馬から講和を請うてきているが、帰国との交渉はわが国の恥とするところである。ところが今、貴国は旧を改めて新に国書を送ってきた。すなわち、これは前代の非を改めて、友好の態度を示すといえよう。これは両国にとって幸福というべきだ。ここに使者を馳せ、返答するものである。

辻達也『日本の歴史13　江戸幕府』（中央公論社）

---

②の罪人などを朝鮮に送った。そして、国書に関しては次のような事実があった。

3 対馬から考える「秀吉の朝鮮侵略」の授業づくり　｜　263

T：このような家康、宗氏の対応があり 1607 年 7 月、朝鮮から秀吉の侵略以後初めての使者が来た。そのとき持ってきた国書がある。

T：同じ物でなければならない国書が対馬と江戸に残っている物の 2 種類ある。

S：また何かやったな。

T：どこが違うのか。

S：対馬に残っているものは、日本からの謝罪が届いたことの返事だが、江戸のものはその部分がない。

T：どっちが本物だろうか。

S：対馬に残っているもの。

T：では何があったのだろうか。

S：また宗氏たちが書き換えた。

T：なぜ

S：一刻も早く国交を回復したかったから。

　この偽造は、江戸時代後期の学者・近藤重蔵守重によって発見された。当時は真相が明らかでなかったため、国交は回復にむかった。

　1617 年から朝鮮通信使が来訪し、対等・平等の国交が始まった。徳川幕府にとっては、武威を示すために外国の使節を迎えることが必要だった。また、朝鮮にとっては、新たに起こった清を中心に起こっている東アジアの変化の中で自国の防衛のためにも日本との早期国交回復が望まれていた。

6．対馬から歴史を見つめる・生徒の意見

　学習後の生徒の意見を紹介する。

・歴史だと信長、秀吉ばかりが目についてしまうけど、対馬の人々をはじめ、もっと奥から歴史を見つめる方が面白いと思う。朝鮮進出の本当の姿は対馬の人々のようすだと思う。

・秀吉は対馬の人々が朝鮮貿易をしていることを知っていたのだろうか。対馬から見つめる歴史に「奥の深さ」や「面白さ」感じている。

　また次のような意見も出た。

・楽しい授業だった。でも、農民から見たものか、宗氏から見たものか、武士から見たものか、全部違うと思う。この授業は対馬の誰から見たやつか。

この意見にはびっくりした。対馬の「誰」を問題にしている。対馬とひとくくりにしない立場を問題にしている。この意見は私の授業批判である。この意見に答えられる授業はまだできていない。　　　　　　　　　　　〔石井建夫〕

4

円仁から見た新羅人

1．主題設定の背景

　日本は私たちにとって近くて遠い国である。地理的には他の国より近いが、気持ちはあまりにも遠い国である。過去、私たちは無条件に日本が嫌いだった。スポーツ競技でも日本に負けるとどうなるかわからなかった。この授業をすすめている今（2002年6月17日〜29日）は韓日共同ワールドカップが開催されている。韓日両国ともに16強に入り、韓国は4強にまで上がった。8強戦が開かれた光州では韓国の「赤い悪魔たち」［韓国チームのサポーター…訳注］が「pride of Asia」の横断幕でアジアの自尊心を誇示し、マスコミは日本で韓国を応援するブームがおきていると伝えている。いまや時代は国際化・世界化の雰囲気が高まっている。韓日両国は過去の歴史的「おり」をきれいにし、相互理解の中に共存の論理を探さなければならない時だと思われる。過去の歴史のなかで共存の姿を確認することにより、解決の糸口を見つけることも意味があることだ。

　こういう意図の下で、平安時代の遣唐使として838年から約9年半、唐で求法活動をした円仁という僧侶の残した『入唐求法巡礼行記』という日記を通して韓日両国の共存方法を模索しようとした。円仁の日記の相当部分が新羅と関連した内容で、新羅人との交流を詳細に記述しているからである。特に国内にはまったく紹介されていない張保皐や在唐新羅人の活躍と生活が紹介されていて興味深い。授業の主題自体が一個人の日記で、学生にとっては、硬い史料に接するより実感があふれ、歴史的想像力を発揮できるよい機会だと思われる。

　本授業は週2時間の世界史の授業時間に実施した。世界史は教科書叙述と関係なく特定地域史の授業を指向したため、ワールドカップ期間に日本史を主題として設定した。授業は学生の日本文化への関心と認識の拡がりのために遂行評価とし、班別に日本文化と関連した主題を定めて課題を提出、発表させ

266　　II．授業実践

た。次に円仁の理解に役立てようと日本の遣唐使について教師が整理した資料を使って授業をした。最後に「円仁を通してみた新羅人」というテーマで円仁の日記を通して在唐新羅人や張保皋について新しく認識できる授業をすすめた。

授業の資料は韓日両国の教科書と円仁の日記のうち関連部分を抜粋した内容とそれと関連した韓日両国の歴史学者の論文を整理した。授業展開は教師が提示した資料を読み、分析し、教師の質問に答える問答式授業で進め、最後は想像力を動員して当時の状況を新聞記事やマンガに作成させた。また、簡単なアンケートを通して学生の日本認識と授業の感想を調べた。

2．学校のようす

本授業の対象学校は晋州にある人文系女子高校である。学生の学習能力は高校入学連合考査選抜集団において、全国平均水準より多少高い方に属する。

全校で1168名、そのうち本授業は2学年文系8クラス251人を対象に実施した。本校の歴史の授業は週3時間で、1時間は国史を、2時間は世界史を実施している。また本校では第二外国語に、中国語とともに日本語が今年はじめて採択されて、多くの学生が興味と関心を持っている。

3．授業内容

〈1次時・日本文化〉

学生に遂行評価として日本文化と関連して班別に課題を提出、発表させた。これにインターネットサイトや出版物などを参考に、日本の建国神話、神道、伝統劇（歌舞伎・能・文楽）、祭り、衣服、食べ物、礼節、茶道、陶器、飛鳥文化、アニメ、メディア産業、キャラクター産業など豊富な主題を定めて発表した。これを通して、学生はわずかだが、日本認識を転換させる機会となった。

次は学生の発表を要約したものである。

チャン・ミア：着物について調べる前はぎゅっとはさまれてとても不便な服だと思っていたけれど、高温多湿な夏と寒冷な冬を越すために下着をさまざまに重ねて着たり脱いだりする必要によって生まれ、帯で体型を補完し、美的感覚を生かした服だということがわかった。
チ・ヒョンジョン：日本の建国神話を探り、日本人の天皇崇拝について理解するようになった。またこんな建国神話は世界のいろいろな国が自分の歴史を誇示し、正当化するために使われるのである。日本も同じだ。

4 円仁から見た新羅人　267

> カン・ナリ：日本は模倣の国だと思ったが、今回調べた祭りを通して、日本は彼らの伝統文化をさらに創造的に発展させていると感じた。またこれは私たちも見習うべきだと思った。

〈2次時・遣唐使について〉

本授業の目標は、①遣唐使が日本に及ぼした影響の理解、②東アジア文化圏の内容を理解、③韓日両国の遣唐使への立場の違いの比較、である。授業はまず遣唐使の資料を提示し、韓日両国の世界史教科書の記述を比較することとした。

（1）遣唐使（7～9世紀に日本から唐に送った使節団）

遣唐使は630年をはじめに894年に廃止されるまで10数回派遣された。目的は唐との友好を固め、優れた唐の制度と文化を受け入れるとともに、朝鮮などとは東アジアの情報を得る機会とするためであった。遣唐使には大使・副使の他に留学生や留学僧が同乗し、人員は400人～500人が4～8隻の船で海を渡った。危険を顧みず唐に渡っていった阿倍仲麻呂、吉備真備、玄昉、最澄、空海などの留学生や留学僧がいて、彼らがもたらした書籍や教典または唐の新しい制度や文化は日本の律令体制の整備と文化の発展に寄与した。また鑑真のように旅行のとき被った遭難にも屈せず、遣唐使の帰国船で朝鮮を訪問した僧侶もいた。円仁は請益僧（短期間学ぶ僧）である。

（2）遣唐使の航路

はじめは朝鮮半島の北路を利用した。しかし、8世紀に新羅との関係が悪化すると、東シナ海を横断する南路を利用した。そのうえ、当時は造船術と航海術が未熟で、航海には危険が伴い、遭難する場合も多かった。まだ羅針盤が登場する前で、漠然と海上の島や陸地を目標地点にして舵を取り、未方向［南から西へ15度の方向…訳注］に航海をする形態であった。

（3）教科書分析

①韓国の高校世界史教科書〈2種図書：教学社〉
7世紀から日本は隋、唐に使臣と留学生を送って中国の発展した文物を積極的に受け入れた末に、大化の改新（645年）によって中央集権的な律令国をたてた。これをきっかけに日本では国王制がはじめて成立し、奈良に都を置いた。奈良時代についで首都を平安（京都）に移し、平安時代（794～1185）が開かれた。このとき日本はわが国と唐の文化を受け入れて国家的に大いに発展した。

②日本の教科書〈明解世界史Ａ：三省堂〉

　日本は遣唐使をおくり、唐にならった律令国家づくりをすすめた。長安をまねた平城京や平安京がつくられ、8世紀なかばに唐の僧鑑真が来訪するなど、仏教文化も栄えた。

（4）教師・学生の活動

Ｔ：日本の遣唐使が日本文化発展に寄与した分野は何か

Ｐ：律令体制です。　　　Ｐ：仏教です。

Ｔ：律令体制導入は日本の歴史にどんな影響を及ぼしたのだろうか。

Ｐ：国家の枠組みを整えるようになります。　　　Ｐ：王権強化をもたらします。

Ｐ：身分制が整備されます。

Ｔ：律令とともに仏教・儒学などが漢字を土台に東アジア国家に普及し、中国を頂点に東アジア全体が一つの文化共同体を形成したと見られる。これがちょうど私たちが中国史で習った東アジア文化圏である。

Ｔ：遣唐使の説明で韓日両国の教科書の違いは何か？

　学生は、わが国の文化の影響についての言及がないことを指摘したり、国史教科書には、大和朝廷の成立と飛鳥文化及び白鳳文化にまでわが国文化の影響を言及しているが、日本の教科書にはまったく反映されていないことについて残念さを吐露。

〈3次時・円仁を通してみた新羅人〉

　本授業の目標は①円仁*1を通して在唐新羅人の活躍と生活のようすを知り、②張保皐について再評価してみよう、である。したがって授業も円仁をまず紹介し、次に在唐新羅人と張保皐について資料を探ることで構成した。

　1）在唐新羅人

　在唐新羅人についての具体的記録は国内では見られない。そのうえ、国史教科書にも概略的な内容しか言及せず、実際の彼らの活躍や生活のようすの叙述はない。しかし、円仁の日記の半分以上を在唐新羅人について言及している。

＊1　円仁：平安時代の天台宗僧侶。第3代天台座主、15歳で天台宗の開山祖である最澄の弟子になる。838年44歳で遣唐使の一員として入唐。約10年間唐に滞在したが、847年唐の皇帝武宗の廃仏（会昌廃仏：唐の武宗は道教を奨励し、仏教を抑圧する）にあって、やむをえず帰国する。天台密教の行法である蘇悉地法を伝えたことで日本の天台密教を大いに発展させ、また五台山念仏を伝えて、以後浄土教の発展に大いに影響を及ぼす。事後慈覚大師と呼称される。円仁の作品である『入唐求法巡礼状記』は約10年間にあたる唐での彼の日記である。

（1）教科書分析

韓国高校国定教科書
　8世紀以後、貿易拡大によって山東半島と揚子江下流に新羅人の居住地である新羅坊、新羅人を治める新羅所、旅館である新羅館、寺である新羅院がつくられた。
＊南北時代の貿易路を地図で表記、新羅坊と赤山法華院も地図に出てくる。

　→叙述自体があまりにもあいまいで、一方的注入授業にならざるをえない。

（2）円仁の記録

① 838年6月28日　早朝に鷺鳥は西北を指して双び飛べり。風は猶変わらざれば帆を傾けて未申（西南）を指す……新羅の訳語金 正 南は述べて云く、
キムジョンナム

② 839年正月8日　新羅人王請来たって相看る。是本国弘仁十（819年）に出州国（出羽国）に流着せる唐人張覚済等と同船の人なり。頗る本国語を解す。

③ 839年3月22日　早朝沙金大二両、大帔腰帯一を送って新羅訳語劉慎言に
ユジノン
与う。

　（このとき円仁は唐に残って天台山巡礼を願ったが、請益僧だったため、唐から拒絶されると、他の方法を求めている。劉慎言は楚州新羅坊の通訳官と総官を経た在唐新羅人で、円仁が10年間唐で求法できるように手助けした人物である。そればかりか円仁以前の日本人僧侶の唐での求法活動を積極的に手助けした。例えば日本との連絡や金品の伝達、帰国船の用、物品の補完などみな劉慎言によっておこなわれた）

④ 839年4月5日　（帰国船に乗った円仁は天台山行のために海州から弟子3人と降り）僧侶4人は留まって山岸に往ず。多人の声を聞くあり……。船処より来たって僧等の此にある由を問う。僧等答えて云う「僧等は本是新羅人なり。吾らは密州より来たり。船裏に炭を載せ、楚州に向かって去く。本是新羅人なり。」村の村老である王良書して云う「和尚は此処に到って自ら新羅人と称するも、其の言語を見るに新羅語にあらず。且大唐語にもあらず。示すに実を以って示報せよ。

⑤ 839年9月12日　伏して望む・当寺［赤山法華院］は当国の格の例に準じ、……公験［旅行許可証］を給するを請われんことを。

⑥ 842年5月25日　円載留学の傔従僧仁済来たる。……書に委曲を得たり。云わく、恵がく和尚は船に伏して……今春は故郷に帰らんと擬す。慎言は已に人と船を排比し訖れり。

⑦ 845年7月9日　斉時に漣水県に到る。新羅坊に入る。偶崔暈十二郎（清海

鎮兵馬使であり、張保皐の乱で逃亡して漣水県にとどまっていた）は船を求めて帰国せんことを請う。長官は相見て哀恤し、……

⑧ 845 年 8 月 24 日、27 日　文登県に到る。勾当新羅所に往き、求め乞うて以て唯命を延べ、自ら船を求めて本国に却帰せんことを訖う。勅平蘆軍節度、同十将、兼登州諸軍事押衙、張詠は文登県界の新羅人戸を勾当する。宅に到り相見て便ち識り歓喜し。

⑨ 846 閏 3 月 17 日　新羅人陳忠の船が炭を載せて楚州に往かんと欲するに遇い、商量して船脚価を絹五疋と定む。

⑩ 846 年 6 月～7 月 20 日　新羅坊の総管劉慎言は専使もて迎接り。金珍等に船を見るを得たり。

[この訳は『入唐求法巡礼行記』1、2（東洋文庫、1970）を参考にした]

（3）教師・学生の活動

T：在唐新羅人の分布地域は中国でも主にどこか？

S：山東半島、　　S：運河周辺、　　S：揚子江周辺

T：在唐新羅人は唐で主にどのようなことに従事し、生きていたのだろうか？

S：貿易業（王請）、ガイド（金正南）、運送業（金珍、陳忠）、船員、船舶製造及び修理業

T：唐で求法のために活動している円仁について思うことは？

S：たいしたものだ、　　S：尊敬する、　　S：仏教がなんで？

S：信じられない

2）張保皐と赤山法華院

張保皐の活躍が具体的にわかる資料が多くないので、円仁の日記を通して類推し、赤山法華院は、最近日本で復元された写真資料を提示した。

（1）教科書分析

> 韓国国定教科書
> 　8 世紀以後、東アジアの貿易活動が活発になり、張保皐は今の莞島に清海鎮を設置して、海賊を掃討して南海と黄海の海上貿易権を掌握した。

→8～9 世紀当時の東アジア関係の言及がないので、張保皐の活躍があまりにも単純にしか叙述されていない。

（2）史料分析

①『三国史記』〈興徳王本記〉

　夏四月、清海大使弓福は姓が張氏で〈別名保皐ともいった〉唐の徐州に行き軍中小将となり、後に帰国して王に拝謁し、兵士一万名を率いて、清海を鎮守した。〈清海は今（高麗）の莞島である〉

②『三国遺事』

　一紀異二編・神武大王閻長弓巴（弓福、張保皐）伝に、張保皐の反乱と閻長により取り除かれたことが記録されている。

（3）円仁の記録

① 839年6月7日、未（14時）申（16時）の際、赤山の東辺に到り船を泊す。乾（西北）風は大いに切りなり。其の赤山は純ら是厳石高く秀でたる処、即ち文登県清寧郷赤山村なり、山裏に寺あり。赤山法花院と名づく。張宝高（保皐）が初めて建てし所なり。張の荘田あり。以て粥飯に宛つ。其の荘田は一年五百石の米を得。冬夏に講説す。冬は『法花教』を講じ、夏は八巻『金光明教』を講ず。長年之を講ぜり。南北に厳峰あり、水は院庭を通して西より東に流る。東方は海を望みて通し開け、南・西・北方は連峰壁を作す。但未申（西南）隅は斜に下るのみなり。当今は新羅通事押衛張詠、及び林大使［張保皐］、王訓等専ら勾当す。

② 840年2月17日（円仁が太宰府太守の手紙を張保皐に伝達できなかった旨の手紙）生年より未だ祗奉［謹しみ伺う］せず、久しく高風を承る。伏して欽迎を増す。仲春已喧かなり。伏して惟みるに大使尊体動止万福ならん。即ち此に円仁遥かに仁を蒙り勲迎[仰ぎ奉る]に任ゆるなし。円仁旧情を果たさんが為に唐境に淹滞[久しく留る]す。微身多率にして留まって大使本願の地［赤山法華院］に遊ぶ。感慶の外、以て言に喩え難し。円仁郷を辞すの時、伏して筑前の太守より書一封を寄するを蒙り、転じて大使に献ぜり。［然るに］忽ちに船の浅海に沈むに遇いて資物を漂失し、［太守に］付せられたる書札は波に随って沈滞せり。悔恨の情、日に積らざるなし。伏して願わくは怪責を賜うこと莫かれ。抵奉すること未だ期あらず。但馳結［おもい］を増すのみ。不情も謹んで状を奉じて起居す。不宣謹状。

　　　　開成五年［840］二月十七日　日本国求法僧伝燈法師位　円仁　状上
　清海鎮張大使麾下謹空

（4）教師・学生の活動

T：これは唐の皇帝武宗によって廃仏された赤山法華院が復元された写真です。円仁に関心が高い日本の民間団体で復元に必要な経費を支援したという。寺の中には張保皐大使の肖像が祀ってある。では日本が赤山法華院を復元した理由は何か？

P：円仁が助けられたお寺だからかな〜

P：やはり日本は赤山法華院と日本が関連があると思ったんじゃない？

P：ちがうよ。張保皐の肖像があるっていうじゃない〜

P：法華院は私たちが復元しなきゃならないのに恥ずかしい。私たちの歴史をいいかげんにしちゃったみたい。

T：日記で見ると、張保皐への円仁の考え方はどうかな？

P：尊敬している。　P：ありがたく思っている。　P：たいした人物だと思っている。

T：日本や唐で評価しているのに比べて、私たちの歴史は張保皐に対する評価は多少いいかげんだったようです。どうしてそうなのかな？

P：『三国史記』と『三国遺事』で張保皐を反逆者として叙述しているからでしょう。

T：すると、教科書で張保皐の評価を補完するとすれば、どんなやり方がいいかな？　　　　　　　　P：円仁の日記を借りなきゃだめね。

T：では教科書の主要叙述ではない「註」で処理してはどうかな

P：いいです。

T：私たちがこの時間に学んだ日本の遣唐使叙述も補完することはないかな？

P：わが国の文化の影響を受けたことを書かなければなりません。

P：日本の遣唐使が在唐新羅人に助けられたということを書かなければなりません。

T：みんなの意見が教科書に反映されれば本当にいいのに。このような努力が重なると韓日両国の利害関係が少しずつ解けるのではないかと思います。

Ⅲ・アンケート分析

（1）アンケート項目

1．日本に対する認識のうち肯定的な部分があれば何であり、その理由は何か
2．日本に対する認識のうち否定的な部分があれば何であり、その理由は何か
3．今後韓日両国が共存しようとすると、最も先に解決しなければならないことは何だと思いますか。
4．9世紀、円仁と張保皐が活躍した時代の状況を背景に、新聞記事や4コマ漫画を作成してみよう。
5．今回の授業の感想を書いてみよう。

（2）分析

　1項に対する答で、日本の勤勉、節約精神、秩序意識、親切さ、匠の精神、他人のことを受け入れて独創性を発揮する点、他人に迷惑をかけまいとする姿勢、ワールドカップでわが国を応援した点などを指摘した。

　2項に対する答えで、日本の歴史歪曲、独島問題に対する答がほとんど絶対的で、少数意見には、性文化や「本音とたてまえ」についての言及もあった。

3項に対する答で、ワールドカップ開催のような両国の友好を進めることができる親善競技や文化交流を提示した意見が多かった。

　4項に対する学生の反応のいくつかは次の通りである。

①イ・ヒョンノク

記者：ここは博多港です。唐からたった今帰ってきた円仁大師に会ってみます。唐に10年間もいらっしゃいましたが、その間どのようにお過ごしでしたか？

円仁：はじめは10年間も唐にいるだろうとは思ってもみずに出かけました。だが、唐に到着すると学ぶことが多すぎて時間がどのように流れたのかもわかりません。10年あまりの期間に私を助けてくれた人々がいます。新羅人であったが、張詠大使、劉通訳官、李元佐、崔兵馬使など、その方たちがいなかったとすれば私は唐にそのように長く留まり、勉強できなかったでしょう。そして張保皐大使にも感謝を伝えます。

記者：円仁は最後まで新羅人に感謝を伝えました。今後円仁大師の活躍を期待します。　　　　　　　　　－以上博多港から、イ・ヒョンシク記者でした。－

②キム・ソナ

　親切な新羅人－劉慎言－、日本留学生らに積極援助

274　　Ⅱ．授業実践

新羅と日本の両国関係が進展しないなかで、唐の新羅人村で暖かい知らせがあり、話題となっている。在唐新羅人劉慎言通訳官が唐に留学してきた日本人の僧侶と留学生を助けたのがそれだが、馴染まない外国の地で自らを支援した劉を日本留学生らは精神的にとても頼っているという。劉氏は留学生に日本との連絡や金品の伝達、帰国船の用意、物品の保管など唐での求法活動に積極的に手助けし、他の目的や代価は願わないなどと述べ、温かさを一層高めている。しかし、一方では批判の声もなくはないと伝えられる。

唐第一日報文化部キム・スナ記者

　最後に5項の授業の感想の一部を紹介する。

①パク・ヘリ

　日本の僧侶円仁と在唐新羅人及び張保皐の授業を聞いた後の私の感想は、一言で衝撃それ自体だった。特に、円仁と在唐新羅人の関係については、とうてい信じられないほど驚くべき事実だった。今まで国史や世界史の授業を受けてきたが、この円仁という僧侶については一度も聞いたことがなく、在唐新羅人についてもせいぜい新羅坊、新羅所、新羅院、新羅官くらいがあるという事実の他には知らなかったから、わが新羅人が日本にこのように莫大な影響力を及ぼしたとは想像もできなかった。もちろん、わが国が日本の飛鳥文化をはじめ多くの先進文明を伝授したという事実を学んだことはあったが、その内容はあまりにも抽象的で漠然としていたので、率直に言って「あ〜そうだったんだなぁ」ぐらいで、何気なく行きすぎていった。だが、円仁と在唐新羅人についてはちがった。円仁の日記はあまりにも確実で、具体的な証拠があったからだった。円仁の日記にはどれひとつ新羅人に助けられないことがなかった。不法滞留者だった彼を唐で引き続き勉強できるように手助けし、滞在する間も物心両面で助け、そのうえ帰国まで新羅の船舶や新羅人の助けで無事に日本に到着できた。今回の世界史の授業を受けた後、私は自分たちが歴史を正しく理解していないというのが残念で、日本が私たちの影響を受けたにもかかわらず、その事実に言及しないという点に悔しい思いがした。どちらにしても、文化というものは互いにやりとりすることであるが、わが国もやはり日本から多くの影響を受けただろう。このような事実を両国は互いに記述して人々に知らせ、互いが互いを理解するのに良いこやしとなれば、という気がする。そして歴史とい

❹円仁から見た新羅人　275

うものは決して絶対的なものではなく、いつも新しい事実を表すようになるということを実感させてくれた時間だった。

②チェ・ロクチュ

　韓国人ならば誰でも持っている反日感情、私もやはり例外ではなかった。漠然と「日本」といえば強大国から漂う、そのパワーが感じられながらも、無意識の内に浮かび上がるその敵対的な感情はどうすることもできなかった。

　今回の6月には日本に対する敵対的な感情をなくすことができた。むしろ今は日本がよくなっていて、私たちともっともよく和合できる国がまさに日本だという気がする。円仁の話を聞いたとき、新羅人の助けで円仁が無事に留学でき、また彼が勉強していたように、彼らの文化が発展できたということに一言半句の言及さえしなかった日本の教科書が、いや日本という国が非常に残念に感じられた。一文でも新羅人の内容が書いてあったならよかったが、それがまさに鋭敏な歴史問題であり、それを見つめる人の心なんだろう。

　一方では、自国ではなく他国で発展した文化により、日本人を助けた新羅人への自負心に満たされることを感じることができた。すでに韓国と日本は彼らによって和合のひもをつくり、今回6月韓日ワールドカップによってそのひもがまたつながった。8強に進出できなかった日本が8強に進出した韓国の善戦を願って応援をするとき、何よりも私はそれをさらに骨身にしみるほど感じた。韓国人は日本人のその応援に感動し、互いが一つになったことを感じた。それは円仁の記録のなかの新羅人の話がいつか日本の歴史教科書に書かれるようになるとき、それを見て感動する日本人の感情と同じだろう。いつかは歴史問題をめぐっても両国が明るく笑うことができるその日が来るだろうと固く信じる。

4. 授業後記

　円仁は私にも馴染まない名前だった。彼の日記を読んで、異邦人それも日本人という偏見は消えて航海技術と造船技術が劣悪な9世紀、ひたすら仏の道を悟るために命をかけて遣唐使節団に合流して唐に入り、自分が目標とした求法を勝ち取った意志の人間であり、真実の仏心の表象として描かれた。さらに円仁を通してわが国の留学生や留学僧の困難も充分に想像が可能だし、唐代の先駆者の苦労が両国の文化発達に大きな寄与をしたことを感じることができた。

授業の主題が教科書と関係ない資料を基礎とする授業だったので、資料自体の妥当性は多少疑問とされるが、学生に教科書以外の資料を通して教科書の叙述をはっきり理解させ、多様な歴史的思考ができるきっかけになった。教師は学生を教えることともに学んだ。今回の授業が私にはそんな時間だった。学生は私の歴史的想像力を越えていた。

　今回の授業は円仁という日本の僧侶の日記を通して、過去の歴史において両国の共存を確認することにより、敏感な韓日の両国の歴史に少しではあるが相互理解の幅を広げられた時間だったと思う。もちろん授業は終わっても相変わらず日本に対する敵対感を持っている学生も多数存在している。アンケートで確認したが、日本の韓半島侵略と歴史歪曲に対する真の謝罪がなければ、このような敵対感はどんなに時間が流れても希薄にならないだろう。

　最後に個人的には、今回の授業の結果を土台に、日本の遣唐使関連教科書記述と韓国の在唐新羅人や張保皐に対する教科書記述を円仁を通してさらに補完されればよいと考える。

〔鄭　勃　任〕

Ⅲ. 日韓歴史教育の課題と展望

1．日韓教育実践研究会結成の意味

　日韓教育実践研究会が 1993 年 10 月 3 日、東京の日朝協会東京都連合会事務所で結成された。呼びかけ人は石渡延男、大槻健、小川直太郎、三橋広夫、山本典人の 5 人である。

　その目的は「1993 年 8 月のソウルにおける日韓教育現場交流会の試みに基づき、両国の教師による教育実践交流を、今後進展させることを目的として、日韓教育実践研究会を組織する」（呼びかけ文）とあり、日韓教育者交流の恒常的組織として誕生した。結成総会では会長が大槻健、副会長は石渡延男・山本典人、事務局長には三橋広夫、会計として三橋ひさ子が選ばれた。早稲田大学教授であった大槻健は早くから韓国（朝鮮）の教育に関心を示していた研究者であり、山本典人も戦後いち早く朝鮮を小学校教育で取りあげてきた実績があった。石渡延男はその山本典人に学びながら、高校で朝鮮史を取りあげた授業実践を発表していた。三橋広夫は新進の中学校教育実践家として頭角を現していて、石渡が次世代の担い手として推薦したいきさつがある。三橋ひさ子はそのたぐいまれなるすぐれた感性と研究心を持つ小学校教師で、その実践は中学校・高校教師からも一目置かれる存在であった。

　会の名称を「日韓教育実践研究会」とした理由は、「当面、両国の相互認識の上で必要性の高い歴史教育を中心にしながら、韓国（朝鮮）認識を深めるための実践（社会科、国語、生活指導など）をも視野に入れて研究を進める」とした上で、「とりあえず、小・中・高の現場教師で、日韓問題の実践に意欲的に取り組む教師で会を構成し、しだいに関心のある人へも広く参加を呼びかける」（同呼びかけ文）として、子どもの歴史認識や韓国認識、日本認識に取り組む授業実践をとおして、日韓教師の交流をめざそうとするものであった。会の事務所を日朝協会東京都連の中に置いたのは、1972 年まで続いていた日朝教育問題全国研究集会（日朝教研）を日朝協会が共催していた歴史的経緯があり、そ

281

の継承を意識した大槻健の強い思いが背景にあった。

　日朝教研は、日韓条約に反対する国民世論の中で、1967年3月に初めて開催され、在日朝鮮人の生活や文化、人権を教育の場で取りあげた教育実践報告が展開された集会であった。日朝教研は、さまざまな立場の教育関係者が集い、民族差別克服の試みや朝鮮認識の深化に意欲的な研究の蓄積をあげたものの、朝鮮民主主義人民共和国の対日政策の変化や参加者間の政治的意見相違の溝が深まり、1972年の第6回日朝教研を最後に全国的な開催ができなくなった。同教研で石渡延男は授業実践「朝鮮史で朝鮮観をどう育てるか」を発表している。

　会の名称が「日韓歴史教育研究会」ではなく「日韓教育実践研究会」になったもう一つの理由は、正しい韓国認識は、歴史教育にとどまらず、地理・公民・道徳・国語・音楽・美術などすべての教育分野の参集をもってのみ実現できると考えたからである。そこには日本の民間教育諸団体を結集した日本民間教育研究団体連絡会（53団体3万2000人＝当時）の存在とその教育運動を意識していたからに他ならない。大槻健はその代表を務め、石渡延男は事務局長を務めていた。石渡延男個人は、将来はアジア全域の民間教育の交流実現を夢想していた。

1. 韓国民主化運動の波動

　先述した「呼びかけ文」には、「(19) 80年代以降、韓国における社会の諸分野で国民の民主化を図る動きが活発になってきました。教育においても、89年の教職員組合（全教組）の結成にみられるように、韓国における教育民主化の運動がすすみ、それにともなって日本の民主教育との交流が求められてきています。

　日本でも戦後早くから、朝鮮を対象にした教育実践や理論研究がすすめられてきましたが、最近では韓国の民主化の動きに呼応して、日韓関係の教育交流を求める声が強くなっています。そのあらわれとして、80年代に入って教科書分析や研究の両国共同研究が活発に行なわれています。

　こうした動向をふまえて、私たちはこの教育交流を、現場における実践交流にまで発展させていきたいと考えました」とある。

　私たちの目を朝鮮民主主義人民共和国から大韓民国（韓国）へ向けさせたきっかけは、韓国の民主化運動である。

軍部独裁政権からの解放を求める民主化運動は、全斗煥政権による光州事件（1980年5月）に見られる民衆虐殺を機に急速に拡大した。全斗煥大統領は、一期7年の任期満了後退任に追い詰められ、後を継いだ軍人出身の盧泰愚は国民による直接選挙で選ばれたものの、得票率は36.6％にすぎなかった。民主化の波はもはや押しとどめようもない状況になっていた。

　ソウルオリンピック開催の1988年に韓国に留学していた石渡延男は、その民主化運動の波を肌で感じていた。大学の食堂で一杯のラーメンを彼女とすすっていた学生に、デモや集会に参加して就職の心配がないのかたずねた。学生は「就職か民主主義かと問われたら、やはり民主主義を選びます。民主主義なくして幸せはないからです」と即座に答えた。当時は国家保安法が民主主義抑制の核心にあり、留学生も治安の対象となっていた。電話は盗聴され、地方都市へ行くとホテルから外出する度に警察に尾行された。日本から取り寄せた書籍は封が破られ、幾冊かはなくなっていたが、その説明や預かり証も皆無であった。

　ある長老派の教会で出会った牧師は、神の国をつくるためにいま私たちは何をしなければならないか考えましょうと説教して信者にデモ決起を促していた。帰り際に牧師夫妻は玄関に立ち、退出する信者一人ひとりと熱烈な握手を交わし、みやげに菓子を渡していた。

　ソウル大病院では、看護婦が同じ患者の命を与えるものとして、医師と同等の「看護師」の呼称を要求する闘争を展開していた。まもなく日本より早く「看護師」の呼称は認定された。

　全国教職員労働組合（全教組）の結成大会は、デモ鎮圧のための部隊である戦闘警察（陸軍に徴兵された兵士の中から選抜される）が介入しにくい延世大学校構内で開催され、組合の合法化と解職者の職場復帰、教育の民主化を求めて熱い熱気に包まれていた。まもなく最後の解職者二人も職場復帰を認められたが、一人は国家保安法違反容疑の男性教師ともう一人は校長の職務命令不履行の崔鍾順で、後に日韓教師交流の通訳と仲介者をつとめてくれた。

　韓国民主化運動の波動は、アジア各国に影響を与え、あるいは相互還流が進んでいった。フィリピンのマルコス政権が倒され、インドネシア、タイ、台湾、中国の民主化運動を励ました。フィリピンとインドネシアでは女性大統領が登

1．日韓教育実践研究会結成の意味　　283

場した。そしてその波動は日本にも及んだ。少なくも韓国の軍部独裁の強権政治が姿を消したことは、日本人の韓国への親近感を呼び、関心を深めたことはまちがいない。韓国の民主化運動は、国内における民主主義社会の実現だけでなく、国際社会における信頼を高めたのである。「呼びかけ文」に述べられた「(19) 80 年代以降、韓国における社会の諸分野で国民の民主化を図る動き」は以上のようなことをさしている。

2. すれ違う相互認識

景 福宮の奥まった香遠池の北側に乾清宮がある。その傍らにかつて「明成皇后遭難之碑」と、事件の経緯の絵と説明文を納めた建物があった。日本では閔妃として知られる、高宗の后である明成皇后（大韓帝国成立時に追贈された呼称）である。1988 年初夏、石渡延男がここを訪れたところ、国民学校（現在の初等学校、日本の小学校にあたる）の子ども 50 人ほどが地面に座り、老教師からこの地で日本人に殺された閔妃殺害の経緯を説明していた。石渡延男が近づくと、それに気づいた老教師は、日本人はいかに残虐な民族であるかと声を一段と張り上げた。子どもたちの間に瞬く間に興奮が広がっていくようすが見て取れた。

当時、日本公使であった三浦梧楼らが主導した閔妃暗殺は、弁明の余地なき蛮行であったが、歴史の事実を事実として教えるだけでは教育にはならない。教育は未来への営為であるから、事実を今日どう受け止めた上で日本人と接していったらよいのかを語らなければならない。子どもの憎悪を煽るだけでは教育にならないからだ。こうした老教師とどう手を結び、交流を深めていったらよいのだろうか。日韓教育交流の前途は多難であると思えた。

山本典人も日韓教育交流の前途に困難を感じていた。山本典人はソウルの啓星国民学校で直接授業を行なった。「孫基禎選手と消された日章旗」の授業は多くの関心を集め、新聞でも報道された。山本典人は後日、子どもたちの反応を聞くために再度国民学校を訪ねたが、応対した教師は冒頭で、細川首相（当時）の侵略戦争認識の後退発言について意見を求めたのである。子どもや教育の話より、政治の話から始めるその姿勢に、山本はたじろいだという。

1991 年 3 月、第 1 回日韓合同歴史教科書研究会が東京で開かれた。日本側の報告に「かつて 15 年戦争によって、日韓両国は大変不幸な、かつ悲惨な歴

史を経験した」とあった。これに韓国側は「15年戦争だけか、日露戦争から40年、日清戦争から50年、日朝修好条規から70年ではないか」と批判した。日本史に定着していた「15年戦争」は、太平洋戦争が日米の関係のみで見る見方を批判して日中戦争も視野において時代を見ようという考えであったが、そこには朝鮮を植民地にした視点が抜けていることに気がつかなかった。侵略戦争の究極の形は植民地であるのに、そのことに思い至らなかったのだ。戦争名称をアジア太平洋戦争に代える動きはその後まもなくして実現した。

　第2回日韓合同歴史教科書研究会（1991年9月、ソウル）では日本の植民地支配に反対し、三・一独立運動に賛同した柳宗悦を紹介した高崎宗司に対し、韓国側の朴成寿氏は「柳もしょせん支配民族の一部である」と批判した。しかし、朴成寿氏が研究する韓国独立運動に参加した人々も少数者ではなかったのか。それでも韓国の独立運動に共感するのは、民主主義日本と民主主義韓国の創生をめざす今日的観点から見ると、歴史的に価値があると見るからである。

　高崎宗司は『朝鮮の土になった日本人――浅川巧の生涯』（草風館、1991）の中で、浅川巧が朝鮮の日用雑器の美しさに目を向け、朝鮮の若者の学費を支援したことを紹介し、柳宗悦に影響を与え、民芸という言葉が作られるきっかけとなり、後に柳宗悦と朝鮮民族博物館を設立して民芸品の保存に力を尽くしたことを述べている。これまで、朝鮮の陶磁器の美しさを評する日本人はたくさんいたが、浅川巧は、作品が美しいのはそれをつくる人の心が美しいからだとすぐれた民族性に踏み込んで評価した。

　かつて日本による植民地支配を是認する日本人が多数を占める中で、それを批判する言動が自由にできなかった時代に、少数ながら、それでも少なくない日本人が存在した。代表的な人物は、石橋湛山（ジャーナリスト）、槙村浩（詩人）、石川啄木（詩人）、上甲米太郎（教育者）、布施辰治（弁護士）である。日本の共産主義者は植民地支配に反対し、毎年3月1日に集会を開いて帝国主義からの解放を誓っていた。治安維持法のきびしい監視下の中にあっても反戦・非戦を貫いた日本人は257人にのぼる（寺田英夫・石渡延男編『復刻日本の反戦と平和の実物資料解説』桐書房、1995）。反戦平和に身を投じた人々の歴史は、戦後民主主義につらなる系譜として位置づけるものであるが、韓国側の理解はむずかしかった。

　第1回日韓合同歴史教科書研究会に参加した鈴木亮は、小論「国際理解のむ

ずかしさ」(『サティア』3号、1991) のなかで、「日韓で互いに歴史教科書を研究し合うのは、共通の教科書をつくるためではあるまい。それは、できないし、すべきことではない。歴史教育・歴史学習はそれぞれの置かれている現在の歴史的・政治的問題状況のなかで、またそれに対して行なわれるものだからである」とし、「自国の教科書の分析を出し合い、それぞれがそれを受け止めてそれぞれの国に帰りおのおのの、改良と実践を重ねるこのくり返しではなかろうか。時間のかかることである」と述べている。鈴木亮の所感には十分同感できるものではあるが、日韓共通の教科書づくりも選択の一つとしてあってもよいのではないだろうか。

3. 歴史学から歴史教育へ

鈴木亮は「時間のかかること」と達観しているが、達観の向こうに必ずしも解決の筋道が見えない不安は残る。日韓合同歴史教科書研究会も 1992 年 10 月の第 4 回をもって終了し、継続はならなかった。同合同研究会の内容は日韓歴史教科書研究会編『教科書を日韓協力で考える』(大月書店、1993) に詳しく記述されている。その中心にいた研究者の一人が、後にいわゆる嫌韓派に与することになるが、それは日韓相互理解のむずかしさを象徴したものである。

1990 年代にはいくつもの日韓交流が、教育や歴史学以外にも盛んに行なわれた。そこで明らかになったことは、さしのべ合う手は友好に満ちたものであったが必ずしもわかり合うものではなく、理解し合えないことが多々あることを知った。

上記の合同研究会には現職の教師も参加して行なわれたが、研究者が主導するものであった。相互理解や共存共生がくり返して語られた。しかし、研究者が積み重ねたていねいな蓄積が、教育現場にどう反映されるのか、授業実践にまで食い込むことができるのだろうか不安があった。

歴史学は個別事実の詳細な分析と解釈で成り立つが、歴史教育は、歴史学の成果に依拠しながらも、歴史像全体や時代像の掌握を基底に置いて行なう目的意図的な営為である。学ぶ子どもをいつも意識しつつ絶えず問題提起しながら進めるものである。子どもは現代社会の反映であるから、いつも教師が意図するものを受け入れるとは限らない。つまり、教えれば育つかといえば、簡単に

はそうならないのである。そこにむずかしさもあれば教育の妙味もある。まして や日韓教育交流となると、子どもの内なる意識と認識の変革を避けて通ることはできない。これは容易でない事業である。その容易でない事業の出帆が、日韓教育実践研究会の発足に他ならない。

4. 日韓の地平を開く教育交流

日韓教育実践研究会の前史として1993年8月に韓国ソウルで行なわれた日韓教育現場交流会がある。交流相手は「歴史教師協議会」（会長申丙澈）で、民主化運動の担い手李泰浩が仲介の労を執ってくれた。通訳として韓国外語大学校出身の姜順姫と李銀鮮があたり、交流会成功に導いてくれた。

日本側の報告は三橋ひさ子「とうがらしと創氏改名」（小学校）、山本典人「韓国併合と日の丸」（小学校）、庵原清子「戦争学習・従軍慰安婦をとりあげて」（中学校）の三本であった。韓国側の教師が食い入るような目でうなずきながら聞く姿があった。団長の大槻健は「本日報告された実践は、いずれも日本で普遍的に行なわれているものではなく、日本の教師たちも文部省の学習指導要領にしばられて、授業の中で過去の植民地支配の事実をていねいに取りあげることは困難である。ときにはそれは職場での闘いを必要とすることもある」と説明したのは、初めての日韓教師の交流に時宜を得たものであった。韓国側の報告は、申丙澈「日本帝国主義の植民地支配と韓国の歴史検証」で、歴代支配権力の批判と国定教科書の批判的分析が中心であり、授業実践を前面に掲げた日本の報告とかみ合うことはなかった。しかし、申丙澈は日本側の報告を真正面から受け止めて「日帝時期の韓日両国の歴史を正しく教えようとする日本の教師たちの努力に韓国の同じ教師として、まず敬意を表します」とした上で、「まだ韓国の歴史教師たちの組織がしっかりしておらず、両国の歴史教師の交流を試みることができないでおり、個人的には歯がゆいことこのうえもありません。今後、活発な交流があることを期待します」と述べた。その発言に日本側は日韓教育交流の継続的な発展を期待できると希望を持った。1989年5月、韓国に全教組が誕生し、組織の確立に手をつけてまだ日が浅いときであった。当時は非合法組織と規定されていた。教職員の目も主に政治に向けられており、日本側が期待した授業実践の交流にはならなかったが、ともに置かれている状況

を理解し合い、「はがゆさ」を共有できたと思う。

　こうした体験を背景にして1993年10月、日韓教育実践研究会が設立された。

　教育学者でもある大槻健会長は、政治的・社会的立場を前面に出せば、日韓教師の相互理解は進まないが、子どもを前面に立てて日韓教師が話し合えば、わかり合えるものがある。教師が思うようにいかないのが子どもの教育である、と述べた。日韓教育現場交流会で日本の教師の発表を「韓国側の教師が食い入るような目でうなずきながら聞く姿があった」は、そのことともいえる。この大槻の提起は、その後、日韓教育実践研究会の研究運動の原則となっていった。

　かつて金 鉉 求高麗大学校教授は、韓国人の日本認識を誤導しているのは、「メディアと教育」であると指摘した（『金教授の日本談義——韓国人のみた日本の虚像と実像』桐書房、1997）。それは日本にも当てはまる。意識的な日本の教師がアジア軽視・韓国無視の克服をめざした背景には、明治時代以後の欧米中心史観が国民の日本認識・世界認識を規定しており、その克服が教育課題となっている。韓国の子どもにみられる反日認識の背景には、民族主義教育があって、植民地史観の克服が課題として取り組まれている。冒頭で紹介した景福宮での老教師の熱弁も、韓国の教師と教育が置かれている立場を理解するならば、異なる見方ができるであろう。国と国の関係も大事だが、人と人の関係はより大切である。教育の本源は平和教育にあり、どこの国の人々とも仲良くすることをめざさなければならない。日韓の相互理解とは、必ずしも意見の一致をめざすことではない。違いがあっても相互の立場を理解し合うことだと思う。理解の隔たりが人間的信頼感を深めることと矛盾しないのである。そのためには継続がなによりも大切である。日韓の友好と信頼は、希望を捨てない者のみに道が開けると確信したい。日韓教育実践研究会は夢と希望を顕在化させる芽を育てる役割を果たすにちがいない。

〔石渡延男〕

２．韓国の歴史教育と韓日歴史教育交流

１．はじめに

　最近、韓国の歴史教育は混沌と危機に陥っている。外には中国の東北工程、日本の歴史教科書歪曲、独島問題、日本軍「慰安婦」問題など周辺国との歴史対立によって国民的関心を高めさせている。内には政治権力と保守勢力が保守メディアを背景に歴史教育界を揺さぶった。2008 年の「韓国近現代史」教科書波動から、未来型教育課程という名分を掲げた「2009 教育課程」は歴史を道徳とともに社会科の中に入れることによって歴史科の独立性を大きく傷つけ、歴史科目をすべて選択科目化して高等学校で歴史を一度も学ばない学生も出現するようになった。高等学校歴史を韓国史に変える「2010 年改訂教育課程」が出されると、韓国史必修化を掲げた「2011 年歴史科教育課程」、2014 年の「文・理科統合教育課程」など速度戦を彷彿とさせる教育課程の改編があり、朴槿恵政府の韓国史教科書国定化推進は国民的抵抗を呼び起こした。

　韓国の歴史教育の危機は、歴史教育界の内部ではなく外部から強要されたものだった。したがって、全国歴史教師の会の結成と活動は、外圧から歴史教育の独立性を確保するものだった。このような危機を克服するためには歴史科教育課程が民主的に改編されなければならず、国家権力が教科書発行を独占してもならない。歴史教育の主体である教師が専門性と自律性を基に絶えず教室の授業を改善していきながら、学生とともに呼吸できるようになるべきだ。慶南歴史教師の会（以下「慶南会」）で推進してきた韓日歴史教育交流会は韓国歴史教育の正常化のための努力でもあり、実践でもあった。

2．韓国歴史教育の課題

⑴教育課程改編の民主化

　教育課程の改訂には教育的判断と政治的判断が同時に作動する。「2007 歴史課教育課程」は歴史教育界と政治権力が比較的共助の雰囲気でつくられた。しかし、「2009 教育課程」の改訂作業は対立の連続だった。2008 年の「韓国近現代史」教科書波動から、「2009 教育課程」、「2010 年歴史課教育課程」、「2011 年歴史科教育課程」、自由民主主義という用語、教科書執筆基準に至るまで歴史教育界は混沌の連続だった。

　「2007 教育課程」は政権交替以後の 2009 年に総論水準で改訂され、それに伴う歴史科教育課程が 2011 年 8 月に告示された。歴史科科目別教育課程開発が進められている頃、日本による独島領有権の主張が再発したことを契機に歴史教育に対する関心が高まり、教育科学技術部によって「歴史教育強化方案」が発表される。独島問題および周辺国の歴史歪曲など当時展開されていた周辺状況を正しく認識し、国家アイデンティティおよびわが歴史に対する自負心を育てられる歴史教育が必要だという趣旨だった。その主な内容は「韓国史」必修履修科目化、教育課程と教科書の改善、各種国家試験に韓国史を含ませることなどだった。2011 年の「歴史教育強化方案」でもっとも注目されたのは高等学校「韓国史」必修化方針だった。韓国史を必修化すれば歴史教育が強化されるだろうか。さらに韓国史必修化方針が歴史教育の外的要因——日本の独島領有権の主張、大統領の発言——によって触発された点で歴史教育の異常な進行が憂慮された。

　ところが、朴槿恵政府は 2014 年の「文・理科統合教育課程」の総論主要事項を発表し、2018 年 3 月から中高等学校 1 学年から各級学校に適用しようとした。「2009 改訂教育課程」が適用されて 1 年にもならずに新教育課程開発が論議された事実をどのように説明きるだろうか。教育課程の改編は優先的に教育界の声に耳を傾けなければならず、歴史教育の正常化とバランスが取れた民主共和国の市民として生きていく普通の子どもたちが世の中を生きていくのに必要な基本的な素養を備えられるようにすることが基本である。

⑵韓国国史教科書の国定化反対

　かつて韓国史教科は教育統制を通したイデオロギー注入の手段として国定単一教科書発行制度を長い間維持してきた。解放以後現在までの国史教科書の発行制度を見ると、初等学校では一貫して国定を維持してきた反面、中等学校では維新政権が国定化した「第3次教育課程」以後「第7次教育課程」まで国定制を採択してきた。1987年の六月民主抗争を経て全国歴史教師の会が登場し、国史教科書の国定化をめぐる論議が本格的に行なわれ始めた。1980〜90年代の国史教科書に対する批判はほとんど国定制と関連して教科書が支配イデオロギーの注入手段という点に集中した。検定制も国家の介入が完全に排除されるわけでないが、第7次教育課程以後、教科書発行制度はしだいに検定制の方向で進められてきた。2002年の中高等学校「国史」教科書は国定制で、高等学校選択科目である「韓国近現代史」教科書は検定制で発行された。2010年の韓国史教科書は6種、2013年の韓国史教科書は8種で韓国史教科書の検定制は逆らうことのできない大勢として位置を確立した。

　ところが、朴槿恵政府は韓国史国定化を押し通した。国史教科書が国定制に回帰することに対して97%の歴史教師たちが反対した。歴史教師たちは韓国史教科書発行体制に関しては68.5%が現在の検認定体制を望んでいた。出版社に自律編集権を与える自由発行制支持は28.6%を占め、国定制支持は2.6%にすぎなかった。検認定制を支持する理由としては「歴史解釈の多様性がある程度保障されなければならないため」と「国定教科書は政権の好みのままに書かれる可能性があるから」で政権の特性によって書かれた国定教科書による学校現場の混乱を憂慮していると思われる。歴史学界や教育界の憂慮と反対にもかかわらず、朴槿恵政府は2016年11月28日に国定歴史教科書現場検討本を公開するに至る。予想どおり国定教科書の公開は政界をはじめ市民社会団体、学界、教育界に至るまで国民的抵抗を惹起させた。学界や教育界、政界や市民社会さらに学生たちまでソウルや地域を問わず、公開された国定教科書を批判して即刻廃棄を主張した。青瓦台の影の実力者による国政壟断が大統領弾劾につながり、ついに政権交替をもたらした「ロウソク革命」は国定教科書を廃棄させた。もはや韓国歴史教育は新しい転換を模索しなければならないときである。

⑶教室の授業改善のための努力

　学校現場で数十年間持続的に論議され、強調されてきた教育活動の一つが授業改善の努力である。教育当局と民間団体、保守と進歩、学校の種類や校種に関係なく授業改善は韓国教育改革の成否を左右するキーワードだった。ところが、このような努力の大部分が教授学習方法の改善に集中している。「会」の初期には教科書にきちんと載せられなかった現代史、中でも反共と独裁に対する暴露型授業が主をなし、1990年代は講義式以外の新しい授業を模索する時期だった。2000年代は民主化の進展の中で「韓国近現代史」科目が開設され、歴史授業で教師たちの自律性がある程度保障された時期だった。特に「会」が活性化しながら学生中心の多様な授業方法が摸索された。しかし、韓国教育の慢性的な弊害——入試中心の教育、公教育の危機——によって現在の教師は集団的なトラウマに苦しめられる職種というほど、学校崩壊、教室崩壊が日常化した。今、韓国の教師たちは授業の根本的な改善を痛感し、学習の共同体授業や反転教室など新しい挑戦を継続している。

3. 慶南歴史教師の会と韓日歴史教育交流会

⑴慶南歴史教師の会略史

　慶南歴史教師の会（以下、慶南会）は1980年代の教育民主化運動の産物である全国歴史教師の会の結成とともに始まった。1989年1月、「歴史教育のための慶南教師の会」をつくった67人の歴史教師たちは創立宣言文でそれまで「支配秩序維持のための画一的で、硬直した歴史認識、歴史観を強要する歪曲された歴史教育の下手人の役割を果たしてきた」ことを告白し、「昨日の挫折と敗北を拭い去るためにこの席に集まって……歪められた歴史教育を正すための努力を展開していくこと」を宣言した。しかし、同年の大量解職をもたらした「全教組事件」で慶南会は大きな試練を味わった。

　以後、慶南会は1990年代の成長期と跳躍期を経て、全国でももっとも模範的な地域の会に脱皮するようになる。特に1990年夏、石渡延男氏と申振均の出会いは4年後の韓日歴史教育交流会（以下「交流会」）に発展し、今日まで25年余り続いている。慶南会で翻訳して全国に普及させた日本の歴史教育者協議会の『地域に根ざした歴史教育の創造』は慶南会の力量強化だけでなく、地域

史教育と関連して韓国の歴史教育にも大きな影響を与えた。少数の活動家を中心に行なわれてきた慶南会は毎年夏と冬の自主研修を開催し、季刊誌の形で『慶南歴史教育』という題名の会報を発刊している。2000年代以後の沈滞期を味わったが2004年の東京シンポジウムに参加した教師たちが日本の地下鉄の中で慶南会の活性化方案を論議した。その結果、慶南会のホームページが構築され、長期休業ごとの自主研修を特別講義（特講）や職務研修に変え、日常的活動が可能な踏査チームや近現代史研究チームなど小サークル形態に転換した。もともと晋州歴史教師の会で主管していた交流会を2006年から慶南会で主管するようになった。以後、交流会は慶南会の主な事業として定着した。

　これまで慶南会は創立・成長・跳躍・沈滞・再跳躍期を経ながら種々の分野で多くの成果を生み出してきた。まず、慶南会の会報である『慶南歴史教育』が2008年までに41回発刊された。慶南会が全国でももっとも先進的な地域の会と認められたのは、慶南会自らの研修を実施したからだった。ところが、2010年代以後、自主研修は近現代史特講、東アジア史職務研修、交流会、正しい教育実践大会（以下「実践大会」）、大型プロジェクト事業などが重なって無理を重ね断絶してしまった。第二の成果は韓日両国でももっとも長く持続している交流会ではないかと思う。交流会は去る1994年に「韓日の未来は教育にある」という信念で始まって以来、2019年の現在まで続いている。その間にこの交流会が母胎になって全国単位の交流に拡大し、内部的にも初等教師たちの交流を含む学生交流も行なわれ、交流の範囲と水準がいっそう広く、高くなった。第三の成果は、慶南会の底力と希望を見せた各種研修、特講、そして実践大会を挙げることができる。2002年には新任教師が多かったので慶南会が独自に新任歴史教師研修を実施し、最近では慶南会の主力事業として特講が定着している。全国実践大会は、全教組で「正しい教育」を掲げて2002年から毎年冬に開催するわが国最大規模の教師研究集会である。一時、全国実践大会参加は個人の選択だった。そうするうちに2007年の全教組慶南支部実践大会の歴史分科会を慶南会が主管することになり、新しい転機をつくった。特に、六月民主抗争20周年を記念して分科会の主題を「子どもたちといっしょに行なう六月民主抗争の授業」として運営し、もっとも成功した分科会と評価された。このとき発表した授業事例を集めた『わが子どもたちに六月民主抗争をどのよ

うに教えるか』を発刊して教育現場に普及させた。

その他に慶南会の教師たちの汗と知恵が凝縮された研究成果がかなり多い。全国歴史教師の会の会報である『歴史教育』に掲載した個人的な論文の他にも個人や慶南会次元で製作・普及した数巻の学習本もあり、毎月実践できるようにした近現代史授業事例集もある。最近では個人あるいは小サークル単位で地域史関連本を出版している。

⑵韓日歴史教育交流会の成果と展望

25年余り進められてきた交流会はどのような成果を上げたか。

第一に、交流会が授業実践報告を中心にするもっとも長く持続してきた歴史教育交流として、これまでの経験と研究成果が非常に蓄積されている。2019年現在110本以上の授業実践事例は韓日の歴史記憶の違いを解消し、さらに和解と協力の未来関係をつくり出すことにも役立つだろう。父母の世代から受け継いだ固定概念とマスメディアの影響、そして民族主義的歴史教育の風土の中で学生たちの歴史認識は国家の論理に陥っていたのが事実である。このような現実を克服するために国家の論理の克服を授業の目標にした実践事例もあり、相互理解と協力を主題に望ましい韓日関係を模索するための授業実践が多かった。そして、相互対立や反目よりも和解と協力の歴史に注目するようになり、互いの考えや意見を交換する過程で相手の状況を理解するようになり、国家と民族の論理を跳び越えて歴史を多様に把握しようとする心がけを持つようになるだろう。

第二に、何より交流会を通じて得たもっとも大切なのは、互いに対する理解と人間的な信頼を持つようになったことである。このような信頼感こそ激しい歴史戦争をしている東アジア情勢の中で韓・中・日三国がいっしょにつくった共同歴史教材の編纂を可能にし、扶桑社版歴史教科書問題の対応に見られるように、交流の主体と目的が限定された国際交流を跳び越えて両国の市民運動が連帯する姿にまで発展した基本動力である。

第三に、他の交流会とは違って教師だけでなく学生も参加することによって世代を継続する交流会に発展している。両国の教育交流で初・中・高校の教師がともに参加しながら、学生交流が同時に行なわれるバランスの取れた交流会

は韓日教育交流のモデルになるだろう.

　第四に、具体的な授業実践交流を通じて自然に両国の歴史教育と歴史教科書、そして学校と学生の実態について多くの知識と情報を互いに持つようになった。授業実践と討論の過程で現れる両国の歴史教育や教科書問題をはじめ学校の現況および学生の歴史認識を把握するようになり、このような知識と情報を基に互いに対する比較分析や理解が深くなっていった。

　第五に、このような授業実践を通して両国の歴史授業に存在する大小の違いと共通点を発見することができた。韓国側の授業報告はほとんど2～3時間程度の短い時間配分で過度に多くの事実を扱う傾向があり、日本側の授業報告は10時間から1学期あるいは1年単位で実践することもあり、多くの事実を扱うよりも特定のテーマに対して学生自らが深く探求しようとする実践が多かった。韓国や韓国史の理解を目的とする授業が日本側報告にはあったが、日本史の理解を全面的に扱った韓国側授業事例が少なかったことも違いといえば違いである。一方、共通点として指摘できるのは韓日の歴史教育交流会という点で多くの授業主題が相互理解と協力を追求する授業だったことである。もう一つの共通点としては、授業方法や展開過程において何より学生を授業の主体としていることである。発表や討論、手紙の形式を通した意見交換、授業の感想文を書く（歴史作文）など学生の活動を強調し、そういう活動を通じて揺れながら形成される学生の歴史認識を大切にする授業であったことである。

　以上の成果にもかかわらず、今後克服すべき課題も多い。歴史用語が孕む強いナショナリズムないし自国固有の概念をどのように克服するのか。韓日両国の歴史を東アジアの歴史の中にどう位置づけて把握するのか。両国の時代区分の違いなど異なる歴史認識の枠組みをどう克服するのか。かつて韓国側の報告で韓日の望ましい関係を模索するためには「歴史認識の共有」、特に帝国主義に関する徹底した共通意識を日本側に提起したことがある。これに対して「歴史認識の共有は韓日各自の自国史認識の是正を伴うため容易なことではない。したがって歴史教育の相互理解と過去の歴史の相対化・客観化を進めながら『国民国家』の枠組みを克服できる新しい歴史教育を創造していくほかはない」という日本側の主張もあった。今までの歴史教育が民族的アイデンティティを強化し、民族国家を正当化するための道具としてその役割を遂行してきたとすれ

2．韓国の歴史教育と韓日歴史教育交流　295

ば、今後の歴史教育は自らの過去の歴史に対しても批判できる自己省察的（self-reflective）であり、多重観点的思考能力（multiperspective thinking）を育てる方向に進まなければならないだろう。

　何より交流会の内実のためには交流会が進むべき方向への深い苦悶が要求される。国際理解教育の観点から韓日両国の「歴史対話」を活性化させ、歴史教育を通じて学生たちに、多様な人種や文化に関心を持たせ、国家相互依存の特徴を把握できる眼目を育てなければならない。このために私たちは歴史的記憶をめぐる国民の対立を治癒するための基盤として、社会文化的交流の重要性に注目する必要がある。そのような意味で学生交流会を深化・拡大する必要がある。学生交流の拡大は「世代を継続する交流」として歴史的記憶をめぐる対立を解消していくのに友好的な環境を整えるだろう。　　　　　　　　〔申振均〕

3．小学校授業実践交流の意味

1．小学校交流が実現するまで

日本の小学校教師と韓国の初等学校（小学校）教師の１回目の交流会が実現したのは、1999 年である。日韓教育実践研究会と慶南歴史教師の会との交流は、1993 年から始まっていた。発足当初から日本側参加者には小学校教師もいて、小学校教師どうしの交流会も発足させようと望んでいた。だが、慶南で開催された交流会へは、数年たっても韓国初等学校教師の参加は見られなかった。

交流を重ねる中で、日本側は次第に韓国の教師たちの研究会や職場の状況を知ることになった。日本でも教育行政が実施する研修会は小学校・中学校と高校とに分かれていることが多いが、民間の教育研究団体ではそのようなことはない。だが、韓国では民間の自主的な研究会が中学校・高校と初等学校とでは別の組織になっていることがわかってきた。このような両国の自主的な民間研究団体のあり方の違いは、戦後・解放からの教育活動や研究活動の進め方の違いを反映してのことであろうし、高等教育の場での教員養成制度の違いからも来ていることもわかってきた。

そこで、以前から日本の研究者や教師と平和教育に関する交流をしていたソウルの初等学校教師を介して、ソウルで社会科研究活動を行なっている初等学校教師の研究会との交流を模索することになった。

韓国側では、1999 年 2 月、全国教職員組合（全教組）ソウル冠岳・銅雀支部の会議で日本の教師たちが交流を進めたいと考えていることが報告され、参加者を募った。後に韓国側の交流の中心となった崔鍾順は、全教組の活動を理由に解雇されてから、日本の教育状況を知りたかったので日本語を学んでいるところだった。そこで、この交流会に関わることになった。

第 1 回目の交流会は、1999 年 7 月に、ソウル平倉洞の食堂で行なわれた。

ここには、日本の教師14名と韓国の教師5名が集まり、相互に1本ずつの報告を行なった。金貞美は韓国の小学校教育の現状や社会科教科書の現状について報告し、木村誠は「朝鮮通信使と雨森芳洲の授業」という実践報告をした。両国の参加者は、互いの国の教育の現状を話し合うことで、学校のようすには共通することが多く問題点も共通していることが多いことを認識した。また、木村が示した朝鮮通信使に関する日韓両国の教科書記述の問題点の指摘には、双方の教師がうなずいていた。このように日韓の小学校教師は初めて会ったときから互いの教育実践に共感した。そして、両国の実践交流を続けていくことに合意した。

　私たちとの交流に参加することになったのは、ソウル初等学校歴史紀行同好会であった。同会は、その後数回名称を変えたが、ソウルの初等学校に勤務する教師が集まる社会科教育に関わる研究会である。

　その後、第3回交流会までは慶南歴史教師の会との交流会とは別途に開催していたが、2002年の第4回からは共催で交流会を開催してきている。日本の民間社会科研究団体では、小中高の教師が歴史学の研究者から最新の歴史学の成果を学んだり、歴史教育の研究者が小中高の授業実践を整理して理論化する作業から教師が自分の実践をとらえ返したりすることもしていた。また、高校の教師が小学校の多様な授業実践の方法を知り自分たちの授業にも取り入れることも、そしてその逆もあった。このような日本の民間研究団体の研究活動の進め方を韓国側に提案し、ソウルの初等学校の教師たちの賛同を得て、共催が決まった。

　ソウルの小学校教師たちは、慶南の歴史教師たちの中学校・高校での授業実践に接して、小学校の歴史教育をどうすればよいのかが課題になったという。韓国の教育界では小学校と中学校・高校はそれまで相互の交流があまりなかったので、新鮮な経験だとも語っていた。

2. 子どもたちの現実と切りむすぶ教育活動

　小学校教師の多くは、朝から夕方まで子どもたちと生活をともにしている。子どもたちの行動の背後にある家庭と地域の現状を知らなければ子どもの学ぶ意欲を引き出すことはできない。どの子も生き生きした気持ちで学校に来てい

るのではない今の学級の現実から、小学校の実践は始まることになる。

「何を学ぶか知る現場学習」（2007年）で崔鍾順は、韓国の子どもたちの状況を報告している。朝、親は子どもをいったん起こしてすぐに仕事に出かけてしまい、子どもはまた朝寝をして学校に遅刻がちになっている家庭。授業が終わっても家には誰もいないので塾を渡り歩いて時間を過ごす子。忙しいくらしの中で何よりも子どもの学校の成績を上げることに関心が集中している親たち。そのような家庭の子たちが一日の大半を過ごす学校では、いじめや子どもどうしの暴力事件が起こり、授業が成立しないこともあると報告された。また、「王陵の授業」（2010年）で金旻佑は、王陵の現地見学に行っても説明する人の話を聞かず、施設を壊すようなことをして注意される学級の子どもたちをどうやって目の前の王陵に関心を持たせ学習に引き込むか努力のようすを報告した。

　このような子どもたちの家庭と学校のようすは、程度の差はあるが日本の教師も見聞きしたり体験したりしている実態に近いと感じた。

　このような子どもたちの現状から出発して、子どもたちが学習に取り組むような授業や教育活動の追求が、両国の教師の共通の課題になっていることは、早くから意識されていた。

　両国の教師がともに取り組んでいたのは、教科書記述を読み取ることを中心にした学習ではなく、子どもたちがくらす生活の場、地域から教材を見つけ出し学んでいくという授業の進め方である。

　平野昇「総合学習・給食の授業」（2000年）では、小学生の昼食と給食がどう変わってきたかを学ぶことを通して、学校と祖父母が子どもだった頃までの歴史を学ぶことができるのではないかと考え実践したものである。祖父母・父母から学校での昼食や給食がどうだったかと聞き取る活動から始め、集まったいろいろな時代や地域のようすが記入された聞き取りカードを比べながら学んでいった。そのあと、疑問や調べたいテーマを話し合い、もう一度聞き取りを行なって発表し合っている。子どもたちは、昼食と給食を通して食生活は豊かになってきたという実感を抱き、さらには、アジア太平洋戦争中と戦後の食糧難、アメリカの支援物資だった脱脂粉乳は子どもからは評判が悪かった事実など、高学年の歴史学習につながることについても知ることになった。

　この報告に対して韓国の教師たちは、アジア太平洋戦争当時の人々の困難な

3．小学校授業実践交流の意味　｜　299

くらしのようすを取り扱うにあたって「日の丸弁当」という子どもたちが身近に感じられる具体的な素材を教材化して授業を始めたという授業の進め方を興味深く受けとめたという。子どもたちの目の高さに合わせて生活の中の身近な素材を授業教材に選択するということの重要性をともに確認した。

平野実践は中学年の歴史学習だが、奇善仁（キ ソニン）「私が住みたい地域づくり」（2005年）は、中学年の地域学習の実践である。両国とも子どもたちが暮らす町の学習から始まり、市や県（奇の学校の場合はソウル特別市）まで子どもたちの視野を広げることが求められている。ソウルについて学ぶ際、奇は、子どもたちが具体的に考えられるようないくつかの手立てを考えていた。ソウルの環境改善で清渓川（チョン ゲ チョン）復元を扱うことになるのだが、学校近くの川を見に連れて行く。そこで、子どもたちは暗渠（あんきょ）になった所と昔のままに流れている所を比較して理解することができた。その後の清渓川復元工事をどう考えるかという討論では、見学した経験をもとにさまざまな意見が交わされた。

また、ソウルの未来を考えさせる授業では、子どもたちに「大人になったらソウルに住みたいか他の地方に住みたいか」と問いかけ討論している。子どもたちは、「交通が便利で韓国の中心だからソウルに」とか「前に住んでいた全州（チョン ジュ）は空気がはるかによくて自動車も少ないから」などと、自分たちの体験や生活実感を根拠に意見を述べている。ここから、住む人から見たソウル市の問題点を学ぶ学習へと進んでいる。

子どもたちが体験したことのない過去の歴史や見たことのない地域まで子どもたちの認識を広げるためには、何よりも子どもたちが暮らしている町から出発しなければならない。子どもたちが暮らす町に残る歴史の痕跡や教師の文献調査でわかった事実を子どもたちに提示し、いっしょに調べながら学んでいく授業方法は日韓共通に見られる実践方法となっている。

3. 自国の文化と世界の文化をどう学ぶか

日本の教師による日本文化に関わる実践と韓国の教師によるそれとには、文化のとらえ方をめぐって若干の認識の違いがある。

三橋昌平実践「和算から江戸時代を見直す」（2014年）では、和算の問題を実際に解いたり自分たちで問題づくりをしたりした後、子どもたちの感想を話し

合っている。ある子は江戸時代の人たちはこういう問題を解いたり算額を作ったりして楽しんでいたし、生活にゆとりがあったのではないかと言っている。厳しい身分制度のもとで庶民は貧しいくらしをしていたという子どもたちの抱いていた江戸時代像とは異なる時代像を子どもたちが抱き始めたようすが報告された。

また、「お米ワールド」（2010 年）を報告した三箇昭子は、5 年生社会科の日本農業の学習を発展させた総合学習で、まずラオスの米を試食する体験をさせた。子どもたちは、日本の米とは違う味から米づくりの方法や食べ方に関心を抱いた。そこから、米を炊くのではなく餅にして食べる国々があることを調べ、アジア各国での米作りと米の食文化の違いに目を向けさせている。

三橋実践は、今に残る昔の文化を体験して楽しみながら、その文化が発生した時代の人々のくらしを考えその時代をどう考えるかと時代像のとらえ直しに進んでいる。三箇実践では、日本の主食になっている米をアジアの中の一つの米文化としてとらえられるよう子どもたちに問題提起し、いっしょに調べながら学習を進めている。日本の実践では、昔から続く自国の文化を歴史的な流れの中に位置づけたり、世界の中で考えたりするという視点が強いと言えよう。

韓国からの報告にも自国の文化を取り上げたものが多い。ここでは、金永文実践「生活史を通して調べる祖先のかしこさとすばらしさ」（2001 年）、薛恩州実践「葬礼と誕生礼に込められた人々の心」（2006 年）と劉在 光実践「白磁を通して何を学ぶか」（2011 年）を例に挙げる。

金実践では、オンドルの模型づくりやキムチづくり、韓紙づくりなどの体験活動を通じて、昔の人たちのくらし方を子どもたちに考えさせようとする実践であった。今ではふつうには見かけられなくなっている昔のくらしのよさを、体験を通して理解させることが中心に置かれた授業実践だった。

授業では「先祖の知恵がこめられたオンドル」という点が強調され、それは私たちの先祖の優秀な文化の一つだととらえさせようとするものだった。この授業に対して日本側から、民族の優秀性を強調するのは優越感を育てることになるし、まかり間違えれば行き過ぎた民族主義を強調することにもなるという意見があった。韓国の教師たちは、その時まで歴史の授業で民族の優秀性を教えるのは当然だと考えてきたので、衝撃を受けたという。韓国の教師たちは

主に韓国歴史という枠組みの中で歴史を教えていたので周辺の国々に関する事柄をいっしょに考えることができなかったし、それ故に自分たちも知らないうちに相対的な差別意識を持つようになったということを認識できていなかったと感じたという。

この報告をめぐって討議する中で、日韓双方の教師たちは、自国の文化の独自性を語ることは、ややもすれば他国・他地域の文化より優れているという誇りを生み出しがちであること、そして、どこの国の文化も近隣諸国・地域の文化をその国の人たちが選択的に受容して成立したものであることを確認し合った。今後は、アジア、世界をも視野に入れた自国文化の学習が求められていると考えている。

薛実践では、現在の葬儀のようすや子どもたちが体験している誕生祝いの行事を取り上げる活動を行なっているが、葬礼と誕生の儀式の意味を考えることが実践のねらいとなっている。絵本を使って朝鮮時代の葬儀の様子を知らせたり、誕生礼ではどんなことをしたかを調べ発表させたりしている。チベットの葬儀とその思想に触れたり日本を初めとする数力国の誕生祝いの風習を教師が紹介したりしているが、それは韓国の伝統的な葬儀や誕生祝いの風習の持つ意味を理解させるためのものとして扱われている。

劉実践では、白磁について子どもたちに調べさせまとめた後、専門家の手を借りて子どもたちに白磁の絵付けの体験活動を行なっている。さらに、美術（図工）の授業との合科で「朝鮮白磁の特徴は何だろう」という授業を行なっている。劉は、白磁を「儒教倫理が支配した朝鮮社会の特性が表現された」ものと考えていて、子どもたちにもこのような認識を獲得することをねらった授業だったと言える。この授業では、子どもたちがそのころの人々の気持ちや感情を感じられるようにするため白磁を自分たちがつくる活動を取り入れ、子どもたちが楽しいと感じられるような授業になっていた。

このように、韓国では自国の文化を学ぶことを通して昔の人々の気持ちに迫ったり、生活の豊かさを実感させたりすることに重点が置かれている。都市化したソウルでくらしている子どもたちにとって、自然との循環の中でくらしていた昔の人々のくらしを学び、その時代の人々の考えや創り出した文化の意味を再確認することは、大量消費社会のこれからを考えていく上で重要だとい

う教師の認識に支えられているからであろう。

4．日韓の教育研究活動の今後

17年に及ぶ交流を通して、日韓両国の教育を取りまく政治・社会状況と学校現場や子どもたちの実態に関しても互いに理解が進んできた。日本では保守政権が続き、教育現場への公権力の介入が続いている。だが、韓国は2期続いた保守政権から進歩政権に代わり、それと前後して新たな教育政策が推し進められている。

日本では、2006年に学校教育に関連する諸法律の最高法である教育基本法が改定された。今回の改定により、今まで以上に国のために役立つ人材づくりが強められ、教育の目標に愛国心が明記されることになった。そして、その改訂教育基本法を具体化した学習指導要領にもとづく教育課程が、小学校を皮切りに2018年から順次実施される。今回の小学校から高校までの学習指導要領では教科の変更を含む大改訂が示されている。小学校では、道徳が教科となり子どもたちは評価されることになる。また、高校社会科では日本史・世界史が廃止されて、「歴史総合」が必修になり、学年が進むと「日本史探究」または「世界史探究」が選択科目となる。そして、学習指導要領は従来の教育内容の概要を示したものから、子どもたちが身につける能力や学校での教師の指導法までを規定しており、いっそう教育内容と方法の縛りが強まると危惧されている。

また、日本の教師の労働時間は世界的に見ても苛酷なものになっていることは、日本社会でも問題視されつつある。しかし、それを改善する有効な方策はいまだ実施されておらず、日本の教師は多忙と教育統制の強化のもとで教育活動を進めて行かざるを得なくなっている。

韓国では大統領制をとっているため、その時どきの教育政策が大きく変わることがある。しかし、進歩・保守と大統領は代わっても、新自由主義的な教育政策が基調となっている。その中でも2015年には公選制の教育長選挙で進歩的な教育長が都市部を中心に増加して、進歩的な教育政策がとられているところもある。そのような地域では「革新学校」が設けられ、その学校独自の教育課程にもとづいて自由な教育活動を進めているところもある。その一方、前保守政権は、教職員の労働組合である全国教職員組合を非合法化し韓国史教科書

3．小学校授業実践交流の意味 | 303

の国定化を企図した。だが、2017 年の文在寅政権の発足により、教育政策も大きく転換されるかも知れない。前政権が作成した国定教科書も使用されないことになった。

　両国ともに政治状況や社会のしくみがどう変わっていくかの予測は困難である。だが、初等教育の現場に立つ教師たちにとって自主的な教育実践を続けていくのが困難な状況はしばらく続くと考えられる。このような中、互いの国で自主的な教育研究活動を進めている教師どうしが交流し合い学び合う意義はさらに大きくなっているのではないだろうか。

　以上のような研究活動を続けてきたが、2015 年の第 16 回小学校交流会で小学校教師の交流活動はひとまず幕を閉じることになった。国をまたいでの交流活動には多くの労力が必要であり、忙しい小学校教師たちがそれを担うのが難しい状況になってきたためである。研究会どうしでは交流を進めて行くことができないが、この間の交流を通して学んだ授業についての問いかけや子どもたちのための情熱はソウルの小学校教師たちも日本の教師たちも持ち続けている。これからも教育現場で当面する困難さに負けず子どもたちのための授業をつくる努力は続くだろう。

〔平野　昇・崔鐘順〕

Ⅳ.「日韓歴史教育交流会」報告一覧
（1993 ～ 2019）

回	年度	日　本	韓　国
1	1993 ソウル	三橋ひさ子／とうがらしと創氏改名の授業（小） 山本典人／韓国併合と日の丸（小） 庵原清子／戦争学習・従軍慰安婦をとりあげて（中）	申丙澈／日本帝国主義の植民地支配と韓国の歴史検証（高）
2	1994 ソウル	白鳥晃司／中学生は日本の朝鮮・中国・アジア侵略の事実をどう見たか （中）石出法太／朝鮮の文化をどう教えるか（高）	厳基煥／スライド授業・韓末義兵戦争（中） 朴星奇／韓国歴史科における日本関連項目の教育について（高）
	晋州	三橋ひさ子／弥勒菩薩の謎を追う（小）	朴鍾天／古代仏教文化から支配層の支配理念を抽出する（高）
3	1995 晋州	佐々木勝男／3・1独立運動と柳寛順（小） 三橋広夫／降倭将沙也可と子どもの歴史認識（中）	金銀珍／倭乱と胡乱の克服（中） 李錫鎬／壬辰・癸巳年の晋州城戦闘（高）
4	1996 南海	大谷猛夫／中学校世界地理の中の韓国・朝鮮（中） 三橋広夫／一枚の写真から追求する韓国併合の授業（中）	朴正花／甲午改革（中） 申振均／東アジア三国の近代化（高校）
5	1997 東京	富永信哉／テーマ学習「日本と朝鮮半島」を学んだ高校生（高） 目良誠二郎／日韓関係史を学ぶ意欲を育てる（高）	姜元順／従軍慰安婦と望ましい韓日関係（中） 金湊仔／新興亜論とアジアの連帯（中）
6	1998 晋州	遠藤　茂／韓国併合と朝鮮人虐殺（小） 三橋広夫／韓国併合から三・一独立運動へ（中）	李宰泉／人物（柳宗悦）を通して見た韓日友好の歴史（中） 朴鍾天／朝鮮が日本の植民地にされた原因は何なのか（高）
7	1999 晋州	木村　誠／朝鮮通信使と雨森芳洲の授業（小） 鳥山孟郎／高校世界史での日韓条約の授業（高）	金貞玉／高麗民衆の対蒙抗争と中学生の歴史表現（中） 金鐘熙／望ましい地域史学習の展開方向はどうあるべきか（高）
	ソウル	木村　誠／朝鮮通信使と雨森芳洲の授業（小）	
8	2000 対馬	石井建夫／対馬から考える秀吉の朝鮮侵略の授業づくり（中） 石渡延男／日本の歴史教育に見る秀吉の朝鮮侵略	安炳甲／三浦と対馬を通して見た韓日関係史（中） 朴外淑／「通信使」についての高校生の歴史認識（高）
	ソウル	平野　昇／総合学習・給食の授業（小）	崔鍾順／新羅の土偶で考える新羅人の生活（小）
9	2001 晋州	山田麗子／アジアのおじいさん、おばあさんから聞く戦争の話（中） 愛沢伸雄／地域教材から日韓交流を見る（高） 宮原武夫／日本の教科書制度と教科書運動	崔普景／人類共同体実現のための歴史学習をめざして（中） 朴範義／日本の歴史教科書歪曲の対応授業（高）

	ソウル	三橋ひさ子／3年3組こまいぬ研究会（小） 大谷猛夫／「歴史教科書」問題と日本右翼の攻撃	金永文／生活史を通して調べる先祖のかしこさとすばらしさ（小）
10	2002 館山	上田敦子／南京と心をつなぐ（小） 楳澤和夫／中学校の歴史教科書を比較検討する高校生（高） 山本典人／「日の丸抹消事件」の授業［日韓高校生授業交流］	金銀児／道の名前に込められたむかしの人の生活（小） 鄭勍任／円仁を通して見た新羅人（高）
11	2003 晋州	遠藤　茂／聞き取りで深める太平洋戦争学習（小） 大谷猛夫／中学生が考える朝鮮問題（中）	ユン・ビョラ／興味がわく歳時風俗（小） 呉慧真／白丁の衡平運動を通して考える（今日の）人権問題（高）
12	2004 東京	石田裕子／地域から世界へ（小） 米山宏史／近代東アジアと山梨（高）	裵星濬／在日同胞の友だちといっしょにつくる平和（小） 河相ян／「ザイニチ」の授業を通して見た高校生の認識変化（高）
13	2005 晋州	西村美智子／日韓の歴史と未来への道（小） 山崎あけみ／外国の遊びで仲よく遊ぼう（小） 関根千春／韓国高校生との交流を通して学ぶ生徒たち（高）	奇善仁／私が住みたい地域づくり（小） 姜泰源／国債報償運動を通した歴史文を書く授業（中）
14	2006 ソウル	板垣雅則／沖縄の授業（小） 三橋広夫／子どもたちと学ぶ「モンゴルの襲来」の授業（中）	薛恩州／葬礼と誕生礼に込められた人々の心（小） キム・ソクチン／学生のまなざしから見た韓日関係（高）
15	2007 名古屋	金成智／どの子も参加する授業をめざして（小） 大野裕一／もっと知りたくなった韓国・朝鮮（小） 大谷猛夫／中学生に日韓条約を授業する（中） 高橋勇雄／韓国修学旅行のための総合学習「韓国講座」（高）	崔鍾順／何を学ぶかを知る現場学習（小） 金正賢／映像で見る6月抗争（高）
16	2008 金海	藤田康郎／世界の人とつながろう（小） 桜井千恵美／日本と朝鮮の友好のために（中）	羅勇虎／卓庚鉉と朴東薫から見た日帝強占期（小） 姜勝済／教科書韓国近現代史 vs 代案（？）教科書韓国近現代史（高）
17	2009 ソウル	間部芳枝／地域を学ぶ（小） 阿部　陽／沖縄戦をどう教えたか（中）	金永文／4学年社会教科書経済部分の授業事例（小） 南宮真／ドキュメンタリー映画を使った「日本軍慰安婦」の授業（中）
18	2010 東京	三箇昭子／お米ワールド（小） 柄澤 守／秩父困民党が呼びかけた「打ちこわし」に参加しますか（高） 山田耕太／生徒が考える歴史の授業—明治初期の日本と朝鮮（高）	金晏佑／王陵の授業（小） 申振均／安重根義士殉国100周年記念授業と学生の歴史認識（高）

19	2011 晋州	五木田裕介／街の見方を変える（小）	劉在光／白磁を通じて何を学ぶか（小）
		渡辺哲郎／近世社会に生きる人々を考える授業（高）	李裕羅／東北工程を通じて見た生徒たちの歴史認識（高）
20	2012 ソウル	石上徳千代／「戦没者慰霊之碑」調べから始めるアジア・太平洋戦争の学習（小）	朴聞天／平和教育をめざす韓国戦争の授業（小）
		山田耕太／生徒が考える「沖縄と日本の近現代史」の授業（高）	金夏鈔・梁周煥／疎通のアイコン、対馬（中高）
21	2013 東京	西村弘望／東日本大震災の授業（小）	崔鍾順・金旻佑／韓国初等学校の現実について（小）
		時田朋子／遣唐使と遣新羅使をめぐる謎を追究する授業（高）	金甲淑／日本の中の三国文化を通じて見た古代の韓日関係（高）
22	2014 晋州	三橋昌平／和算から江戸時代を見直す（小）	朴聞喜／朝鮮時代に差別されていた人々──朝鮮の身分制度と衡平運動（小）
		関　誠／日本の中学生は中世東アジア世界をどうとらえたか（中）	李珍熙・崔嘉恩／大地主家新白丁姜相鎬の生き方（高）
			慎鏞均／私の歴史教師30年と新しい方向
23	2015 ソウル	西村美智子／「福島」・「沖縄」をどう学ぶか（小）	チェ・ヨンシム／「東アジア史」授業前後の認識の変化と授業の実際（高）
		三上真葵／朝鮮戦争を金聖七の日記から考える（高）	朴聞喜／一冊まるごと読みで感情を読み取る授業（小・国語）
24	2017 東京	五木田祐介／江戸時代における海外とのつながり（小）	金廷姫／第二次世界大戦の授業を通して中学生の考えを広げる（中）
		四十栄貞憲／日清戦争の戦場と銃後をつなぐ授業（高）	
25	2018 晋州	髙橋珠州彦「草の根の人物から考える東アジアの近代（中）	張世頂／私たちの地域遺産を活用した歴史授業（小）
		板垣雅則／浦安の歴史をどう教えたか（小）	崔銀慶／討議・討論式歴史授業の事例（中）
26	2019 東京	藤田康郎／韓国の子どもたちと沖縄について考えたこと（小）	韓貞善／絵本『花ばあば』でつくりあげた交流授業（小）
		鈴木裕明／日本の朝鮮侵略と愛国啓蒙運動・義兵闘争（高）	孫栄心／朝鮮人を愛した金子文子とアナーキズム（中）

あとがき

　この 26 年間をふり返ってみると、日本も韓国も教育をめぐる環境が大きく変わってきたことを実感する。いじめの問題も日本でも韓国でも顕在化して「教室カースト」などと言われる、子どもたちのヒエラルキーの問題としてもとらえられるようになってきた。いわゆる「学力競争」も厳しさを増している。

　同時に、歴史教育で言えば、教師の一方的な教え込みではなく、子どもたちに内在する歴史意識を掘りおこし交換することによって子どもたちの歴史認識を豊かにするという方法論も提起されている。

　教師の役割は、子どもたちの歴史認識の浅さを指摘し、足りないところを補うことだと言い切っていた韓国のある教師は、その後の報告で教師の意図とは異なる子どもの意見を実践報告に載せるようになった。

「第 1 回日韓歴史教師交流会（晋州）」(1994 年) で申振均は、「近い国である日本についての研究がほとんど行なわれてきませんでした。正しい歴史教育を進めるために、全国的にそして各地に歴史教師の会がつくられました。特に晋州や居昌では、日本の歴史教育者協議会がつくった『地域に根ざした歴史教育』(明治図書、1979 年) を翻訳し、学習しました。こうした活動の中で生まれたのが、この韓日歴史交流会だと思います」と挨拶している。

　韓国民主化運動に参加しつつ地域の歴史に目を向けていた彼らだからこそ、日本の教師たちとの交流に踏み出すことができたと言える。また、そうしたしなやかさを持った彼らだからこそ、日本の教師たちの授業実践報告に学び、自らの実践に積極的に取り入れる姿勢を堅持できたのであろう。

　さらに、一覧表からもわかるように、韓国の教師たちの実践報告 54 本のうち 25 本が女性教師による報告だった。ちなみに、日本の 63 本のうち女性教師の実践は 15 本である。ここにも韓国民主化運動の成果が現れていると言えるだろう。

　日韓のシンポジウムは、第 1 回〜第 9 回までは「日韓歴史教師交流会」と、第 10 回〜第 26 回は「日韓歴史教育交流会」と表されている。小学校教師の交流も始まり、市民も多く参加するようになったため、「教師」から「教育」へ

311

とその名称を変えたのである。

「日韓歴史教育交流の現在地──『はじめに』に代えて」でふれた朝鮮史研究会編『朝鮮の歴史をどう教えるか』（龍渓書舎、1976 年）で、旗田巍は「教育現場でおこっている問題は、朝鮮史研究者がかかえている問題と本質的には同じものであり、それが教育現場において、生徒との対話を通じて、より端的にあらわれていると思う。教育現場で苦心をかさねているにもかかわらず、まだ克服されていない問題は、研究面でも解決されていないものである。停滞論・他律性史観・脱亜意識・大国中心史観や民衆・民族・国家など、みな研究者が苦労している問題である」と述べている（「朝鮮史教育と朝鮮史研究──序にかえて」）。

昨今の日本の喧しい韓国論の根底にある日本人の韓国・朝鮮認識は、旗田が指摘している「停滞論・他律性史観・脱亜意識・大国中心史観」とそれほど離れていないのではないだろうか。本書で紹介した日本と韓国の授業実践は、こうした論理を揺さぶる一歩となっていくと確信している。

最後に、日韓歴史教育交流会の「足跡」の刊行を引き受けてくれた明石書店と、編集の仕事を丁寧にこなしてくれた佐藤和久さんに感謝の意を表したい。

三橋　広夫

＊韓国の実践などは、大谷猛夫、木村誠、平野昇、三橋広夫が共訳した。

【執筆者紹介】 五十音順、〔 〕は担当箇所

愛沢伸雄（あいざわ・のぶお）NPO 法人安房文化遺産フォーラム代表〔Ⅱ－1－**1**〕

安炳甲（アン・ビョンガプ）金海外国語高等学校教員〔Ⅱ－5－**2**〕

石井建夫（いしい・たてお）元日本福祉大学教員〔Ⅱ－5－**3**〕

石田裕子（いしだ・ゆうこ）（宮城県）川崎町立川崎第二小学校教員〔Ⅱ－1－**3**〕

李珍煕（イ・ジニ）明新高等学校教員〔Ⅱ－1－**2**〕

李宰泉（イ・ジェチョン）元韓国中学校教員〔Ⅱ－2－**2**〕

石渡延男（いしわた・のぶお）元東洋大学教員〔Ⅲ－1〕

遠藤茂（えんどう・しげる）東洋大学教員〔Ⅱ－4〕

大谷猛夫（おおたに・たけお）元東京都中学校教員〔Ⅱ－4－**3**、Ⅱ－5〕

姜元順（カン・ウォンスン）南陽中学校教員〔Ⅱ－3－**2**〕

金銀児（キム・ウナ）崇徳初等学校教員〔Ⅱ－1－**4**〕

木村誠（きむら・まこと）元千葉県小学校教員〔Ⅱ－1〕

申振均（シン・ジンギュン）玉宗高等学校教員〔Ⅱ－3、Ⅱ－3－**4**、Ⅲ－2〕

関誠（せき・まこと）杉並区立天沼中学校教員〔Ⅱ－5－**1**〕

関根千春（せきね・ちはる）元千葉県中学校・特別支援学校教員〔Ⅱ－2－**6**〕

崔嘉恩（チェ・ガウン）昆陽高等学校教員〔Ⅱ－1－**2**〕

崔鍾順（チェ・ジョンスン）元韓国初等学校教員〔Ⅲ－3〕

鄭劤任（チョン・ギョンイム）晋州第一女子高等学校教員〔Ⅱ－5－**4**〕

羅勇虎（ナ・ヨンホ）ウィレビョル初等学校教員〔Ⅱ－4－**5**〕

南宮真（ナムグン・ジン）玄化中学校（平沢市）教員〔Ⅱ－3－**3**〕

西村美智子（にしむら・みちこ）都留文科大学教員〔Ⅱ－4－**1**〕

朴外淑（パク・ウェスク）晋州高等学校教員〔Ⅱ－1－**3**〕

朴順天（パク・スンチョン）上院初等学校教員〔Ⅱ－4－**4**〕

平野昇（ひらの・のぼる）元千葉県小学校教員〔Ⅱ－2、Ⅲ－3〕

藤田康郎（ふじた・やすお）和光小学校教員〔Ⅱ－2－**5**〕

裵星澔（ペ・ソンホ）三陽初等学校教員〔Ⅱ－2－**4**〕

三上真葵（みかみ・まき）立命館宇治中学校・高等学校教員〔Ⅱ－4－**2**〕

三橋広夫（みつはし・ひろお）早稲田大学教員〔Ⅰ、Ⅱ－3－**1**〕

目良誠二郎（めら・せいじろう）元海城高等学校教員〔Ⅱ－2－**1**〕

山田耕太（やまだ・こうた）筑波大学附属駒場中・高等学校教員〔Ⅱ－3－**5**〕

【編者紹介】 ＊は編集代表

遠藤　茂（えんどう　しげる）

1950年生まれ。元千葉県公立小学校教員。その後、国立歴史民俗博物館で学校対応を勤め、現在は東洋大学文学部教育学科非常勤講師。共著に『明日の授業に使える小学校社会科6年の授業』（大月書店）、『社会科の本質がわかる授業①生活と地域』（日本標準）、『学校が兵舎になったとき』（青木書店）などがある。

大谷猛夫（おおたに　たけお）

1946年生まれ。東京足立区立中学校で社会科教師を勤める。その後、法政大学などで非常勤講師。主著に『日本の戦争加害がつぐなわれないのはなぜ!?』（合同出版）、『仕事のつながり、仕事のしくみ』（大月書店）、『中学校世界地理の板書』（地歴社）などがある。

木村　誠（きむら　まこと）

1951年生まれ。元千葉県公立小学校教員。歴史教育者協議会常任委員。主著に『教室を博物館につなぐ小学校の授業』（国立歴史民俗博物館振興会）、共著に『わかって楽しい社会科3・4年の授業』（大月書店）、『子どもが主役になる社会科の授業』（国土社）などがある。

申　振均（シン　ジンギュン）

1967年生まれ。玉宗高等学校教員。慶尚大学校大学院教育学（歴史教育）博士。慶南歴史教師の会会長、衡平運動記念事業会運営委員長として活動。主著に『ともに学ぶ晋州城戦闘物語』（晋州教育支援庁）、『歴史学習ノート』（全国歴史教師の会）、『子どもたちに歴史をどう教えるか』（全国歴史教師の会）などがある。

平野　昇（ひらの　のぼる）

1949年生まれ。日韓教育実践研究会副代表。元千葉県公立小学校教員。主著に『シリーズ授業4　社会　社会のしくみと歴史』（岩波書店）、『社会科の本質がわかる授業　歴史』（日本標準）などがあり、共著に『向かいあう日本と韓国・朝鮮の歴史　前近代編』（青木書店）、『向かいあう日本と韓国・朝鮮の歴史　近現代編』（大月書店）などがある。

＊三橋広夫（みつはし　ひろお）

1951年生まれ。日韓教育実践研究会代表。千葉県公立中学校教員、日本福祉大学教授を経て、早稲田大学などの非常勤講師。主著に『歴史の授業を工夫する』（歴史民俗博物館）、『これならわかる韓国・朝鮮の歴史Q＆A』（大月書店）などがあり、訳書に『検定版 韓国の歴史教科書』（明石書店）、『帝国日本の植民地支配と韓国鉄道』（明石書店）などがある。

日韓共同の歴史教育

──21世紀をきりひらく授業実践交流の軌跡

2019年11月10日　初版第1刷発行

編集代表	三　橋　広　夫
編　　集	日韓教育実践研究会(日本)
	慶南歴史教師の会(韓国)
発　行　者	大　江　道　雅
発　行　所	株式会社 明石書店

〒101-0021 東京都千代田区外神田 6-9-5
電　話　03（5818）1171
FAX　03（5818）1174
振　替　00100-7-24505
http://www.akashi.co.jp

組版／装丁	明石書店デザイン室
印刷／製本	日経印刷株式会社

（定価はカバーに表示してあります。）　　　　ISBN978-4-7503-4924-4

|JCOPY|〈出版者著作権管理機構 委託出版物〉
本書の無断複製は著作権法上での例外を除き禁じられています。複製される場合
は、そのつど事前に、出版者著作権管理機構（電話 03-5244-5088、FAX 03-5244-
5089、e-mail: info@jcopy.or.jp）の許諾を得てください。

「反日」と「反共」 戦後韓国におけるナショナリズム言説とその変容
崔銀姫著 ◎4500円

「徴用工問題」とは何か？ 韓国大法院判決が問うもの
戸塚悦朗著 ◎2200円

アジア女性基金と慰安婦問題 回想と検証
和田春樹著 ◎4400円

地図でみる東海と日本海 紛争・対立の海から、相互理解の海へ
沈正輔著 ◎7200円

独島・鬱陵島の研究 歴史・考古・地理学的考察
洪性徳、保坂祐二、朴三憲、呉江原、任徳淳著 朴智泳監訳 韓春子訳 ◎5500円

朝鮮王朝儀軌 儒教的国家儀礼の記録
韓永愚著 岩方久彦訳 ◎15000円

評伝 尹致昊 「親日」キリスト者による朝鮮近代60年の日記
木下隆男著 ◎6600円

共同研究 安重根と東洋平和 東アジアの歴史をめぐる越境的対話
李洙任、重本直利編著 ◎5000円

日本の朝鮮植民地化と親日「ポピュリスト」 一進会による対日協力の歴史、植民地近代化論の農業開発論を検証する
ユミ・ムン著 赤阪俊一、李慶姫、徳間一芽訳 ◎6500円

植民地初期の朝鮮農業 植民地近代化論の農業開発論を検証する
許粋烈著 庵逧由香訳 ◎8000円

対話 韓国民主化運動の歴史 行動する知識人李泳禧の回想
世界人権問題叢書⑩ 李泳禧、任軒永著 舘野晳、二瓶喜久江訳 ◎5800円

朝鮮時代の女性の歴史 家父長的規範と女性の一生
奎章閣韓国学研究院編著 李淑仁責任企画 小幡倫裕訳 ◎8000円

韓国・済州島と遊牧騎馬文化 モンゴルを抱く済州
金日宇、文素然著 井上治監訳 石田徹、木下順子訳 ◎2200円

北朝鮮を知るための55章【第2版】
エリア・スタディーズ53 石坂浩一編著 ◎2000円

済州島を知るための55章
エリア・スタディーズ166 梁聖宗、金良淑、伊地知紀子編著 ◎2000円

現代韓国を知るための60章【第2版】
エリア・スタディーズ6 石坂浩一、福島みのり編著 ◎2000円

〈価格は本体価格です〉

韓国の歴史教育　皇国臣民教育から歴史教科書問題まで
金漢宗著　國分麻里、金玹辰訳　◎3800円

歴史教科書 在日コリアンの歴史【第2版】
在日本大韓民国民団中央民族教育委員会企画
『歴史教科書 在日コリアンの歴史』作成委員会編　◎1400円

平和と共生をめざす東アジア共通教材
歴史教科書・アジア共同体・平和的共存
山口剛史編著　◎3800円

靖国神社と歴史教育　靖国・遊就館フィールドノート
東アジア教育文化学会企画
又吉盛清・君塚仁彦・黒尾和久、大森直樹編　◎2500円

日韓でいっしょに読みたい韓国史　未来に開かれた共通の歴史認識に向けて
徐毅植、安智源、李元淳、鄭在貞著
君島和彦、國分麻里、山﨑雅稔訳　◎2000円

日中韓の生涯学習　伝統文化の効用と歴史認識の共有
明石ライブラリー157　相庭和彦、渡邊洋子編著　◎3600円

朝鮮学校の教育史　脱植民地化への闘争と創造
呉永鎬著　◎4800円

九州のなかの朝鮮文化　日韓交流史の光と影
嶋村初吉著　◎2300円

ユネスコ世界記憶遺産と朝鮮通信使
仲尾宏、町田一仁共編　◎1600円

辛基秀 朝鮮通信使に掛ける夢　世界記憶遺産への旅
上野敏彦著　◎2800円

言葉のなかの日韓関係　教育・翻訳通訳・生活
徐勝、小倉紀蔵編　◎2200円

沖縄と朝鮮のはざまで　朝鮮人の〈可視化／不可視化〉をめぐる歴史と語り
呉世宗著　◎4200円

在日コリアンの離散と生の諸相　表象とアイデンティティの間隙を縫って
山泰幸編著　◎3800円

祖国が棄てた人びと　在日韓国人留学生スパイ事件の記録
金孝淳著　石坂浩一監訳　◎3600円

中国・サハリン残留日本人の歴史と体験　北東アジアの過去と現在を次世代に伝えるために
太田満著　◎2200円

在朝日本人社会の形成　植民地空間の変容と意識構造
李東勲著　◎7200円

〈価格は本体価格です〉

◆ 世界の教科書シリーズ ◆

㉝ 世界史のなかのフィンランドの歴史
フィンランド中学校近現代史教科書
ハッリ・リンタ=アホ、マルヤーナ・ニエミ ほか著
百瀬宏 監訳　石野裕子、髙瀬愛訳
◎5800円

㉞ イギリスの歴史【帝国の衝撃】
イギリス中学校歴史教科書
ジェイミー・バイロン ほか著
前川一郎 訳
◎2400円

㉟ チベットの歴史と宗教
チベット中学校歴史宗教教科書
チベット中央政権文部省 著
石濱裕美子、福田洋一 訳
◎3800円

㊱ イランのシーア派イスラーム学教科書Ⅱ
イラン高校国定宗教教科書【3・4年次版】
冨田健次 訳
◎4000円

㊲ バルカンの歴史
バルカン近現代史の共通教材
南東欧における民主主義と和解のためのセンター(CDRSEE) 企画
クリスティナ・クルリ 総括責任　柴宜弘 監訳
◎6800円

㊳ デンマークの歴史教科書
デンマーク中学校歴史教科書
古代から現代の国際社会まで
イェンス・オーイェ・ポールセン 著
銭本隆行 訳
◎3800円

㊴ 検定版 韓国の歴史教科書
高等学校韓国史
イ・イングク、チョン・ジェ=ジョル、パク・チャン=ヒョン、パク・ポミ、キム・サンギュ、イ・ムンギ 著
三橋広夫、三橋尚子 訳
◎4600円

㊵ オーストリアの歴史【第二次世界大戦終結から現代まで】
ギムナジウム高学年歴史教科書
アントン・ヴァルト、エドゥアルト・シュタディンガー、アロイス・ショイヒャー、ヨーゼフ・シャイル 著
中尾光延 訳
◎4800円

㊶ スペインの歴史
スペイン高校歴史教科書
J.アロステギ・サンチェス、M.ガルシア・セバスティアン、C.ガジェアノ・ペイロ、J.パラフォクス・ガビリア、M.リスケス・コルベーリャ 著
立石博高 監訳　竹下和亮、内村俊太、久木正雄 訳
◎5800円

㊷ 東アジアの歴史
韓国高等学校歴史教科書
アン・ビョンウ、キム・ヒョンジョン、イ・グス、シン・ソンゴン、ハム・ドンジュ、キム・ジョンジン、パク・チュンジョン、チョン・ヨン、ファンスク 著
三橋広夫、三橋尚子 訳
◎3800円

㊸ ドイツ・フランス共通歴史教科書【近現代史】
ウィーン会議から1945年までのヨーロッパと世界
ペーター・ガイス、ギヨーム・ル・カントレック 監修
福井憲彦、近藤孝弘 監訳
◎5400円

㊹ ポルトガルの歴史
小学校歴史教科書
アナ・ロドリゲス・オリヴェイラ、フランシスコ・カンタ・コデソ 著　A.H.デ・オリヴェイラ・マルケス 校閲
東明彦 訳
◎5800円

㊺ イランの歴史
イラン・イスラーム共和国高校歴史教科書
八尾師誠 訳
◎5000円

㊻ ドイツの道徳教科書
5、6年実践哲学科の価値教育
ローラント・ヴォルフガング・ヘンケ 編集代表
濱谷佳奈 監訳　栗原麗羅、小林亜未 訳
◎2800円

◆以下続刊

〈価格は本体価格です〉

◆ 世界の教科書シリーズ ◆

⑱ ブータンの歴史
ブータン小・中学校歴史教科書
ブータン王国教育省教育部 編
平山修 監訳
大久保ひとみ 訳
◎3800円

⑲ イタリアの歴史【現代史】
イタリア高校歴史教科書
ロザリオ・ヴィッラリ 著　村上義和、阪上眞千子 訳
◎4800円

⑳ インドネシアの歴史
インドネシア高校歴史教科書
イ・ワヤン・バドリカ 著
石井和子 監訳
裙沢英雄、菅原由美、田中正臣、山本肇 訳
◎4500円

㉑ ベトナムの歴史
ベトナム中学校歴史教科書
ファン・ゴク・リエン 監修　今井昭夫 監訳
伊藤悦子、小川有子、坪井未来子 訳
◎5800円

㉒ イランのシーア派イスラーム学教科書
イラン高校国定宗教教科書
富田健次 訳
◎4000円

㉓ ドイツ・フランス共通歴史教科書【現代史】
1945年以後のヨーロッパと世界
ペーター・ガイス、ギヨーム・ル・カントレック 監修
福井憲彦、近藤孝弘 訳
◎4800円

㉔ 韓国近現代の歴史
検定韓国高等学校近現代史教科書
韓哲昊、金基承 ほか著　三橋広夫 訳
◎3800円

㉕ メキシコの歴史
メキシコ高校歴史教科書
ホセ=ルス・ニトゥ=ロペス ほか著
国本伊代 監訳　島津寛 共訳
◎6800円

㉖ 中国の歴史と社会
中国中学校新設歴史教科書
課程教材研究所、綜合文科課程歴史教材研究開発中心 編著
並木頼寿 監訳
◎4800円

㉗ スイスの歴史
スイス高校現代史教科書〈中立国とナチズム〉
バルバラ・ボンハーゲ、ペーター・ガウチ ほか著
スイス文学研究会 訳
◎3800円

㉘ キューバの歴史
キューバ中学校歴史教科書
先史時代から現代まで
キューバ教育省 編　後藤政子 訳
◎4800円

㉙ フィンランド中学校現代社会教科書
15歳市民社会へのたびだち
タルヤ・ホンカネン ほか著
ペトリ=ニエメラ、藤井ニエミラみどり 訳　高橋睦子 訳
◎4000円

㉚ フランスの歴史【近現代史】
フランス高校歴史教科書
19世紀中頃から現代まで
マリエル・シュヴァリエ、ギヨーム・ブュル 監修
福井憲彦 監訳　遠藤ゆかり、藤田真利子 訳
◎9500円

㉛ ロシアの歴史【上】古代から19世紀前半まで
ロシア中学・高校歴史教科書
A・ダニロフ ほか著
吉田衆一、A・クラフツェヴィチ 監修
◎6800円

㉜ ロシアの歴史【下】19世紀後半から現代まで
ロシア中学・高校歴史教科書
A・ダニロフ ほか著
吉田衆一、A・クラフツェヴィチ 監修
◎6800円

〈価格は本体価格です〉

◆ 世界の教科書シリーズ ◆

① 新版 韓国の歴史【第二版】
国定韓国高等学校歴史教科書
大槻健、君島和彦、申奎燮 訳
◎2900円

② わかりやすい 中国の歴史
中国小学校社会科教科書
小島晋治 監訳 大沼正博 訳
◎1800円

③ わかりやすい 韓国の歴史【新装版】
国定韓国小学校社会科教科書
石渡延男 監訳 三橋ひさ子、三橋広夫、李彦叔 訳
◎1400円

④ 入門 韓国の歴史【新装版】
国定韓国中学校国史教科書
石渡延男 監訳 三橋広夫 訳
◎2800円

⑤ 入門 中国の歴史
中国中学校歴史教科書
小島晋治、並木頼寿 監訳 大里浩秋、川上哲正、小松原伴子、杉山文彦 訳
◎3900円

⑥ タイの歴史
タイ高校社会科教科書
中央大学政策文化総合研究所 監修 柿崎千代 訳
◎2800円

⑦ ブラジルの歴史
ブラジル高校歴史教科書
C・アレンカール、L・カルピ、M・V・リベイロ 著
東明彦、アンジェロ・イシ、鈴木茂 訳
◎4800円

⑧ ロシア沿海地方の歴史
ロシア沿海地方高校歴史教科書
ロシア科学アカデミー極東支部 歴史・考古・民族学研究所 編 村上昌敬 訳
◎3800円

⑨ 概説 韓国の歴史
韓国放送通信大学歴史教科書
宋讃燮、洪淳権 著 藤井正昭 訳
◎4300円

⑩ 躍動する韓国の歴史
民間版代案韓国歴史教科書
全国歴史教師の会 編 三橋広夫 監訳
◎4800円

⑪ 中国の歴史
中国高等学校歴史教科書
人民教育出版社歴史室 編著 川上哲正、白川知多 訳
小島晋治、大沼正博 監訳
◎6800円

⑫ ポーランドの高校歴史教科書【現代史】
アンジェイ・ガルリツキ 著
渡辺克義、田口雅弘、吉岡潤 監訳
◎8000円

⑬ 韓国の中学校歴史教科書
中学校国定国史
三橋広夫 訳
◎2800円

⑭ ドイツの歴史【現代史】
ドイツ高校歴史教科書
W・イェーガー、C・カイツ 編著
小倉欣一 監訳
中尾光延、永末和子 訳
◎6800円

⑮ 韓国の高等学校歴史教科書
高等学校国定国史
三橋広夫 訳
◎3300円

⑯ コスタリカの歴史
コスタリカ高校歴史教科書
イバン・モリーナ、スティーブン・パーマー 著
国本伊代、小澤卓也 訳
◎2800円

⑰ 韓国の小学校歴史教科書
初等学校国定社会・社会科探究
三橋広夫 訳
◎2000円

〈価格は本体価格です〉